KB200591

더 있다

더 있다

이태형 지음

규장

인간에게는 극복하기 어려운 죄성과 함께 한계라는 것이 있다. 나의 경험, 나의 이해, 나의 지식을 초월하기란 쉽지 않다. 자아중심적인 '나'는 모두가 나의 노래를 나의 방식으로 부르기를 원한다. 한국 교계의 균형 잡힌 저널리스트인 이태형 부국장의 이 책은 우리에게 더 넓고 깊고 높은 영적 세계의 문을 열어주고 있다. 이제 우리 모두가 주님의 곡조에 맞추어 멋진 합창을 시작할 때이다.

_**김상복** 햇불트리니티신대원대학교 총장, 세계복음주의연맹 회장

복음은 하나님을 사랑하고 이웃을 사랑하는 삶을 실제로 살아내는 것입니다. 그간 우리는 각자의 논리와 신학으로 서로를 비판하고 견제하느라 지나치게 많은 시간을 낭비했습니다. 그러나 지식과 신학이 크리스천의 삶을 변화시키지 않습니다. 저자가 만난 이들은 모두 진리를 삶으로 살아내고 있는 분들입니다. 이 책을 통해 삶을 변화시키는 예수 그리스도와의 만남을 더욱 열망하게 되길 바랍니다. '머리로 아는' 하나님이 아니라 '실제로 만난' 하나님을 증거하게 되길 바랍니다. 본질에서 벗어난 소모적인 논쟁을 그치고 겸손하게 서로 배우고 격려함으로 진짜 크리스천의 삶이 무엇인지 보여주기를 바랍니다.

_**홍정길** 남서울은혜교회 원로목사, 밀알복지재단 이사장

이 책에 등장하는 모든 분들의 신학적 주장이나 경험에 다 동의하지는 않지만, 이 책의 대전제인 '우리가 알고 경험해야 할 것이 더 있다'는 데 동의하기 때문에 이 글을 씁니다. 우리가 알고 배운 것보다 하나님나라의 스펙트럼은 훨씬 더 광대하고 부요합니다. 그런데 우리는 코끼리의 한쪽 다리만을 만지고 코끼리는 이렇게 생겼다고 우기는 삶을 살고 있는지도 모릅니다. 그런 의미에서 이 책은 우리의 생각을 충분히 자극하고, 도전하고, 사고하게 합니다. 이 책을 통해 한국교회가 지엽적이고, 비본질적이며 소모적인 논쟁으로 분열하기보다 더 큰 선교적 과제를 위해 이해하고, 포용하고, 협력하는 화해의 새 시대를 열었으면 합니다. 서로에게 겸손히 귀를 기울여 경청하는 예의만 갖추어도 한국교회는 한 걸음 앞으로 나아갈 수 있다고 믿습니다.

_**이동원** 지구촌교회 원로목사 · 지구촌미니스트리네트워크 대표

눈이 확 떠지는 책입니다. 이 책은 삶과 신앙의 영역에서 우리가 미처 알지 못했던 것이, 여전히 보지 못하는 것이 "더 있다!"라고 외칩니다. 이 땅에는 죽음 뒤에 가는 하나님나라가 아닌, '지금 그리고 바로 여기'에 임한 하나님나라에 눈뜬 이들이 있습니다. 이 책 속에 나오는 이들을 통해 우리는 존중의 마음으로 다른 형제들을 대하는 것이 바로 예수님의 사랑이라는 사실을 배우게 됩니다. 마지막으로 "이제, 모두 함께 가자!"라는 저자의 외침은 분열로 치닫고 있는 한국교회에 거룩한 파동이 될 것을 믿습니다.

_**오정현** 사랑의교회 담임목사

저자의 예리한 안목, 섬세한 필치, 그리고 한국교회를 향한 애정이 나를 유혹했다. 이 세상에는 나의 경험과 지식의 한계를 뛰어넘는 것이 더 있고, 따라서 존중의 문화를 확산시켜야 한다는 주제에 전적으로 공감한다. 이 책에서 소개하는 이 시대를 대표하는 크리스천 리더들이 보여주는 지성과 영성의 세계는 우리의 과거를 돌아보게 하고, 오늘의 한국교회를 반추하게 해준다. 동시에 교회가 걸어가야 할 바른 길이 무엇인가를 제시해준다.

_**이상규** 고신대 교수, 부총장

저자에게는 무언가 사람을 끄는 강력한 힘이 있다. 던지는 질문도 남다르다. 직업상 세속에 물들기 쉬울 텐데도 전혀 그렇지 않다. 오히려 그를 만날 때마다 내 신앙의 옷깃을 여미게 된다. 그만큼 깊은 사랑과 애정을 가지고 교회의 미래와 기독교의 본질을 목마르게 추구하는 사람을 좀체 만나지 못했다. 그는 한국의 복음주의, 은사주의, 진보주의자들이 서로간에 보지 못하는 무엇이 더 있다는 사실을 인정해야 한다고 호소한다. 이 책은 대립과 분열로 치닫고 있는 오늘날 한국교회가 반드시 들어야 할 메시지를 담고 있다. 시대를 읽는 탁월한 안목, 동서양을 넘나드는 풍부한 인문학적 소양, 현실에 대한 예리한 비판이 책의 진가를 더해준다.

_**박용규** 총신대 교수

오늘 한국의 신앙인들과 교회는 사방으로 우겨쌈을 당하고 있는 형편이다. 이러한 한국교회의 위기는 신앙인다운 정체성과 사회적 책무의 수행 부족에서 초래되었다. 더욱 치명적인 아픔은 교회 안에 너무 많은 분열이 있다는 것이다. 한국교회는 '거룩함'이나 '하나 됨'에 있어서 하나님을 닮지 못한 불신앙의 극치를 보이고 있다. 이러한 상황에서 삶과 신학 안에서 크신 하나님을 만나는 태도와 자세, 즉 겸손하며 열린 영성을 촉구하는 저자의 '더 있다'는 주장은 이 시대 한국교회와 신앙인들의 근본적 방향 전환, 즉 회개를 촉구하는 예언적 메시지이다.

_임성빈 장신대 교수

성공한 사람들은 대부분 좋은 멘토를 만난 사람들입니다. 우리는 멘토를 통하여 새로운 세계에 눈을 뜨고, 다른 사람이 보지 못하는 더 넓은 세계를 접하게 됩니다. 저는 책을 통하여 리차드 범브란트 목사님을 멘토로 삼았습니다. 자신의 틀 안에 하나님을 가두어놓고 나와 다른 사람을 정죄하고 판단하는 바리새인이 가득 찬 한국교회의 풍토 속에서 좋은 멘토를 만나는 일이 쉽지는 않아 보입니다. 그런 의미에서 이 책이 참으로 반갑습니다. 여기 소개되는 훌륭한 멘토들을 통해 영적 지경을 넓히는 기회로 삼으시기 바랍니다.

_정성진 미래포럼 대표 · 거룩한빛광성교회 담임목사

이 책의 저자가 국민일보에 쓴 칼럼을 통해, 우리는 그가 얼마나 한국교회를 사랑하는지 알 수 있다. 그와 만나 이야기를 나누면 어느새 '한국교회는 분명 시대의 희망이 될 것'이라는 확신을 갖게 된다. 그는 언론인으로서 다양한 사람들을 만나면서 그중에는 받아들이기 어려운 부분이 있음을 솔직히 시인한다. 그러나 열린 마음으로 사람들을 만나며 그들에게 배울 것이 '더 있음'을 말하고 있다. 이 책에는 그런 만남의 기록이 있다. 자신과는 색깔이 맞지 않아서, 노선이 달라서 등 여러 가지 이유로 알려고 하지 않았던 이들을 접할 수 있는 유익이 있다. 저자가 프롤로그와 에필로그에서 반복한 말이 계속 마음속에 맴돈다. "이제, 함께 가자."

_**조현삼** 서울광염교회 담임목사

사람은 자기의 경험과 인식의 논리, 학문의 깊이와 주관적인 범주를 쉽게 벗어나지 못한다. 그래서 세상은 다양하고 재미도 있으면서 많은 문제들이 벌어진다. 이 책은 그러한 극과 극의 양면 내지는 복합적인 면의 신앙과 신학의 영역을 신학적 전문성과 저널리스트적인 냉철한 시선으로 바라보고 있다. 좌와 우, 안과 밖, 위와 아래를 통섭하여 아우른 설득력 있는 책을 오랜만에 보게 되었다. 이 책을 통해 한국교회의 지평이 넓어지기를 소망한다.

_**송태근** 삼일교회 담임목사

이 책은 만남을 주선해주는 책이다. 훌륭한 인물들과의 만남, 동과 서의 만남, 관점은 달라도 주님을 사랑하는 사람들과의 만남을 주선한다. 저자는 그리스도 안에서 다름은 틀림이 아니며 또 다른 이름의 조화이자 아름다움임을 천명闡明한다. 저자의 글을 읽을 때면 긴장하게 된다. 그 이유는 내가 이전에 보지 못했던 것을 보게 하고, 덮고 싶은 삶의 진실을 상기시켜주기 때문이다. 불편한 진실, 그렇지만 꼭 알고 실천해야 하는 진실을 일깨워준다. 인생에서 가장 소중한 것이 무엇인지 질문하고, 성공을 새로운 차원에서 정의하도록 일깨워준다. 그리고 무엇보다 예수님께 초점을 맞추도록 도와준다. 그리고 저자는 예리한 통찰력을 가졌다. 날카로움을 상실하지 않은 따뜻한 언어로 우리를 밝고 맑은 영성으로 이끈다. 그래서 저자의 글은 유쾌하다. 어두움 속에서 빛을 보게 하고, 흑암 중에 감춰진 보화를 발견하도록 도와준다. 고통스런 현실을 외면하지 않으면서도 늘 희망을 품게 한다. 균형 잡힌 영성을 추구하는 분들과 존중하는 성품이 얼마나 귀한가를 배우기 원하는 분들에게 이 책을 추천하고 싶다. 인생에서 가장 소중한 것이 무엇인가를 고민하는 분들에게도 적극 권하고 싶다.

_강준민 새생명비전교회 담임목사

한국교회는 지금 내외적으로 홍역을 치르고 있습니다. 빛과 소금의 역할을 하기는커녕 오히려 세상으로부터 질타를 받고 있습니다. 안타까운 일이 아닐 수 없습니다. 특히 젊은 세대가 교회에 출석·참여하는 비율은 바닥으로 추락해버렸습니다. 방향을 잃어버린 채 점점 더 미궁으로 빠져들고 있는 것 같습니다. 이런 상황 속에서 교회라는 거대한 배의 방향타가 되며 돛의 역할을 감당할 내용이 이 책에 담겨 있습니다. "나는 끝내 교회가 세상의 소망이 될 날이 올 것을 믿는다"라는 저자의 말이 제 가슴에서 떠나지 않습니다. 이 책이 다시금 한국교회가 기본과 근본을 찾고, 정체성과 역할을 회복하는 데 기여할 것이라 믿습니다.

_**박성민** 한국대학생선교회 대표

C.S. 루이스는 자신의 책 《순전한 기독교》를 '여러 방으로 통하는 문들이 있는 현관 마루'에 비유하면서 누군가를 이 마루로 인도할 수 있다면 자신이 할 일은 다한 것이라고 했습니다. 마침내 자신의 방을 찾으면 다른 방을 택한 사람들과 여전히 현관 마루에 머물러 있는 사람들을 존중하며 친절하게 대해야 한다고 했습니다. 그러나 지금 우리는 핏발 선 눈으로 자신의 견해와 주장만을 펼칩니다. 사랑으로 감싸기보다는 비수로 찌르려 합니다. 우리가 서로를 존중하면서 하나님나라를 위한 사역을 펼쳐나간다면 얼마나 많은 영적 진보가 이뤄질 것인가를 생각해봅니다. 오랜 기간 동안 저자와 우정을 나누면서 그의 한결같음과 넉넉한 마음을 알게 되었습니다. 한국교회를 향해 무언가 '더 있다'고 던지는 그의 메시지를 넉넉한 마음과 배움의 자세로 받아들이기를 바랍니다.

_**이찬수** 분당우리교회 담임목사

'Out of the Box'라는 표현이 있다. 자신이 배운 교리, 전통, 경험, 문화라는 자신이 갇혀 있는 상자 속에서 나와, 창의적인 생각을 하며 다른 사고를 받아들일 줄 알아야 한다는 의미다. 저자는 한국 기독교계의 크로스오버 언론인이요, 보이지 않는 피스메이커요, 복음적인 에큐메니컬 사역자이다. 독특한 하나님의 일하심을 통해 각 영역에서 쓰임받는 분들에 대한 이 시대의 탁월한 기독교 언론인의 취재와 평가는 동시대를 살아가는 그리스도인들에게 매우 유익한 지혜의 창고가 되리라 확신한다. 이 귀한 책이 교회 지도자들과 성도들에게 널리 읽혀져 어두운 터널을 지나고 있는 한국교회에 새 빛이 비춰오기를 기대해본다.

_**이재훈** 온누리교회 담임목사

눈물겹도록 고마운 책이다. 탁월한 저널리스트인 저자가 영성의 대가들을 만나 자신만의 영감과 통합적 시각으로 쓴 글에는 선지자적 지혜가 녹아 있다. 한국교회 전체를 꿰뚫어 보는 '통찰'이 있고, 교회가 나아갈 방향에 대한 '예견'이 있다. 서로 다른 믿음의 영역에 대해 어떻게 이해하고 행할지에 대한 '분별'이 있다. 무엇보다 이 책은 편협한 나의 신앙에 대해 자성하게 하고, 나만이 아닌 '우리 모두 함께' 그리스도의 교회와 그의 나라를 세워가도록 이끈다.

_**김석년** 서초교회 담임목사

눈이 뜨였는가?

평범함과 비범함

2011년 5월 11일, 세계적 검색 사이트 구글google 첫 화면에 한 여성 캐릭터가 이리저리 춤을 추며 구글 로고를 그렸다. 그 캐릭터의 주인공은 '현대 무용의 역사'로 불리는 마사 그레이엄(Martha Graham, 1894-1991)이었다. 그녀의 탄생 117주년을 기념하기 위해 구글이 깜짝 이벤트를 벌인 것이다. 마사 그레이엄은 현대 무용의 개척자였다. 인간의 고뇌와 생명, 자유를 주제로 한 독특한 작품들을 발표했고, 그녀의 춤에 평범한 것은 없었다. 그레이엄의 어머니는 어린 딸에게 물병을 보여주면서 말했다.

"마사, 이 물병 속에는 물만 있는 것이 아니란다. 네가 보지 못하는 수많은 것들이 있어. 그것을 보아야 해. 보이지 않는 것을 볼 줄 알아야 비범하게 되는 것이란다."

이 말이 마사 그레이엄의 가슴에 박혔다.

그녀는 평생 보이지 않지만 존재하는 것들을 표현하려 했다. 그녀는 말했다.

"이 세상에서 결코 용납할 수 없는 것이 하나 있다. 그것은 평범이다. 우리가 자기 계발을 하지 않아 평범해진다면 그것은 죄악이다. 사명으로 움직이는 사람들은 평범해질 틈이 없다."

눈이 뜨이면 보이지 않던 것들이 보인다. 바로 그때, 우리는 비범해질 수 있다. 눈이 뜨이자 자신을 둘러싼 무수한 불 말과 불 병거를 보았던 '엘리사의 사환'을 생각해보라.

"하나님의 사람의 사환이 일찍이 일어나서 나가보니 군사와 말과 병거가 성읍을 에워쌌는지라 그의 사환이 엘리사에게 말하되 아아, 내 주여 우리가 어찌하리이까 하니 대답하되 두려워하지 말라 우리와 함께 한 자가 그들과 함께 한 자보다 많으니라 하고 기도하여 이르되 여호와여 원하건대 그의 눈을 열어서 보게 하옵소서 하니 여호와께서 그 청년의 눈을 여시매 그가 보니 불 말과 불 병거가 산에 가득하여 엘리사를 둘렀더라"(왕하 6:15-17).

세상에는 두 종류의 사람이 있다. 눈이 뜨인 사람과 뜨이지 않은 사람.

오랜 세월 언론계에서 일하면서 수많은 사람들을 만났다. 그러는 동안 평범한 이 땅의 장삼이사張三李四뿐 아니라 세상에서 비범하다고 하는 사람들도 다수 접할 수 있었다. '만남'은 내가 직업상 누릴 수 있었던 특권이기도 했다. 나는 평범 속에서 행복을 누리는 이들을 통해 잔잔한 감동을 받았다. 또한 세상 사람들이 도달하려는 정점頂點에 미리 가 있는 이들과의 만남은 내게 늘 도전과 자극을 주었다. 특별히 신앙적 관점에서 먼저 깨달은 '믿음의 선배'들도 만날 수 있었다.

하루 24시간이라는 제한된 시간 안에 살고 있기에 모든 사람들을 다 만날 수는 없었다. 만나야 할 사람을 만나야 했다. 나는 이왕 만나야 한다면 눈이 뜨인 사람들을 만나고 싶었다. 그것은 소박하지만 간절한 소망이었다. 무엇보다 나 자신이 '눈을 뜨고' 더 깊이 들어가고 싶었기 때문이다.

확실히 이 땅에는 내가 보지 못했던 것을 본 사람들이 있었다. 정치, 경제, 인문학에서뿐 아니라 믿음과 신앙에서 눈이 뜨인 이들이 분명 있었다. 내게 그들은 비범한 사람들이었다. 그들은 다른 삶을 살고 있었다. '세상과 나는 간 곳 없고, 구속한 주만 보이는' 삶을 사는 사람들이었다. 그런 이들을 만나면 자연스럽게 질문이 나온다.

'무엇이 당신으로 하여금 그렇게 살게 했는가?'

내가 '비범한 사람들'의 말을 종합한 결론은 바로 이것이었다.

"눈이 뜨이면 모든 것이 달라진다. 존재의 원형질까지 변한 것같이 행동할 수 있다."

언론계에 종사하는 유익 가운데 또 하나는 크로스오버crossover 할 수 있다는 점이다. 다양한 부류의 사람들을 만날 수 있고, 또 그래야만 하는 환경 속에 있기 때문이다.

아침에 복음주의 기독교인과 만나 달라스 윌라드, 유진 피터슨에 대한 이야기를 나누며 복음과 지성에 대해서 깊이 생각한다. 점심은 수없이 "하나님이 말씀하셨어요"라며 내게 하늘의 뜻을 이야기하는 은사주의자와 함께 한다. 그들과 이야기하다보면 하나님의 음성을 듣고 그분과 동행하고 싶은 열망이 일어난다. 저녁은 민족과 기독 정치, 통일, 역사적 예수를 이야기하는 자유주의자들과 약속이 잡힌다. 이들과 이야기를 나누다보면 가슴이 마구 뛴다. 교회의 벽을 뚫고 사회 속에서 생생하게 역사하는 기독교의 역동적 모습이 그려지기 때문이다.

모두가 생명을 걸고 자신들이 믿는 바에 헌신하고 있는 사람들이다. 모두가 주 예수 그리스도를 이야기한다. 그러나 적어도 내가 보기에 그들의 삶과 믿음의 패턴들은 모두 매력이 있었지만 저마다 달랐다. 그들은 자신이 믿는 믿음의 방식대로 확신을 갖고 살고 있었다. 그러나 다른 쪽에 대해서는 대부분 무지하거나 무시하는 태도를 취하고 있었다. 읽는 책도 달랐다. 내가 만난 은사주의자들 가운데에는 복음주의권의 책에 대해 무지한 분들이 적지 않았다. 마찬가지로 복음주의권 사람들은 은사주의자들이 읽는 책을 무시하는 경향이 강했다. 무지한 것은 마찬가지였다.

복음주의권과 교제하면 이 세상에는 마치 복음주의 크리스천들만 있는 것 같았다(사실 복음주의가 무엇인지에 대해서 정확하게 말하는 사람도 많지 않다). 마찬가지로 은사주의자들의 집회에 참석하다보면 그것만이 우리가 취할 가장 중요한 것처럼 여겨졌다.

마음속에 이런 생각이 들었다.

'사람들은 제 멋대로, 제 맛대로 믿는다. 제 멋과 제 맛대로 믿다가 결국 마지막 날을 맞는다. 과연 누가 옳을까?'

나는 복음주의, 은사주의, 자유주의자들 모두 믿음과 앎의 영역에서 내가 모르는 무언가가 '더 있다'는 사실을 인식하기 원한다. 언론계에서 24년을 보내면서 체험한 결론 가운데 하나가 이 땅에는 내가 모르는 것이 분명히 더 있다는 사실이다. 오늘 전문가라고 해서 어떤 사람을 만났는데 나중에 그보다 더 뛰어난 전문가가 있다는 것을 알게 되는 경우가 있다.

나의 배움을 뛰어넘은 더 위대한 배움이 있었다. 그래서 함부로 말할 수 없었다.

나는 지금 한국교회에 필요한 사항 가운데 하나가 '더 있다'는 사실을 인정하는 것이라고 생각한다. 모두가 겸손히 서로의 영역을 바라볼 필요가 있다. 자신의 안경을 쓰고 남을 판단하기보다는 '존중'의 자세로 서로를 바라보아야 한다. 그것이 지금 안팎으로 힘겨운 한국교회에 유익할 것이다.

이 시대에 필요한 명제 가운데 하나는 화해다. 많은 분야에서 화해가 필요하다. 남과 북, 동과 서, 부자와 빈자, 큰 교회와 작은 교회. 여기에 한 가지를 더 추가하려 한다. 소위 복음주의와 은사주의, 자유주의자진보적 기독교인 간의 화해다.

우리에겐 '오늘날 교회에서 들을 수 없는 어떤 것에 대한 소식'이 필요하다. 마사 그레이엄이 평생 춤으로 표현한 보이지 않는 세계, 그리고 엘리사의 사환이 보았던 그 불 말과 불 수레를 보는 눈이 뜨여야 한다.

지금은 비상상황이기 때문이다.

놀라운 소식

신성종 목사는 1990년대 한국교회를 대표하는 목회자였다. 그는 1993년 문민정부 출범 당시 '장로 대통령'인 김영삼 전 대통령이 출석하던 충현교회 담임목사였다. YS는 대통령 당선 이후 처음 몇 주일은 충현교회 예배에 참석하다가 이후 경호 문제로 청와대에서 주일예배를 드렸다. 물론 신 목사가 청와대 예배를 인도했다. 당시 신 목사에 대한 이야기는 교계뿐 아니라 일반 언론에서도 주요하게 다뤘다.

이후 충현교회를 떠난 신 목사는 미국 LA의 대표적 교회 중 하나인 미주성산교회 담임으로 사역하다 11년 전인 65세에 은퇴했다. 곧바로 한국에 돌아와 대전에 월평동산교회를 개척했고 70세에 사역을 내려놓았다. 목회자로서뿐 아니라 학문적으로도 신 목사의 경력은 화려하다. 연세대 신학과와 총신대를 졸업한 후 미국으로 가서 웨스트민스터대에서 신학석사를, 명문 템플대에서 문학석사 및 철학박사 학위를 받았다. 명지대와 아세아연합신학대에서 가르쳤으며 총신대 대학원장도 역임했다. 교리서, 수필집, 시집 등 70여 권의 책을 낸 작가이기도 하다. 또한 초창기 국민일보 종교면의 주요 필자로서 수많은 독자들이 그의 글을 읽고 신학과 목회, 신앙을 접했다.

그런 그도 세월과 함께 사람들의 뇌리에서 사라져갔다.

그런데 수 년 전부터 갑자기 신 목사에 대한 이야기가 교계에 돌기 시작했다. 이미 그는 70대 중반을 넘긴 시기였다.

"신성종 목사님이 입신入神했다고 하던데…. 소식 들었어요?"

알고 보니 그는 2009년 초 《신성종의 내가 본 지옥과 천국》이라는 책을 냈다.

다른 사람도 아니고 한국의 대표적인 보수교단인 예장합동측 목회자이자 신학자인 신 목사가 입신했다니 나도 놀랐다. 게다가 지옥과 천국을 보았다니…. 흥미로웠다.

수소문 끝에 2011년 9월, 경기도 일산 벧엘교회 커피숍에서 신 목사를 만났다. 그는 아내 이건숙 사모와 캄보디아, 인도 등지에서 선교 사역을 하다 일주일 전에 돌아왔다고 했다.

아메리카노 커피가 나오자 그가 말했다.

"원두 12온스를 넣은 것입니다."

"그걸 어떻게 아세요?"

"얼마 전 바리스타 자격증을 땄습니다."

"대체 왜 바리스타 자격증을…."

그의 대답이 뜻밖이었다.

"섬기기 위해서요. 벌써 4000여 잔의 커피를 만들어 이웃에게 대접했습니다."

분명 신 목사는 달라져 있었다.

"캄보디아와 인도에서 힘드셨겠네요. 연세도 있으신데….."

"말도 못해요. 변변한 화장실도 없고, 바퀴벌레가 도처에 기어 다녀요. 정말 열악한 지역이었어요."

또 묻지 않을 수 없었다.

"그런데 왜 굳이 그런 지역에 가셨나요?"

그는 확신 있게 답했다.

"천국과 지옥을 보고 인생에서 가장 소중한 것이 뭔지 알았기 때문이에요."

그는 '입신'이나 '천국과 지옥을 갔다 왔다'는 표현은 싫어한다고 말했다. 신학적으로도 거부한다고 덧붙였다. 대신 천국과 지옥을 '보았다'고 했다.

2008년 초 어느 날 그의 장모가 이런 질문을 했다고 한다.

"여보게, 천국이 정말 있나? 내가 죽으면 천국에 갈 수 있어?"

신학적·성경적으로는 알고, 가르쳤는데 마음의 확신이 없었다. 정확하게 대답할 수 없었다. 그래서 그해 매일 한 끼씩 금식하면서 간절히 기도했다.

"하나님, 제게 천국을 보여주세요."

그러던 어느 날 환상 가운데 천국과 지옥이 실재하며 그곳에 누가 있는지를 보았다. 환상은 8일간 지속되었다. 충격적인 내용이 너무 많았다. 자신은 간신히 구원받아 천국에 들어갔지만 상급은 거의 없었다고 한다. 목회하면서 수많은 '하나님의 일'을 했다고 자부한 그였기에 놀라지 않을 수 없었다.

그런 그에게 하나님의 음성이 들렸다.

"모두 네 영광을 위해서 한 것이지, 나를 위해 한 것이 아니다."

그 말이 환상 속에서도 그의 가슴을 쳤다. 천국을 살펴보니 맨 앞자리에 순교자들이 보였다(그가 쓴 책 속에는 천국에서 만난 순교자들의 실명도 거론되어 있다). 그 다음으로는 선교사와 복음전도자들이 자리하고 있었다. 그때 깨달았다.

'아, 하나님이 인정하고 기뻐하시는 일을 해야겠다. 그것이 사는 길이구나.'

이 깨달음이 '화려한 경력의 목사' 신성종이 70대 노구를 이끌고 선교지를 다니며 섬김의 삶을 살고 있는 이유였다.

소설가인 그의 아내는 "당신이 경험한 내용이 참 귀하니 모두 기록해 두세요"라고 권했다. 그 기록한 것을 장모에게 보여줬고, 장모는 그 내용을 보고 천국에 대한 확신을 갖게 됐다며 기뻐했다. 맨 처음 책을 내자는 제안이 왔을 때 많이 고민했다고 한다. 자신이 속한 교단에서 이단으로 몰릴 가능성도 있었다. 그럼에도 그 같은 경험을 하게 하신 하나님의 뜻이 분명 있는 것 같았다. 책을 내자 두 가지 반응이 왔다. '신학자가 무슨 그따위 내용을 썼는가'라는 비난과 '다른 이도 아닌 신성종 목사가 그런 이야기를 하는 데에는 이유가 있겠지'라는 이해가 교차됐다.

내가 신 목사를 만난 당시에 미국 롭 벨 목사의 《사랑이 이긴다Love wins》로 인해 '천국과 지옥 논란'이 미국은 물론 한국에서도 제기됐다. 이에 대해 신 목사는 이렇게 말했다.

"만일 지옥과 천국이 없다면 예수님은 이 세상에서 가장 큰 사기꾼이 되는 것입니다."

내가 또 물었다.

"천국과 지옥을 보고 나면 성품도 변화됩니까?"

그의 대답이다.

"본래 지니고 있던 성품은 변하지 않는 것 같아요. 나는 급한 성격인데 천국을 보았어도 그 성격은 그대로입니다. 대신 삶의 태도가 달라집니다. 무엇이 중요한지를 보게 되니 그 방향으로 살아야겠다는 생각이 저절로 들어요."

"개인의 경험을 책으로 내는 데에 대한 위험성은 없나요? 더구나 신 목사님은 책임 있는 '교계 어른' 이신데요."

"물론 위험하기도 하지요. 그러나 유익도 많습니다. 특히 전도에 도움이 됩니다. 천국과 지옥이 있다고 확신할 때, 어떻게 생명의 주 되신 예수님을 믿지 않을 수 있겠습니까?"

신 목사 말대로 그의 개인적 경험의 일반화는 위험하기도, 유익하기도 했다. 그의 천국과 지옥 이야기에는 인간 이성으로는 도저히 믿을 수 없는 부분도 많다. 그러나 신앙은 이성을 초월하는 것이 아닌가. 분명한 것은 신 목사가 경험한 무언가가 그의 삶에 코페르니쿠스적 전환을 가져왔다는 점이다. 다시 한 번 물었다.

"천국과 지옥을 정말 보았습니까?"

신 목사는 내 눈을 잠시 응시하더니 나직이 말했다.

"보았으니 떠났지요. 보지 못했으면 결코 선교지에 갈 위인이 못됩니다. 저라는 사람은."

인터뷰를 한 지 몇 달이 지난 2012년 1월에 신 목사로부터 전화가 왔다. 2011년 말, 미얀마 선교를 다녀온 뒤 성탄절에는 정신지체아들이 모여 있는 시설을 찾아 말씀을 전했다고 한다. 다가오는 설에는 노숙자들에게 갈 예정이라고 했다.

"아무래도 예수님이 그런 곳에 더 가실 것 같아서요…."

짧은 말이었지만 마음에 남았다. 그는 예수님의 눈길이 미치는 곳을 찾고 있었다!

아무튼 걸출한 신학자이자, 한때 '잘나갔던' 목회자인 신 목사는 70을 훌쩍 넘겨 이전과는 전혀 다른 새로운 세계로 들어갔다.

나는 묻지 않을 수 없었다. 한 시절 한국교계를 대표했던 신 목사는 천국과 지옥 경험을 하기 전까지 '반쪽짜리' 신앙을 가졌던 것인가? 무수한 크리스천이나 목회자들이 이런 문제에 대해서 깊이 고민하지 않는 듯하다. 천국과 지옥에 대한 이야기, 신비적 이야기를 다뤘을 때 가해질 비난과 손해를 생각해서 아예 언급도 하지 않는 경우도 적지 않다.

사람은 자신이 경험한 것 이상을 받아들이기 힘든 존재인 것 같다. 학문의 영역에서도 마찬가지다. 자신이 거한 학교의 범주 안에서 모든 것을 해석하기 마련이다. 미국 풀러신학교의 찰스 크래프트 박사는 탁월한 인류학자였다. 그런 그가 나이지리아 선교사로 나간 뒤 축사(逐邪·귀신을 쫓아내는 사역)와 기적의 사역에 눈을 뜨자 수많은 사람들이 비난의 화살을 쏘았다. 내가 그에게 말했다.

"풀러신학교 내에도 박사님의 축사 사역 등에 대해 거칠게 비난하고 심지어 조롱하는 교수들이 많습니다."

크래프트 박사의 짧은 대답은 10년이 지난 지금도 생생하다.

"그들은 단지 경험하지 않았을 뿐입니다!"

분명 이 땅에는 우리가 경험하지 못한, 그래서 보지 못하는 것들이 '더 있을' 것이다. 나는 신성종 목사가 이전과는 다른 것을 보았다고 믿는다. 저널리스트로서 나는 그의 경험을 일반화할 수는 없다(그의 책에는 솔직히 황당무계한 이야기도 많다).

그러나 그는 분명 뭔가를 보았다. 나는 책 내용의 신빙성보다는 '그가 보았다는 그 사실'을 믿는다. 그는 보았다! 그리고 그가 본 그것이 그의 삶의 존재 기반을 흔들어놓았다. 그의 드라마틱한 삶의 변화라는 열매가 내가 믿는 경험적 근거다.

인간은 단 한 번의 경험으로도 허물어질 수 있다. 사람들은 경험의 범주 내에서 모든 것을 바라보고 해석한다. 그러나 반드시 기억해야 할 사항은 내가 경험한 것보다 더한 것이 분명히 있다는 사실이다. 이 사실을 겸손하게 받아들여야 하지 않을까 싶다.

이 시대의 석학인 이어령 전 문화부장관을 여러 차례 만났다. 그와의 많은 대화 가운데 마음에 남았던 말이 있다.

"하나님 음성을 듣기가 쉽지 않아요. 나에겐 안 들려요. 그런데 딸 아이(《땅끝의 아이들》의 저자 이민아 목사)는 자꾸 하나님 음성을 듣는다고 해요. 그 음성대로 산다고 합니다. 병에 걸려서 죽음을 앞두고서도 그런 이야기를 했어요. 참 기가 막힙니다. 어떻게 보면 광신자이지요. 그런데요, 사실은 나도 딸처럼 그 음성을 듣고 싶어요. 저는 아직 지성에서 영성으로 완전히 들어가지 못했습니다. 그저 지성과 영성의 문지방에서 서성거리고 있지요. 하나님이 한번이라도 '어령아, 어령아…' 라고 말해주신다면 모든 것을 포기할 수 있습니다. 지난 시절 나의 지성적 작업을 모조리 던져버릴 수 있다고요. 그런데 아직은 안 들려요, 아직은…. 살다보면 들을 날이 오겠지요."

"어령아, 어령아…" 하고 부르시는 하늘의 목소리 한 번으로 이 시대의 지성 이어령의 모든 것은 허물어질 것이다. 그도 그 허물어짐을 기대하고 있었다. 예리한 신학자였던 신성종 목사가 지극히 비이성적으로 보이는 천국과 지옥의 환상을 본 이후에 극적으로 변한 것처럼, 어느 날 이어령 전 장관도 어디선가 들려온 '그 음성' 하나에 이전과는 전혀 다른 삶을 살 수도 있다. 신 목사를 보면서 또 다시 생각하지 않을 수 없었다.

'이 세상에는 분명 내가 경험한 것 이상의 무언가가 더 있다.'

친구의 편지

2010년 11월에 나는 국민일보 미션라이프 인터넷판에 "연평도 폭격을 보며 다시 데이비드 오워를 생각한다"라는 제목의 칼럼을 썼다. '회개와거룩함미니스트리(Ministry of Repentence and Holiness) 대표'란 직함을 지닌 데이비드 오워David Owuor는 그해 6월 말부터 한국교회 내에서 상당한 화제를 모았다. 당시 인터넷에는 '오워 박사의 예언'이라는 내용의 글이 돌았다. 예언의 대략적인 내용은 한국교회와 크리스천들이 회개하지 않으면 수개월 내에 전쟁이 난다는 것이었다.

그해 10월 8일 국민일보 본사에서 오워를 만나 인터뷰했다. 그의 말은 사실 그대로 믿기 어려웠다. 특히 예언의 부분은 조심스러웠다. 결국 그와의 인터뷰는 지면에 나가지 않았다. 그대로 싣기에는 위험하고 불확실한 요소가 너무 많았기 때문이다.

당시 그가 내게 한 이야기의 핵심은 다음과 같다.

"한국 안에 포스트모던 사상이 만연되어 있다. 지도자들이 돈을 너무나 사랑하고 있다. 사랑을 가르쳐야 할 신학교에서 잘못된 메신저를 수없이 배출하고 있다. 많은 설교자들이 '하나님이 말씀하시기를…'이라고 하지만 하나님은 실제로 그들에게 말씀하지 않은 경우가 많다. 하나님께서는 신실한 주의 종들을 이 땅에 보내신다. 하나님께서 그들을 보내신 것은 다시 한 번 이 나라를 세우기 위함이다. 교회를 정화시키기 위해서 보낸 것이다. 교회 안에 있는 수많은 죄를 보고 가만히 있다면, 죄에서 돌이키지 않는다면, 우리는 아무것도 할 수 없을 것이다.

교회가 이제 하나님 안에서 새로워지는 시간이 필요하다. 나는 교회가 높이 들림 받는 것을 보았다. 하나님은 이 한국교회를 친히 방문하기 원하신다. 하나님의 방문을 맞이하기 위해서 주님 오심을 준비하는 그릇이 필요하다. 지금 한국에는 새로운 가죽 부대가 필요하다."

'새로운 가죽 부대가 필요하다'는 그의 말이 마음에 다가왔다. 우리에게 새 부대가 필요하다는 이야기를 여러 사람들로부터 들었던 때였다. 이후 그를 잊고 있다가 11월 23일 연평도 포격 뉴스를 접하고 인터넷판에 글을 쓴 것이다. 이에 대해서 미국 풀러신학교에서 함께 공부했던 친구 선교사가 내게 메일을 보내왔다. 의미심장한 메일이었다.

샬롬!
오랜만이네, 친구. 나네, 김○○ 선교사야. 요즘도 변함없이 바쁘게 지내고 있겠지? 가끔 지면을 통해서 자네 글을 보네. 나는 지금 이스라엘로 들어갈 비자를 기다리며 미국에 머물고 있네. 이번 국민일보 아이미션에 실린 자네 글 '연평도 폭격을 보며 다시 데이비드 오워를 생각한다'를 읽고 내 생각을 좀 나누고 싶어 이렇게 글을 쓰네.
언론인으로서 항상 사안을 중립적 위치에서 조심히 다뤄야 한다는 것은 잘 아네. 그러나 내 바람은 좀 더 심각하고 더 무게 있게 이 일을 다루었으면 하는 안타까움이 있네. 데이비드 오워가 흑인이라서, 아프리카 사람이라서, 검증되지 않는 예언이라서 그냥 잊고 있었다는 것은 정말 안타까운 일이네.

최근 기도할 때 하나님께서 이사야서 10장과 11장의 말씀을 보여주셨어. 하나님은 내게 마지막 때를 준비하고 계신 것을 알려주셨네. 하나님이 한국에 이렇게 어려움을 가져다주시는 것은 우연이 아니야. 우리가 반드시 거쳐야 할 한 과정이지. 이미 하나님께서는 자신의 시계나 다름없는 이스라엘을 통하여 때가 이르렀음을 오래 전에 알려주셨어. 이스라엘 나라가 회복이 되었고, 예루살렘이 회복이 되었으며, 유대인들이 귀환했어. 그리고 요즘은 이스라엘에 영적 회복의 기운이 일고 있네. 모두가 마지막 때에 일어날 사인들이지.

예수님께서는 "무화과나무가 여려지고, 그 가지에 싹이 나면, 그 세대가 끝나기 전 천국이 임하는 것을 볼 것"이라고 하셨네. 그러나 마지막 때에는 모두가 거쳐야 할 과정이 있어. 바로 '연단'이라는 과정이지. 쭉정이와 알곡을 걸러내는 시간. 지금 우리가 직면한 시점이 바로 이 연단의 시점이야. 교회는 거짓과 부패 등 죄악으로 가득 차 있고, 사람들은 크리스천들을 개독교인이라고 부르지. 이제는 하나님이 몽둥이로 교회들을 치실지도 몰라. 그래서 알곡을 골라내어 천국으로 불러들이고, 쭉정이들은 불에 던져버리실 거야. 이사야서 10장 21,22절에 말씀하신 것같이 하나님은 '거룩한 남은 자'들만 거두실 거야. 이것은 비단 한국만의 일은 아니네. (중략)

하나님은 이스라엘을 심판하시면서, 메시아의 소망을 함께 주셨네. 왠지 아나? 하나님께서는 다른 어떤 방법으로도 인간을 회복할 길이 없다는 것을 아시기 때문이지. 그리고 90퍼센트의 백성을 버리고라도 10퍼센트의 남은 자들알곡을 거두겠다고 하셨어.

하나님께서는 죄악의 값으로 이스라엘을 가루로 만드시고 수백 년을 나라 없이 살게도 하셨네. 하나님께 인간의 시간 개념은 아무런 상관이 없는 것은 자네도 잘 알지 않는가. 수백 년을 기다리시더라도 하나님께서는 다시 시작하실 것이야. 하지만 이제는 그럴 시간도 없네. 마지막 때가 가까웠기 때문이지. 한국에서 워낙 많은 이단들이 이 종말의 언어를 사용하는 바람에 종말이라는 말만 써도 색안경을 쓰고 보지. 그러다 보니 정작 그때가 가까웠는데도 "그때가 되었다"라고 말할 수 없는 상황이 되었어. 다 이단시하고 비뚤어진 시각으로 바라보니까.

한국교회가 천국에 대한 소망과 갈망을 설교하는 것을 언제 들어보았는가? 언제였지? 지금은 교회가, 성도들이 예수 믿으면 끝나는 것으로 생각하고 있지. 구원의 진정한 의미도 잘 모르고 구원을 받아서 그 구원으로 무엇을 해야 하는지도 잘 모르지. 그러다보니 교회는 수많은 '그저 교회 가는 사람들Church-goer'들과 '주일 크리스천Sunday Christian'들을 양산해내었어. 구원은 바로 우리가 천국 가기 위한 시작점일 뿐이지 않는가? 하지만 모든 이가 다 천국에 들어갈 수 없다는 것을 강단에서 말하지 않고 있어. 성도들은 설탕으로 잘 발려진 달콤한 말들을 원하고 칼날이 선 진실의 설교는 아무도 원치를 않아. 그들은 재미있는 이야기들을 원하지. 그냥 웃고 즐기고 넘어갈 수 있는….

자네 '벌거벗은 진실Naked Truth'이라는 이야기를 아는가? 일부를 발췌했네(친구가 보낸 영문 내용을 번역했다-저자 주).

한 가난한 노파가 있었다. 그녀는 한마디로 추했다ugly. 등은 굽었고 매부리코에 이빨 몇 개는 부러졌으며 볼에는 사마귀투성이었다. 누더기를 걸친 그녀의 몸에서는 악취가 났다. 누구도 그녀의 이야기를 들으려 하지 않았다. 멀리서 그녀를 발견하면 재빨리 달아나서 집 문을 잠갔다. 노파가 원한 것은 동행이었다. 그들과 친밀하게 동행하고 싶었지만 모두가 외면했다. 그래서 그녀는 여기저기 자신의 이야기를 들어줄 친구를 찾아 떠돌아다녔다.

노파는 드넓은 사막을 지나 한 도시에 도달했다. 그리고 생각했다.

'그래. 여기서 친구를 만날 수 있을 거야. 힘든 사막생활을 하고 있는 이곳 사람들은 분명 나에게 연민의 정을 느끼고 나를 받아줄 거야.'

그러나 그 사막 도시 사람들도 다르지 않았다. 사람들은 그녀에게서 도망쳤고 문을 굳게 잠갔다. 누구도 그녀의 말을 들으려 하지 않았다.

'도대체 왜 그런 거지? 무엇이 문제야? 인생 정말 고달프군. 이젠 포기하고 싶어.'

절망과 비판에 잠겨 그녀는 먼지 나는 도로에 털썩 앉았다. 그때 아름다운 옷을 입은 잘생긴 청년이 그 사막 도시에 도착했다. 사람들은 앞다투어 그 청년에게 다가가 악수를 나누고 껴안기까지 했다. 그에게 음식과 술을 가져다주었으며 엄청난 선물도 아낌없이 선사했다.

노파는 다시 생각했다.

'아, 인생은 너무나 불공평해. 내가 젊고 잘생겼더라면 모두가 나를 사랑해줄 거야. 그러나 내가 늙고 추하고 병들어서 사람들은 나를 잊고

무시하기까지 해. 정말 불공평해.'

잠시 후 젊은 청년은 받은 선물을 챙기고 사람들과 인사를 나눈 뒤 마을을 빠져나갔다. 마을을 벗어난 그는 노파가 앉아 있는 먼지 나는 도로 건너편에 앉아 여장을 꾸렸다. 노파는 도저히 참을 수 없었다.

"도대체 당신은 어떻게 그리 환대를 받을 수 있죠? 다른 도시에서도 그랬소?"

젊은 청년이 노파를 힐끗 보며 말했다.

"음…. 네, 어디서나 그랬지요. 모두가 저에게 환호했어요."

노파가 외쳤다.

"도대체 왜? 왜? 당신은 아주 특별한 사람임에 분명하오."

청년이 말했다.

"아닙니다. 절대 아니에요. 저는 지극히 평범합니다."

"믿을 수 없어요. 당신은 분명 왕가의 자손임이 분명하오."

"아니라니까요. 나 같은 타입은 어디서나 발견할 수 있어요."

"그러면 당신은 대체 누구요? 누구관대 사람들이 당신을 만나면 그렇게 행복해하고 즐거워합니까?"

"저는 이야기Story랍니다. 네, 그래요. 저는 아주 세련되고 듣기 좋은 이야기예요. 사람들은 세련된 이야기를 좋아하지요. 그래서 저를 만나면 그렇게 환호하는 거예요. 그런데 당신은 누구입니까? 누구관대 그렇게까지 사람들이 당신을 싫어하고 두려워하는 겁니까?"

"아, 그렇군요. 이제 뭐가 문제인지 알겠어요. 저는 진실Truth이랍니다.

누구도 진실을 듣기 싫어해요. 그래서 사람들은 제게 '어글리 트루스
(ugly truth, 불편한·추한 진실)'라는 이름을 붙여줬어요."

내가 자네에게 말하고자 하는 것은 한 가지네. 이제 이 불편한 진실을
모든 사람들이 이해할 수 있는 언어로 전달해주기를 원하네. '회개하
라. 천국이 가까웠음이라.' 이것이 데이비드 오워의 중심 메시지가 아
닌가. 그가 누구인지에 대해 논쟁하는 것보다 그의 메시지에 귀를 기울
여야지. 오워가 아니라 어떤 사람이라도 이런 메시지를 전할 때에 우리
는 잠시 멈춰 서서 스스로를 돌아봐야 할 것 같아. 더는 자신의 신학이
나 신념과 맞지 않는다며 무시하지 말고.

친구, 사람들에게 진실을 알려주게. 그래서 단 한명이라도 정신 차려서
천국에 들어갈 수 있도록 도와주게. 지금 우리에게 보이는 여러 사건들
은 서막에 불과할지 몰라. 정말 시간이 없네. 언제일지 모르지만 도둑
처럼 오실 주님을 우리 성도들은 깨어서 준비를 해야 해. 한 명이라도
천국에 더 데려갈 수 있도록 목숨을 걸고 뛰어야 할 시기일세. 친구로
서, 주 안의 한 형제로서 간절히 부탁하네. 자네 역시 이 글을 무시할지
몰라. 자네 말대로 '그대로 받아들이기에는 위험하고 불확실한 요소'
투성이기 때문이지.

이제라도 늦지 않네. 제대로 한국교회들을 깨워주게. 한국은 지금 제2
의 도약이 필요하네. 하지만 교회와 성도들의 거듭남이 없이는 절대로
이 일은 일어나지 않을 것이야. 성도들의 마음이 가난하고 갈급해질 때

하나님은 다시 시작하실 것일세.

한국에 가게 되면 또 교제하세. 혹 못 보게 되면, 천국에서라도 만나세.

그럼, 주 안에서 천국을 사모하며 승리하게.

친구가, 디아스포라에서.

데이비드 오워가 예언했다는 '수개월 내 전쟁 발발'은 이뤄지지 않았다. 물론 그는 한국교회가 회개하면 전쟁을 막을 수 있다고 했다. 조건적 예언이었다. 한국교회가 회개했기에 전쟁이 일어나지 않았을 수도 있다. 그러나 한국교회가 진실로 회개했다고 보기는 어렵다. 오워는 엉터리 예언가일지도 모른다. 그런 예언에 좌지우지하는 것 자체가 우리 기독교의 현 주소이며, 부끄러운 일이기도 하다. 그러나 친구의 말대로 그의 메시지 자체는 무시할 수 없다. 그것은 '불편한 진실'일 수 있다. 나는 친구의 이 말에 진심으로 동감한다.

"오워가 아니라 어떤 사람이라도 이런 메시지를 전할 때에 우리는 잠시 멈춰서서 스스로를 돌아봐야 할 것 같아. 더는 자신의 신학이나 신념과 맞지 않는다며 무시하지 말고."

이 책 작업을 마무리하려는 시점에서 나는 예기치 않게 미국 뉴저지에서 사역하는 벤자민 오(Benjamin Oh, 사랑과진리교회) 목사를 만날 수 있었다. 오 목사와 이야기하면서 그가 데이비드 오워의 한국 방문 당시 모든 일정의 통역을 맡았다는 사실을 알게 됐다. 뜻밖의 사실이었다. 그에게 오워에 대해서 물어보았다. 오 목사는 오워의 지난 삶의 경력에 대해서

전적으로 신용을 주기 힘들다고 말했다. 그에 대해서는 의구심이 많다고 했다. 그러면서 한마디 더 했다.

"그런데 그의 메시지는 결코 무시하지 못하겠더라고요. 특히 회개의 메시지는 전적으로 받아들이지 않을 수 없었습니다. 무엇보다 목사인 나부터 회개해야 한다고 생각했습니다. 오위뿐 아니라 누가 그런 이야기를 하더라도 받아들여야 할 진실이라고나 할까요…."

교회, 끝내 세상의 희망이 되리라

나는 끝내 교회가 세상의 소망이 되는 날이 올 것을 믿는다. 우리의 상황은 어렵다. 아주 강력한 개혁이, 극적인 전환이 필요하다. 그럼에도 교회는 세상의 소망이고, 끝내 세상의 소망이 되리라 믿는다. 그날은 반드시 올 것이다. 이것은 승리주의에 취한 한 그리스도인의 외침이 아니다. 이것은 마음 깊이 나오는 느낌이다. 그 느낌은 소망이 되고 확신이 된다. 이 느낌과 소망을 갖고 계신 분들이 많으리라.

살아 있는 교회는 이 세상의 문제를 해결할 수 있다. 아니, 살아 있는 교회만이 이 세상 문제를 해결할 수 있다. 흔들리는 세상에서 흔들리지 않는 진리를 들을 곳은 하늘 아래 교회밖에 없다!

스위스의 신학자 칼 바르트Karl Barth는 그의 방대한 《교회 교의학》을 한 문장으로 요약해달라는 부탁을 받았을 때 한 찬송가 가사를 말했다.

"'예수 사랑하심은 거룩하신 말일세. 우리들은 약하나, 예수 권세 많도다' 이것으로 요약할 수 있습니다."

교회가 끝내 세상의 소망이 되는 날이 올 것을 믿는 근거는 우리의 모든 연약함을 뛰어넘는 예수 권세가 많기 때문이다. '물이 바다를 덮음같이' 하나님의 선하심이 지금도 우리에게 넘치게 흐르고 있기 때문이다. 나의 눈이 뜨이지 않아 지금 그것을 바라보지 못하더라도 예수 권세는 정말 많고(크고), 하나님의 선함은 넘쳐흐른다.

미국 복음주의의 거장이라 불리는 달라스 윌라드에게 인생에서 가장 소중한 것이 무엇인지 물어본 적이 있다. 그는 바로 대답했다.

"하나님이 선하시다는 것을 믿는 것입니다."

그와의 인터뷰 이후 나는 '하나님은 선하시다'라는 주제로 그 선하심을 삶에서 체험하는 사람들을 만나기 원했고, 지금도 만나고 있다. 이 부조리하고 아이로니컬한 세상에서도 여전히 존재하는 하나님의 선하심을 드러내는 것이 기독 언론인의 사명이 아닐까 생각했다.

"물이 바다 덮음같이 여호와의 영광이 충만하다면 우리가 어떻게 이 정도밖에 살 수 없나요. 어떻게 이 정도로 만족할 수 있느냐고요?"

이렇게 절규하듯 내게 외친 여 집사님도 있었다. 맞는 말이었다. 물이 바다 덮음같이 하나님의 선하심이 충만한 가운데 살고 있는데 어찌하여 우린….

비록 지금 우리가 새장 속 병아리처럼 살고 있더라도 우리의 정체성은 창공을 날아오르는 독수리다. 하나님은 선하시며 주 예수 그리스도의 권세는 크시다! 나는 선하신 그분, 권세가 크신 그분에게 받아들여졌다. 그분은 나를 이해하신다. 그리고 더 좋은 것을 주신다.

내 눈이 뜨이는 날, 날아오르리라. 교회의 눈이 뜨이는 날, 교회는 새 장 밖으로 나와 참 교회를 시도할 것이다. 그때, 사람들은 생명의 떡을 찾아 교회로 달려올 것이다. 결국 교회는 세상의 소망이 되고야 말 것이다. 이 소망을 버리지 말아야 한다. 이 소망을 버리게 하려고 혈안이 된 세력들도 있다. 절대 속아선 안 된다. 환경을 바라보지 말고 그 환경 너머의 예수 권세를 보아야 한다. 그래서 그 '너머의 세계'를 보았다는 사람들을 무시하지 말고 존중해야 한다. 그리할 때 우리에게 유익이 있다.

"도무지 희망이 보이지 않습니다."

이 땅에 복음을 가져온 언더우드 선교사가 미국 선교부에 보낸 보고 내용이다. 척박한 조선 땅에서 언더우드 선교사는 도무지 희망을 찾을 수 없었다. 오직 절망만이 보일 뿐이었다. 그러나 마사 그레이엄의 어머니가 말한 대로 보이는 것만이 존재하는 것이 아니었다. 무언가가 더 있었다. 척박한 조선 땅에 믿음의 씨앗들이 있었다. 하늘을 두려워하는 성실한 백성들이 있었다. 무엇보다 이 땅과 백성들을 불꽃같은 눈으로 보시는 하나님이 계셨다. 언더우드 선교사가 지금까지 살아 다시 한국을 방문한다면 이 노래를 부르지 않을까?

"예수 사랑하심은 거룩하신 말일세. 우리들은 약하나, 예수 권세 많도다."

도무지 희망이 보이지 않는 땅, 북한에도 하나님의 선하심은 충만하며 예수 권세는 많다. 그것이 북녘 땅을 바라보는 우리의 소망이다. 그 분이 그 땅을 기어코 고치시리라. 그날은 반드시 오고야 말리라!

이 책에는 열 명의 인물들이 나온다. 달라스 윌라드, 리처드 마우, 유진 피터슨과 대천덕, 로렌 커닝햄, 빌 존슨, 마이크 비클, 이민아, 손기철, 유기성. 이들에 대해서 자세히 아는 사람도, 생소하게 여기는 사람도 있으리라. 이들은 모두 나와 얼굴을 맞대고 진지하게 이야기했다. 물론 책을 통해서도 수없이 이들과 접촉했지만 그들과 대면해서 직접 대화를 나눈 것이 내게는 축복이었다. 모든 이들을 한 번 이상 만났고 열 번 넘게 만나서 인터뷰한 분들도 있다. 이들의 이야기는 이태형이라는 한 언론인이 이 땅의 크리스천들을 대신해 들었던 생생한 실화實話이다.

성경을 '시장'의 언어로 풀어낸 《메시지》의 저자 유진 피터슨과 《하나님의 모략》의 달라스 윌라드, 미국 풀러신학교 총장 리처드 마우는 미국 기독교계 지성 중의 지성이다. 싸구려 복음을 파는 세상의 성공했다는 크리스천 리더들과는 차원이 달라도 한참 다르다. 한국교회는 그들의 영적 넓이와 깊이를 배워야 한다.

미국 캘리포니아주 레딩의 베델교회 담임목사인 빌 존슨과 캔자스에서 24시간 기도운동을 벌이는 국제기도의집IHOP 대표인 마이크 비클은 피터슨과 윌라드, 마우 등과 한 묶음으로 묶기 어려운 인물들이다. 그러나 나는 이들 모두가 공통적으로 눈이 뜨였다고 생각한다. 그들은 복음주의 지성의 영역에서, 초자연적인 사역의 영역에서 우리가 보지 못한 것들을 보았다.

이들과 신학적으로 견해를 달리하는 분들이 적지 않을 것이다. 견해를 달리하는 차원을 떠나 확신을 갖고 거세게 반대하는 분들도 계실 것이다. 나는 누구를 옹호하거나, 적대시하기 위해서 이 책을 쓴 것이 아니다. 적어도 자신들과 견해를 달리하는 사람들이 누구인지, 그들의 '생각'이 무엇인지는 알아야 하지 않겠는가. 베려고 생각하면 이 세상에 풀 아닌 것이 없다. 자기 확신에 찬 검객이 되어서 모든 것을 자르기보다는 배움이란 관점에서 품으며 접근하면 좋겠다. 사실 이들을 인터뷰하면서 모두에게서 배울 수 있었다. 굳이 편을 가르며 내게 다가온 배움의 기회를 놓칠 필요는 없다.

국제예수전도단YWAM을 창립한 로렌 커닝햄 목사는 넉넉한 품격의 이 시대 영적 거성이다. 평생 하나님의 음성 듣기를 소망했던 그는 '다름'을 넘어 '닮음'을 찾았던 존중의 지도자였으며 참된 피스메이커였다.

이 땅을 떠난 대천덕 신부는 정말 닮고 싶은 인물이다. 하루 24시간 '예수님과의 동행'을 추구하는 유기성 선한목자교회 목사는 대천덕 신부처럼 살고 싶다고 했다. 유 목사의 다른 어떤 말보다 더 다가왔다. 한 사람이 인생을 걸며 닮기 원하는 대상은 과연 어떤 삶을 살았는가? 그래서 이 책 마지막에 대 신부의 인생을 그대로 담았다. 책 속의 책이라고 할 수 있다.

고 이민아 목사는 살아생전 '이어령의 딸'로 유명했다. 그러나 그녀의 마지막은 땅에서 하늘처럼 살았던 영靈의 사람의 모습이었다. 내게

"진정으로 거듭나서 아버지 하나님을 만나야 합니다"라고 말했던 이 목사가 새삼 그립다. 나는 여전히 불꽃같이 인생을 불태우며 복음을 전했던 그녀를 하늘로 속히 불러야 했던 아버지 하나님의 뜻을 알지 못한다. 그것은 내게 신비의 영역에 속하는 일이다. 세월은 사람을 잊게 만든다. 그럼에도 진심으로 한국교회가 땅에서 하늘처럼 살기 원했던 고 이민아 목사를 오랫동안 잊지 않았으면 좋겠다.

손기철 장로는 탁월한 생명공학자다. 과학자이자 대학교수로 세상에서 많은 것을 이룩한 그가 일부의 비난을 무릅쓰면서까지 치유사역을 펼치는 이유가 궁금했다.

'우리가 보지 못한 것을 보아버렸기 때문이 아닐까? 눈이 뜨였기 때문이 아닐까?'

손 장로를 만나면서 줄곧 생각했던 물음이었다.

열 명 모두가 다른 색깔을 갖고 있지만 공통점이 있다. 모두가 주 예수 그리스도께 인생을 건 사람들이라는 점이다. 이것만으로도 이들의 이야기를 들어볼 가치가 있다고 생각한다. 또한 이들은 말씀에 깊이 뿌리 내린 사람들이었다. 부디 사랑과 존중의 마음을 갖고 책을 펼쳐보시기 바란다.

친구는 내게 '모든 사람들이 이해할 수 있는 언어'로 불편한 진실ugly truth을 전하며 한국교회를 깨워달라고 했다. 그러나 나는 누구를 깨울 수 있는 위인이 못된다. 나 스스로도 깨우지 못해 끙끙거리는 사람이 누굴 감히 깨운단 말인가. 다만 이것이 하나님이 원하시는 책이라면 이 책

자체가 나를 포함한 사람들의 눈이 뜨이는데 사용될 것이고 교회를 깨울 것이다. 수많은 책을 낸 작가 존 비비어는 내게 말했다.

"사람들 각자에게 소명이 있듯, 모든 책에도 소명이 있습니다."

이 책도 소명이 있으리라.

"부디 소명대로 살아주기 바란다, 사랑하는 책아."

우리는 지금 새로운 출발선상에 서 있다. 새 부대를 가지고 새로운 길을 가야 한다. 새로운 교회의 운동이 필요하다. 그 길은 두려움과 절망 가득한 힘든 길일 수 있다. 그러나 그 길을 가지 않는다면 새로움이 올수 없다. 그 길 끝에서 주 예수님이 진수성찬을 마련해놓고 우리를 기다리고 계실 것이다. 우리에겐 아직도 가야 할 길이 있다. 그것은 고통이면서 소망이다. 그 여정에 내가 만난 열 명의 이야기가 분명 도움이 되리라 믿는다.

마지막으로 대천덕 신부의 부인으로 2012년 4월 7일 하늘로 떠난 현재인 사모의 말을 전해주고 싶다.

"우리 모두는 하나님의 길 안에 있습니다."

그렇다. 나만이 아니라 우리 모두다. 우리 모두!

이제, 함께 가자.

_이태형

추천사

프롤로그

CONTENTS

에필로그

크리스천에게 성공은 거룩함에 이르는 것입니다. 말과 행동에서 성령의 열매가 나타나는 것이 바로 성공입니다. 거룩하기 위해서는 하나님의 음성을 들으며 마음의 혁신을 이뤄야 합니다.

Dallas Willard

달라스 윌라드

1935년생. 윌리엄쥬얼대학교, 테네시템플대학교에서 심리학을, 베일러대학교에서 철학과 종교를 전공한 후, 위스콘신대학교에서 철학박사 학위를 취득했다. 그는 남캘리포니아대학교 철학과 교수이자 UCLA, 콜로라도대학교의 객원 교수로 일하고 있다. 저서로는 《하나님의 모략》《마음의 혁신》《하나님의 음성》《잊혀진 제자도》 등이 있다.

주님의 제자가 되는
길뿐입니다

달라스 윌라드(Dallas Willard, 1935년생) 박사는 신학자이자 인문학자로 미국 남침례회에서 안수를 받은 목사이기도 하다. 달라스 윌라드라는 이름만으로도 무게가 나가는 이 시대 복음주의 지성 중의 지성이다. 그는 미국 위스콘신대학교에서 철학박사 학위를 취득했고 1964년부터 지금까지 남가주대USC에서 가르치고 있다.

《하나님의 모략The Divine Conspiracy》《마음의 혁신Renovation of the Heart》《하나님의 음성Hearing God》《잊혀진 제자도The Great Omission》 등 그가 쓴 책들은 전 세계 크리스천에게 큰 영향을 준 역작들이다. 특히 1998년 출간된 《하나님의 모략》은 이미 우리 시대의 고전이 됐다. 작가이자 교수인 리차드 포스터Richard Foster 목사는 《하나님의 모략》 서평에서 "내가 평생 찾던 책이다"라고 극찬했다.

이처럼 윌라드 박사는 영성과 문화, 목회, 제자도 등 각 방면에서 크리스천들로 하여금 본질적 가치를 추구하게 하는 글을 써왔다. 권위 있는 미국 기독잡지 〈크리스채너티 투데이Christianity Today〉는 윌라드 박사를 "이 시대 최고의 기독교 변증가이며 가장 탁월한 복음주의 사상가 가운데 한 명"이라고 평했다.

나는 2007년 10월 특별 세미나를 위해 한국을 방문한 윌라드 박사를 처음 만났다. 그리고 이후 미국과 한국에서 몇 차례 더 만날 기회가 있었다. 그는 소탈하고 사람에 대한 진실한 애정을 지닌 크리스천이었다. 세계적인 석학으로서 가질 수 있는 지적 우월감 같은 것은 발견할 수 없었다. 그는 인터뷰 내내 차분하고 진지한 어조로 질문에 대답했다. 혹시 미진한 부분이 있으면 언제든지 자신에게 이메일을 보내라고 덧붙였다.

여담이지만 내가 만난 세계적인 인물이나 석학, 목회자들에게는 공통점이 있었다. 이 책에서 나눌 10명의 사람들에게서도 공통적으로 느끼는 것이지만 그들에게는 인간에 대한 깊은 존중이 있다. 그래서 거들먹거림이 전혀 없다. 언제나 접근 가능했다. 그러나 일정 부분 성공은 했지만 대가大家의 반열에 들지 못한 어정쩡한 단계의 인물들은 접근이 어렵다. 한두 명의 사람들을 거쳐서도 연결되지 않는다. 그들에게는 나름의 교만함이 묻어 있었다. 그러나 대가들은 달랐다! 그들은 인간적이었고 상식적이었다. '이 시대의 기독 지성'이란 수식어를 붙여도 전혀 어색하지 않은 윌라드 박사와의 인터뷰 내용은 깊고도 깊었다.

지금 그리고 여기

첫 만남에서 윌라드 박사는 이렇게 말했다.

"지금, 여기서(이 땅) 하나님나라를 살아가는 크리스천은 참된 제자도를 회복해야 합니다."

그의 말은 조용하지만, 강력했다. 그는 인터뷰 내내 '지금 그리고 여기Here and Now'를 말했다. '참된 제자도'란 말은 폴란드 망명정부의 지폐마냥 남발돼 이제는 너무나 흔한 말이지만 그의 입에서 나온 동일한 말의 힘은 강했다.

당시 그가 주강사로 참여한 영성 세미나에는 수많은 목회자와 성도들이 모였다. 그만큼 한국사회가 영성에 대한 관심이 많다는 뜻일 것이다. 그에게 참된 영성에 대해 물었다.

"예수 그리스도 안에서 살아 있는 것 자체가 영적인 것입니다. 예수 안에 사는 삶에는 영성이 내포돼 있습니다. 영성은 불교와 유교적인 것일 수도, 세속적일 수도 있습니다. 크리스천의 영성은 예수 그리스도의 형상을 이루도록 내면의 성품을 만들어가는 것입니다. 그리스도를 따른다는 것은 영성보다 더 큰 개념입니다.

제가 강조하고 싶은 것은 영성이 무엇인가에 대한 논의보다는 참된 제자가 되는 것, 즉 순종의 중요성입니다. 순종하려는 의지는 영성이라는 화차를 끄는 기관차와 같습니다. 오늘을 사는 크리스천들에게 필요한 것은 범사에 그리스도를 따르고자 진지하게 노력하는 순종의 자세입니다. 하나님에 대해 아는 것이 아니라 하나님을 삶 속에서 경험하는 것입니다. 그러나 오늘날 크리스천들에게 순종하는 제자도가 사라졌습니다. 제자가 아닌 사람들이 외치는 영성이야말로 공허합니다.”

예수 안에 사는 삶에는 영성이 이미 내포돼 있으며 그리스도를 따른다는 것은 영성보다 더 큰 개념이라는 그의 말이 다가왔다. 말씀대로 순종하려는 의지야말로 가장 중요한 개념이다. 영성과 제자도라는 말이 난무하고 있는 한국사회에서 가장 결여되어 있는 것이 순종하려는 의지가 아닐까 싶다. 순종은 돌아서는 것이고, 자기를 던지는 것이며, 궂은 일을 하려는 결단이다. 자기 의지를 고스란히 간직한 채로는 순종할 수도, 돌아설 수도, 궂은 일을 할 수도 없다. 한마디로 제자가 아닌 사람들이 외치는 영성은 공허하다!

월라드 박사는 ‘크리스천’과 ‘제자’를 구분한다. 크리스천은 예수 그리스도를 믿는다고 고백하는 사람이다. 그러나 고백한다고 해서 꼭 제자가 되는 것은 아니다. 그는 말했다.

“제자란 상대와 같은 존재가 되고, 상대가 하는 일을 하기 위해 적절한 조건 아래서 그 사람과 함께 있기로 작정한 사람입니다.”

그래서 누군가의 제자가 되는 것에는 절대적인 전제조건이 있다. 그 사람을 따라야 하고 같이 있어야 한다. 그 사람처럼 되는 법을 배우고 배운대로 실행해야 한다.

월라드 박사의 역작 가운데 하나가 《잊혀진 제자도》이다. 제목이 아주 흥미롭다. 원제인 “The Great Omission”을 직역하면 “아주 굉장한 누락”이라고 할 수 있다. 마태복음 28장 18절부터 20절까지에 나와 있는 예수 그리스도의 지상명령The Great Commission과 대비된다. ‘The Great

달라스 월라드

Omission'과 'The Great Commission'. 절묘한 언어의 패러디다.

월라드 박사에게 제자도는 '하나님나라에서 어떻게 살 것인가'를 탐구하는 작업'이다. '제자'는 소비자가 아니라 참여자다. 참여자는 모든 영역에서 예수 그리스도의 정신과 성품을 갖고 그가 원하는 방향으로 변화해야 한다. 그것이 지금 시대에는 특히 중요하다. 지금 우리는 예수님께서 가르치신 중요한 부분들이 누락omission되고 있는 시대에 살고 있기 때문이다.

"오늘날 크리스천들 사이에는 그릇된 신화가 있습니다. 제자가 되지 않고서도 '크리스천'일 수 있다는 것입니다. 제자가 되기 위해서는 자기 찢어짐과 비움, 돌이킴이 있어야 합니다. 그런데 그것 없이도 크리스천이 될 수 있는 시대에 살고 있습니다. 이것이야말로 이 시대의 비극입니다. 모두들 '지상명령The Great Commission'에는 관심을 갖고 있습니다. 그러나 예수 그리스도가 말한 '이 모든 것을 가르쳐 지키게 하라'는 말씀은 여지없이 빠뜨리고 있습니다. 우리 신앙 가운데 '위대한 누락The Great Omission'이 있는 것이지요. 제자들은 그리스도를 따르며 어디에서든지 그리스도의 성품과 능력으로 사는 사람들입니다. 그 제자들의 삶속에서 '하나님이 함께하시는 사랑과 선함의 우주적 공동체의 흔적'을 찾을 수 있습니다. 그러나 지금 시대 그리스도인들에게서 이런 모습은 찾아보기 어렵습니다."

지금 한국교회를 향해 사람들은 핏발 선 눈으로 "너희들의 신앙을 삶으로 보여라"라고 외치고 있다. 그들도 현대 크리스천의 아픈 부분을 잘 알고 있다. 그 뼈아픈 부분은 삶과 신앙의 거대한 괴리다. 지상명령의 중대한 누락 때문에 그리스도인의 현실적 삶과 실제 제자의 삶과는 거대한 괴리가 있다는 것이 윌라드 박사의 진단이다. 그는 이러한 누락과 괴리를 타개하기 위해서 '예수의 도道'를 날마다 배워야 한다고 강조했다.

윌라드 박사는 이 세상의 제자도를 '지상명령을 잊어버린 제자도'라고 비판한다. 그의 주장대로라면 모든 그리스도인은 제자가 되어야 하는데 오늘날 이 땅에는 제자가 사라진 변종 기독교, 기독교 아류들이 팽배해 있다. 그는 '뱀파이어 크리스천'이라는 자극적인 용어까지 사용했다.

"디트리히 본회퍼Dietrich Bonhoeffer가 말한대로 순종이 없는 기독교는 예수 그리스도가 없는 기독교와 같습니다. 크리스천들은 흔히 '오직 은혜'라면서 노력의 중요성을 간과합니다. 마치 노력이 은혜의 반대라고 생각합니다. 그러나 은혜의 반대는 공로이며 날마다 새로워지려는 영적 노력은 제자의 삶에서 절실한 가치입니다. 제자는 혼신의 힘을 다해 예수의 도道를 배우고 지키는 자입니다. '예수 학교'는 지금도 수업 중입니다. 기억하세요. 은혜를 받으면 순종을 면제받는 것이 아닙니다. 은혜에 의해 올바른 순종이 시작될 수 있습니다.

'뱀파이어 크리스천'이란 구원을 위해 필요한 그리스도의 피에만 관심이 있을 뿐, 그리스도인으로서 순종하며 제자가 되어 합당한 삶을 사는 것에는 전혀 관심이 없는 크리스천을 지칭하는 말입니다. 우리 시대 최대의 명제는 제자도를 회복하는 것입니다. 제자가 됐을 때, 보이지 않는 영靈을 보이는 삶으로 살아낼 수 있습니다.

우리는 지금 마음과 삶이 변화되지 않고서도 그리스도인이 될 수 있

달라스 윌라드

는 편리한 시대에 살고 있습니다. 미국의 교회에는 제자가 아닌 크리스천들이 넘쳐납니다. 지도자들이 먼저 참된 제자가 되어 회중을 제자로 살도록 인도하지 않는 한, 개인은 물론 교회나 사회를 새롭게 할 어떤 영적 파워도 나오지 않을 것입니다. 저는 이 시대 지도자들에게 묻고 싶습니다. '여러분은 참된 제자도가 없는 사람들에게 어떤 권세와 근거로 세례를 주며 감히 그들과 하나님이 화목한 사이라고 선포할 수 있습니까'라고요."

윌라드 박사의 마지막 말을 이 시대 목회자들은 두려운 마음으로 음미해야 할 것이다.

윌라드 박사뿐 아니라 유진 피터슨 목사, 리처드 마우 총장, 크리스천 변증가 조시 맥도웰 목사 등 기독 지성들을 만났을 때 공통적으로 듣는 이야기가 있었다.

"기독교는 종교도, 라이프스타일도, 신념도 아니다. 그 이상의 어떤 것이다."

'그 이상의 어떤 것'이란 무엇인가? 그것은 하나님과의 만남이다. 기독교는 살아 계신 하나님을 대면하는 것이다.

여기서 윌라드 박사가 언급한 디트리히 본회퍼를 한번 살펴보자. 윌라드를 제대로 알기 위해서는 본회퍼를 알아야 하기 때문이다. 독일의 신학자이자 목사인 본회퍼는 일찍부터 "기독교는 종교가 아니다"라는 말을 강조했던 인물이다.

그는 1906년 2월 4일 독일 브레슬라우의 유복한 가정에서 태어나 행복한 유년기를 지냈다. 뛰어난 피아노 연주가이기도 한 본회퍼는 천재성을 지닌 신학자였다. 17세에 튀빙겐대학교에 입학했고, 21세에 베를린대학교에서 신학박사 학위를 받고 24세에 대학교수 자격을 획득했다.

　2차 세계대전 직전 미국에서 공부하던 중, 전쟁이 일어나자 그는 귀국하려 했다. 친구들은 그가 전쟁의 위험을 피해 미국에 남을 것을 강권했다. 특히 유니언신학교의 라인홀드 니부어는 본회퍼가 미국에 머무르기를 간절히 원했다. 그러나 본회퍼는 조국 교회의 앞날과 넘어지는 양 떼를 돌보기 위해 귀국을 단행했다. 나치 치하에서 그는 줄기차게 평화를 외치며 신앙 영역과 정치 영역의 일치를 꾀했다. 목사의 신분으로 히틀러 암살 음모에 가담한 그는 1943년 체포되어 1945년 4월 9일 새벽, 39세를 일기로 형장의 이슬로 사라졌다.

　미국의 유명 작가 에릭 메택시스가 쓴《디트리히 본회퍼Bonhoeffer》를 읽으면 그의 영웅적 행동의 근원이 그리스도의 제자로서 '살아내는 삶'에 있었음을 알 수 있다. 그가 행동하는 그리스도인의 전형이 된 것은 바로 일찍부터 기독교는 종교가 아님을 알았고, 체험했기 때문이다. 1928년 22세이던 본회퍼가 강연에서 고등학생들에게 한 말 속에 믿음의 본질이 들어 있다.

　"기독교의 본질은 종교와 관계가 있는 것이 아니라 그리스도라는 인물과 관계가 있다. 종교는 죽은 것, 인간이 만든 것에 불과하다. 그러나 기독교의 핵심에는 전혀 다른 것, 바로 하나님 자신이 생생히 자리하고 있다. 기독교는 그분을 대면하는 것이다."

　그는 기독교의 메시지는 근본적으로 도덕 및 종교와 관계가 없다면서

'비종교적 기독교'를 강조한다.

"그리스도를 이해한다는 건 그리스도를 진심으로 받아들이는 것을 의미한다. 이것은 우리의 헌신에 대한 그분의 절대적 요구를 진지하게 수용하는 것을 뜻한다."

39세의 짧은 삶을 산 한 인간이 어떻게 지금의 하이테크 시대에까지 영향을 줄 수 있는가? 바로 그가 기독교는 종교가 아닌 하나님과의 만남이라는 사실을 알았기 때문이다. 그래서 그는 그리스도를 알고, 부활의 능력을 믿는 믿음 가운데 그리스도의 고난에 동참하며, 그리스도처럼 죽을 수 있었다. 본회퍼에게는 하나님의 관점에서 현실을 살아내는 것이 무엇보다 중요했다. 그에 따르면 하나님을 떠난 현실, 하나님으로부터 벗어난 선善은 결코 존재하지 않는다. 그리스도인은 "선하게 되려면 어떻게 해야 하는가"라는 질문이 아니라 "무엇이 하나님의 뜻인가"라는 질문을 던져야 한다.

본회퍼는 생전에 "예수님은 십자가에서 세 가지를 하나님께 위탁했다"면서 "나도 정말 그러고 싶다"라고 말했다. 그 세 가지는 생명과 업적 그리고 명예였다. 오랜 신학적 성찰 끝에 그는 결론적으로 말한다.

"믿는 자만이 순종하고, 순종하는 자만이 믿을 수 있다."

윌라드 박사는 본회퍼의 "순종이 없는 기독교는 예수 그리스도가 없는 기독교"라는 말을 그의 여러 책 속에 즐겨 기록하고 있다. 그는 말한다.

"예수님의 제자는 그와 함께하는 자이며, 그를 닮아가는 사람입니다. 또한 하나님의 나라를 위해 그의 제자로서 '예수님이라면 어떻게 사셨는가'를 매일의 삶 속에서 배우는 자입니다. 진정한 제자도란 매일의 삶

속에서 제자라는 정체성으로 주님이 명하신 바를 자연스럽게 할 수 있는 사람이 되는 것이지요. 결국 제자훈련은 은혜와 결단으로 순종의 환경을 만드는 것입니다. 절대적으로 의지의 순복이 필요합니다. 나의 의지를 죽이고, 그분의 뜻에 순종하는 것입니다. 그 순종의 환경 속에서 그리스도를 닮아가는 영적 성장이 이뤄집니다. 결국 제자도는 단순히 '시도하는' 차원이 아닌, '훈련을 통한 변화'의 과정입니다."

그에게 미국교회에서 참된 제자도를 실천하는 목회자가 누구인지 물어보았다. 릭 워렌이나 빌 하이벨스, 조엘 오스틴 대신 뉴욕 리디머교회를 담임하는 티모시 켈러Timothy Keller 목사가 거명됐다. 성도들을 제자로 삼아 그들로 하여금 뉴욕 거리로 들어가 주님의 선하심을 표현하게 하는 켈러 목사의 사역에서 소망을 발견한다고 했다. 윌라드 박사가 거명한 티모시 켈러 목사는 누구인가?

나는 2009년 싱가포르에서 열린 한 콘퍼런스에 참석했을 때 서적센터에서 《The Prodigal God》이라는 아주 강렬한 제목의 책 한 권을 보았다. 누가복음에 나오는 탕자蕩子 이야기의 '탕자'가 영어로 'Prodigal Son'이다. 그러니까 그 책의 제목은 '방탕한 하나님' 정도로 해석될 수 있었다.

아무튼 그 충격적인 제목을 가진 책의 저자가 티모시 켈러였다. 그는 탁월한 변증가로서 복음은 교회의 벽을 뛰어넘어 사회 속으로 깊숙이 들어가야 한다는 신념을 지닌 목회자다. 켈러와 리디머교회 교인들은 "복음을 실제로 살아내고 있다"라는 평가를 받으며 지금 뉴욕을 변화시키고 있다.

그의 책《The Prodigal God》은 국내에《마르지 않는 사랑의 샘》으로 번역, 출간됐다. 제목은 정확하게 번역됐다. 'Prodigal'이란 단어는 '제멋대로', '방탕한'의 뜻뿐만 아니라 '앞뒤 가리지 않고 남김없이 다 쓰는'이라는 의미도 있다. 켈러는 후자의 해석에 주목했다. 바로 인간에 대한 하나님의 사랑은 마르지 않는 샘과 같이 물불을 가리지 않는다는 뜻이다.

이 책은 누가복음 15장에 나오는 탕자 이야기를 다뤘다. 그동안 둘째 아들의 도망과 귀환에 초점을 맞춘 설교를 많이 들었을 것이다. 그러나 켈러는 이 이야기를 '탕자의 귀향'이 아니라 예수님이 말씀하신 대로 '잃어버린 두 아들의 비유'라고 제목 붙여야 한다고 주장한다. 잃어버린 둘째 아들이 1막의 주인공이라면 2막은 잃어버린 첫째 아들을 중심으로 전개되어야 한다는 것이다. 켈러는 둘째 아들뿐 아니라 첫째 아들, 아버지, 마을 사람들의 관점에서 이야기를 풀어나간다.

그는 이 비유를 말씀하시는 예수님의 의도는 사람들의 마음을 따뜻하게 하는 것이 아니라 그들의 사고방식을 부수는 데 있다고 강조했다. 예수님은 둘째 아들의 파괴적인 자기중심성을 경고하면서 동시에 첫째 아들의 도덕주의적 삶을 질타하신다는 것이다.

여기서 켈러는 지금 미국의 트렌드 가운데 하나인 '종교적이지 않지만 영적인 Not Religious, But Spiritual' 경향에 대해서도 언급한다. 그는 둘째 아들과 같은 아웃사이더들은 현대 교회에 더는 매력을 느끼지 않는다고 지적한다. 그는 "과연 왜 그럴까?"라며 다음과 같은 결론을 내린다. "우리 목사들의 설교와 성도들의 행동이 예수가 사람들에게 미쳤던 그런 영향력을 갖지 못하고 있다. 즉 목사와 성도들이 예수가 선포했던 것과 동일한 메시지를 선포하지 않고 있다."

켈러는 아버지의 계산하지 않는 지극한 사랑을 말한다. 그러면서 이 누가복음의 비유가 하늘 아버지가 주시는 은혜의 값없음(아무 비용 없이 받는)과 더불어 그 은혜의 값비쌈도 알려주고 있다고 언급한다. 우리 모두는 첫째 아들이거나 둘째 아들이다. 문제는 두 아들 모두 자신이 원하는 것을 얻기 위해 다른 방식으로 아버지를 이용하고 있었다는 것이다.

여기서 종교와 복음의 차이가 나온다. 켈러에 따르면 종교는 "나는 복종한다. 그러므로 하나님이 나를 받아들이셨다"는 식의 원리에 의해 작동한다. 복음의 작동 원리는 다르다. "나는 예수 그리스도의 사역에 의해 하나님께 받아들여졌다. 그러므로 나는 복종한다"이다. 켈러는 복음을 우리의 지성과 마음에 더 깊숙이 받아들일 때에만 성장하고 영구히 변화하는 것이 가능하다고 말한다.

"우리는 복음을 먹고 살아야만 합니다. 복음을 소화하고, 우리 자신의 일부로 만드는 것만이 유일한 길입니다."

사실 둘째 아들의 감각적인 길이나 첫째 아들의 윤리적인 길 모두 영적으로 막다른 길이다. 켈러는 오직 마르지 않는 사랑의 샘인 예수 그리스도를 통하는 길만이 생명의 길이라고 강조한다. 그 길에 들어서고 그의 구원에 바탕을 둔 삶을 살면 우리는 마침내 역사의 종말에 이르러 궁극적인 잔치에 들어갈 수 있게 된다는 것이 켈러의 결론이다.

윌라드 박사가 켈러 목사를 주목한 것은 그가 복음을 '살아낸 인물'이기 때문이다. 그의 목회 현장에서 사랑은 추상명사가 아니다. 강단에서 선포된 사랑은 끝내 거리에서 실천되고야 만다. 그것이 윌라드 박사의 마음을 움직였으리라.

지구촌교회 이동원 원로목사는 윌라드 박사의 여러 책 가운데 《하나님의 음성》이 가장 와 닿았다고 말한다. 대부분의 독자들이 《하나님의 모략》을 윌라드의 저작 가운데 최고로 꼽는 데 비하면 이례적이다. 윌라드 박사에게 어떻게 하면 하나님의 음성을 들을 수 있는지를 물었다. 그는 바른 관계를 강조했다.

"그분의 음성을 듣고자 하는 갈망이 중요합니다. 먼저 그분이 말씀하시도록 구해야 합니다. 어떻게 들어야 하는지 방법을 가르쳐달라고 간구해야 합니다. 이것은 경험의 과정입니다. 내가 학교에 있을 때 아내의 목소리를 듣고자 하면 전화기를 듭니다. 전화기를 통해서 아내의 음성을 알 수 있습니다. 경험을 통해서 아는 것이지요. 바른 관계가 중요합니다. 관계가 깨어졌을 때, 아내의 올바른 음성을 들을 수 없습니다. 하나님과도 마찬가지입니다. 그분과 진실한 사귐이 있다면, 그분께 순종하는 참된 제자라면 일상에서 하나님의 음성을 쉽게 들을 수 있습니다."

나는 한국을 방문한 기독 지성들에게 공공장소에서 큰 소리로 복음을 전하는 것에 대한 의견을 자주 물었다. 윌라드 박사는 그 주제에 대해 어떻게 생각할까?

"풀러신학교 총장 리처드 마우 박사가 말한대로 '신념있는 시민 교양'이 필요하다고 생각합니다. 예수님을 믿는 믿음 그리고 이웃을 향한 사랑 때문에 그같이 복음을 공공장소에서 외칠 수 있습니다. 이는 사랑에 따른 커뮤니케이션의 일환입니다.

그러나 복음을 선포하는 가장 좋은 방법은 크리스천의 변화된 삶을 통해서입니다. 바울과 베드로 시대에는 크리스천들이 마음껏 말할 자유가 없었습니다. 그러나 바르게 살아갈 자유는 있었습니다. 그들은 예수 안에서 변화된 삶을 살았습니다. 그때 사람들이 물었습니다. '당신은 왜 그렇게 사느냐?' 그 질문에 바울과 베드로가 응답하며 복음을 전했습니다. 우리가 이 부조리한 세상에서 예수님의 참된 제자로 살아간다면 외치지 않아도 사람들은 우리에게 질문할 것입니다. 비신자들에게 질문받는 크리스천이 되어야 합니다."

퍼포먼스의 유혹을 뛰어넘어

2008년 5월 19일부터 23일까지 미국 팔로스버디스에서 레노바레 코리아가 주최한 목회자 세미나가 열렸다. 당시 주강사로 참석한 윌라드 박사와 다시 만나 두 번에 걸쳐 깊은 인터뷰를 할 수 있었다. 이번에는 목회와 설교, 참된 성공에 대한 이야기를 주로 나눴다. 그에게 설교란 무엇인지에 대해서 물었다. 대답은 명쾌했다.

"설교는 살아 있는 말씀입니다. 설교자가 말하고 가르치는 것에 생명이 들어 있어야 합니다. 그 생명력을 가지고 사람들과 상호 교통하는 것이 바로 설교입니다. 강단에서 선포되는 것은 살아 있는 말씀입니다. 그러기에 설교자나 청중 모두 말하고 듣는 것이 실제가 될 수 있다는 사실을 기대하는 것입니다.

달라스 윌라드

크리스천에게 성공은
거룩함에 이르는 것입니다.
말과 행동에서 성령의 열매가 나타나는 것이
바로 성공입니다.

명심할 사항은 설교란 결코 설교자의 퍼포먼스가 아니라는 점입니다. 설교는 하나님의 작업입니다. 청중들의 심령을 움직이는 이는 하나님이십니다. 설교자는 말씀을 선포할 때, 자신을 통해서 하나님이 이야기하신다는 의식을 가져야 합니다. 그래야 퍼포먼스의 유혹을 뛰어넘어 생명의 말씀을 전할 수 있습니다."

'퍼포먼스의 유혹.'

아마 설교자라면 강단에 설 때마다 경험하는 유혹일 것이다. 그 유혹을 뛰어넘어야만 생명의 말씀을 전할 수 있다는 조언이었다.

나는 설교가 과연 흔히 말하는 대로 목회자의 사역에서 가장 중요한 부분인지가 궁금했다. 지금 한국교회에서는 '설교 지상주의'에 함몰된 목회자들이 적지 않다. 윌라드 박사는 목회자가 설교를 어떻게 사용하는지에 따라서 가장 중요할 수도, 그렇지 않을 수도 있다고 언급했다. 목회자가 설교를 청중들의 영적 생활을 인도하는 참된 도구로 사용한다면 설교는 목회자가 할 수 있는 가장 중요한 활동이지만, 설교가 청중에게 만족만을 주고, 그들로 하여금 다시 교회로 오게 하는 기능에만 그친다면 설교는 본래의 의미를 잃게 된다고 지적했다.

사실 '좋은 설교'란 있을 수 없다. '바른 설교'만 있을 뿐이다. 그러나 사람들은 목회자의 설교를 듣고 흔히들 "오늘 설교 좋았어"라고 평가한다. 소위 '좋은 설교'란 어떤 것인지에 대해서 물었다.

"일반적으로 청중은 설교자의 말씀이 자신들의 기대를 충족시켜 줄 때 '좋은 설교'라고 말합니다. 그러나 그것이 사람들의 사고와 행동을 변화시키지는 않습니다. 단순히 그들의 필요에 응답할 뿐입니다. 보다 중요한 것은 설교를 듣고 사람들이 '이제 나는 어떻게 해야 하는가, 하나님나라에 들어가기 위해서는 어떻게 회개를 해야 하는가' 등에 대해서 결단할 수 있어야 합니다. 이것이 바로 하나님 관점의 '좋은 설교'입니다. 사람들의 변화를 이끌어주고, 그들이 점점 더 하나님의 나라로 들어갈 수 있도록 해주는 설교가 바로 좋은 설교입니다. 성경 속에서 베드로와 바울의 설교를 참조해보세요. 그들의 설교 스타일과 내용은 둘의 자라난 환경만큼이나 달랐을 것입니다. 그러나 그들이 선포한 결과는 모두 똑같았습니다. 모든 청중들이 변해야 한다는 사실에 공감하고 변화를 결심하게 되었지요."

윌라드 박사는 성도들이 설교를 듣지 않을 때에도 설교대로 살 수 있도록 하는 것이 무엇보다도 중요하다고 언급했다.

"설교를 통해서 사람들의 참된 변화를 이끌어내기 위해서는 먼저 설교자가 하나님 안에서 올바른 삶을 살아야 합니다. 청중들이 설교를 통해서 들은 것뿐만 아니라 '듣지 않은 부분'에 대해서도 어떻게 살아야 하는지 지침을 줘야 합니다."

'청중은 설교자가 이야기하지 않은 것에 주목하라'는 말이 특히 마음에 와 닿았다. 세계적인 설교가 마틴 로이드 존스Martyn Lloyd Jones 목사도 비슷한 말을 했다. 그는 어떤 설교자가 참된 복음주의자인지 여부를 판단할 중요한 근거로 그 설교자가 한 말이 아니라, 하지 않은 말이 무엇인가를 분별해야 한다고 주장했다. 윌라드 박사의 말은 정확하게 존스 목사의 주장과 맥을 같이 하고 있었다. 윌라드 박사와 존스 목사의 말을 종합하면, 《긍정의 힘》, 《잘되는 나》의 저자인 미국 레이크우드교회의 조엘 오스틴 목사에 대한 국내외 논란의 답을 어느 정도 얻을 수 있다. 오스틴 목사에게서 '긍정적 사고' 이외의 말을 들을 수 있는가!

윌라드 박사는 자신이 학교에서 가르치지만 여전히 정기적으로 설교를 하고 있다고 말했다. 윌라드 박사는 설교를 어떻게 준비하는지 궁금했다.

"먼저 홀로 있으면서 청중이 누구인지, 설교의 목적이 무엇인지를 생각하고 기도합니다. 홀로 묵상하다보면 대부분 하나님이 특정 상황에 맞는 말씀과 생각을 주십니다. 설교문을 완벽하게 작성하지만 그 준비에 함몰되지 않으려 노력합니다. 설교자는 원고보다는 하나님을 의지해야 합니다. 살아 있는 말씀인 설교는 잘 준비된 원고가 아니라 하나님으로부터 나와야 합니다. 철저히 준비하되, 하나님이 개입하실 여지를 남겨놓는 것이 중요합니다."

그는 대화식 설교를 한다. 그러나 설교에 많은 이야기나 예화가 들어 있지는 않다.

"나는 의도적으로 설교 가운데 스토리를 전개하지 않으려 노력합니다. 물론 스토리텔링이야기식 설교를 반대하는 것은 아닙니다. 필요할 때가 있습니다. 그러나 스토리는 메시지를 왜곡시킬 수 있습니다. 너무 스토리가 많을 경우에는 청중들이 설교를 듣고 떠날 때 스토리는 기억하지만 정작 중요한 메시지는 잊어버리는 경우가 많습니다."

윌라드 박사는 책과 강연에서 하나님나라를 강조한다. 많은 목회자들 역시 하나님나라에 대해서 설교하고 있다. 윌라드 박사가 말하는 하나님나라는 과연 무엇인가.

"성경이 의미하는 하나님나라는 살아 계신 하나님이 우리의 현재적 삶에서 역사하신다는 뜻입니다. 하나님의 나라는 바로 지금, 우리의 삶과 생각에서 이뤄지는 나라입니다. 고린도후서 4장 16절에 '우리의 겉사람은 낡아지나 우리의 속사람은 날로 새로워지도다'라고 했습니다. 여기서 '날로day by day'라는 말에 주의하십시오. 하나님의 나라에서 우리는 한순간만 새로워지고 나머지 날들은 그 힘으로 사는 것이 아닙니다. 매 순간, 날마다 새롭게 되는 것입니다. 예수님은 이 땅에서 모든 사람들이 그 새로워지는 하나님나라에 들어가도록 문을 활짝 열어주셨습니다. 그래서 그분의 말씀은 우리의 현재 삶에서 생생하게 역사하는 복음, 즉 좋은 소식이 되는 것입니다. 이 복음을 전하는 것이 설교입니다. 거기에 설교가들의 영광이 있습니다."

그가 한국 목회자들에게 전해달라고 부탁한 말이 있다.

"목사는 자신이 속한 도시에서 가장 행복한 사람이 되어야 합니다. 그리고 사람들에게 그 행복의 이유를 말해주어야 합니다."

이 말보다 더 큰 조언이 어디 있을까 싶다. 한번 돌아보자. 우리의 목회자(현장 교회를 담당하건, 가정 교회의 리더건 상관없이)가 그 지역에서 가장 행복한 사람인가?

그는 교회가 제자들이 모인 거룩한 공동체라면서 이 땅의 교회가 숫자적인, 외형적인 크기를 추구하는 것보다는 개개인들을 주님 안에서 '더 큰 그리스도인The bigger Christian'으로 만드는 데 힘을 기울여야 한다고 강조했다. 그것이 바로 승리의 길이라는 것이다. 공로와 업적으로 성공의 유무를 판단하는 것이 우리가 몸담고 사는 세상의 법칙이다. 그러나 윌라드 박사는 인간의 공로 의식을 철저히 배격한다.

윌라드 박사에게 성공이 무엇인지 정의해달라고 부탁했다. 그는 성공은 하나님 앞에서 인정받는 것이라고 답했다. 성공은 이 땅에서 평가되는 것이 아니라 하나님 앞에서 결정되는 것이라고 강조했다. 하나님으로부터 "잘하였도다. 착하고 충성된 종아"라는 말을 듣는 것이 바로 성공이라는 것이다. 그는 성공과 관련해 특히 거룩을 강조했다.

"크리스천에게 성공은 거룩함에 이르는 것입니다. 말과 행동에서 성령의 열매가 나타나는 것이 바로 성공입니다. 거룩하기 위해서는 하나님의 음성을 들으며 마음의 혁신을 이뤄야 합니다. 그 혁신은 제자가 되지 않고서는 이뤄지지 않습니다. 제자가 되기 위해서는 돌아서야 합니다. 자기를 찢어야 합니다. 목회자의 성공은 사람들이 하나님을 만나 거룩함에 이르도록 도와주는 것입니다. 그래서 제자도가 필요한 것입니다."

그는 크리스천은 이 땅에서의 성공 기준이 하나님의 기준과는 다르다는 점을 늘 생각하고 살아야 한다고 말했다. 그럴 때 세상에서의 작은 성공에 자만하지 않고, 작은 실패에도 초연해질 수 있다는 것이다. 천국에 가는 기쁨 중 하나는 우리가 이 땅에서 눈길 한번 주지 않았지만 하나님의 승인을 받은 수많은 성공의 사람들을 만나는 것이라고도 덧붙였다.

섬김의 리더십에 대한 이야기도 나눴다. 그는 '섬김 리더십Servant Leadership'이라는 용어 자체보다는 모든 사람들이 진정한 예수 그리스도의 종이라는 의식을 갖는 것이 중요하다고 강조했다. 섬김 리더십 자체가 성공을 위한 하나의 방편이 되어서는 안 된다는 지적이었다.

"예수님은 한 번도 성공하는 리더십에 대해서 이야기하지 않으셨습니다. 그러나 진실로 예수 그리스도의 값없이 주시는 은혜를 깨닫는 사람들은 종이 될 수밖에 없습니다."

2011년 6월 30일에 세미나 인도를 위해 방한한 그를 다시 만났다. 인천공항에서 곧장 강남의 한 호텔로 온 윌라드 박사를 만나 100분 동안 인터뷰했다. 긴 비행에 피곤했을 텐데도 그는 밤늦은 인터뷰에 진지하게 임했다. 제자도와 목회, 설교에 이어 이번에는 인생에 대한 이야기를 나눴다.

그에게 인생에서 가장 소중한 것이 무엇인지를 물었다. 나는 그동안 수많은 사람들을 만나면서 이 질문을 빼놓지 않고 했다(17명의 이 시대 멘토들과 만난 이야기인《인생에서 가장 소중한 것》이란 책도 펴냈다).

"당신의 인생에서 가장 소중한 것이 무엇인가?"

이 질문을 하면 대부분 잠시 멈춘다. 그리고 자세를 곧추세우고 진지하게 대답한다. '인생에서 가장 소중한 것'이 던지는 무게가 있기 때문이다. 각 사람마다 대답은 다르다. 각인각색各人各色이다. 여러 대답 가운데 나는 윌라드 박사의 이 대답을 가장 좋아한다.

"하나님이 선하시다는 사실을 믿는 것. 그리고 그 인식 속에서 어떻게 해야 행복한지를 아는 것."

그는 모두가 행복을 원하지만 선함이 무엇인지를 모르는 것이 문제라고 덧붙였다. 선한 것, 좋은 것을 원하면서도 악이 필요하다고 생각하는 데서 모든 어려움이 나온다고 했다. '하나님은 절대로 선하시다'는 사실을 인식하는 데에서 인간의 행불행이 결정된다는 것이다. 그는 몇 번이나 "God is so good(하나님은 참으로 선하시다)"라고 말했다. 그의 인생을 되돌아볼 때에 고통은 친구처럼 찾아왔지만 그 고통을 감싸 안아주신 하나님의 선함은 변함없이 존재했다고 했다. 그 선하신 하나님을 믿는 것이 인생에서 가장 중요하다는 대답이었다.

그와의 만남 이후 나는 '하나님은 선하시다'를 국민일보에 쓰는 칼럼 '이태형의 교회 이야기'의 부제로 정했다. 비록 이 사회가 부조리하고, 환경은 한없이 열악하지만 그 안에서도 하나님의 선하심을 생생하게 경험하고 있는 사람들의 이야기를 거기 썼다. 선하신 하나님의 이야기는 끝이 없었다. 아직도 진행형이다. 윌라드 박사는 한국 크리스천들에게 이렇게 당부했다.

"여러분은 참으로 독특한 크리스천들입니다. 세계의 영적 변혁을 위한 최전선에 서실 분들입니다. 그 사명을 감당하는 유일한 길을 알려드리겠습니다. 제자가 되는 것, 그래요. 주님의 제자가 되는 것뿐입니다."

달라스 윌라드

—

결국 중요한 것은 어떤 경우에도 예수 그리스도를 발견해야 한다는 것입니다. 그 이름을 발견하는 것이야 말로 지상 최대의 작업입니다. 예수님을 발견하기까지 우리의 노력은 중단되어서는 안 됩니다.

—

Richard Mouw

리처드 마우

1940년생. 하우톤대학교와 웨스턴신학교를 졸업하고, 앨
버타대학교에서 철학 석사를, 시카고대학교에서 철학 박
사 학위를 받았다. 17년 동안 미시간주 칼빈대학교에서
가르치다가, 1985년부터 캘리포니아에 있는 풀러신학교
에서 기독교 철학과 윤리학을 가르치고 있다. 1993년부
터 현재까지 풀러신학교 총장직을 수행하고 있다. 저서로
《무례한 기독교》《왜곡된 진리》등이 있다.

신념과 함께
시민 교양도 갖춰야 합니다

—

"예수님 믿으세요. 예수님 믿지 않으면 지옥 갑니다."

조용한 지하철 안에서 "예수 천당, 불신 지옥"이라는 피켓을 든 무명의 크리스천이 외치는 복음을 듣고 당황한 적이 있었을 것이다. 복음에 대한 확고한 신념을 가진 크리스천의 당당한 행동을 보고 감동받을 수 있지만 한편으로는 '생명의 복음을 품격 있게 전할 수 없을까'라는 생각을 하게 되는 것도 사실이다. 지하철에서 '원시적'으로 전한 그 복음을 듣고 구원받을 사람도 있지만 그로 인해 기독교를 '무례하게' 여기며 아예 복음과 담을 쌓는 사람들도 있지 않을까 하는 생각이 드는 것이다.

20년간 미국 풀러신학교 총장으로 일하고 있는 리처드 마우(Richard Mouw, 1940년생)는 크리스천이 진리에 확고히 거하면서도 이 사회의 통념과 상식에 벗어나지 않는 시민 교양을 가져야 한다고 강조한다. 그는

"오늘날의 문제 중 하나는 예의 바른 사람은 종종 강한 신념이 없고, 강한 신념을 가진 사람은 예의가 없다는 것"이라면서 크리스천들이 '신념 있는 시민 교양Convicted civility'을 가져야 한다고 주장한다.

마우의 표현대로라면 조용한 지하철 내에서 큰소리로 복음을 전하는 크리스천은 신념은 있지만 시민 교양이 부족한 사람이다. 반대로 복음을 전해야 할 자리에서마저 입을 막고 있는 크리스천은 교양은 있지만 복음적 신념이 결여된 사람이다. 이 둘을 결합해서 최적의 교집합을 마련하는 것이 변화하는 시대에 변함없는 복음을 전해야 하는 현대 크리스천의 과제가 아닐까 싶다.

마우 총장은 철학자이자 저술가이며 신학자로 미국 종교계는 물론 사회에도 커다란 영향을 미치고 있는 석학이다. 그는 1985년부터 미국 최대의 복음주의 신학교인 풀러신학교의 기독교 윤리 교수로 일했으며, 1993년부터는 총장직을 수행해오고 있다. 풀러에 오기 전에는 17년 동안 미시간주 캘빈신학교에서 기독교 윤리를 가르쳤다. 미국의 명문 시카고대에서 철학박사 학위를 받은 그는 기독교 철학과 세계관의 대가로 세상 속에서 크리스천들이 어떻게 살아야 하는지에 대한 통찰력 있는 글들을 써왔다. 특히 그리스도인의 사회참여 문제를 개혁주의 입장에서 명쾌하게 정리한 신학자로 유명하다.

수년 전 미국의 〈리더십저널〉은 "그러면 어떻게 살 것인가"라는 주제의 기사에서 다소 자극적인 카피로 신학자 마우 박사를 소개했다.

"그리스도인으로서 변화무쌍한 세상 속에서 어떻게 살아야 하는지를

리처드 마우

고민하는가? 리처드 마우 박사에게 물어보라. 그러면 답을 줄지 모른다."

이는 마우 총장이 미국 종교계와 학계에서 차지하는 영향력을 잘 나타내는 문구라고 할 수 있다.

나는 풀러신학교 출신이기에 마우 총장과는 꽤 긴 기간 교제할 수 있었다. 그의 밑에서 공부한 분들에 비할 수는 없지만, 그럼에도 몇 차례의 공식 인터뷰와 여러 번의 교제를 통해서 그와 나 사이에 심정적 공감대는 이뤄져 있다. 2009년에는 그의 추천으로 풀러신학교 계간지인 〈풀러 포커스Fuller Focus〉 커버스토리에 내 이야기가 실리기도 했다. 풀러 포커스는 풀러 출신 동문들에게 보내는 잡지인데 한국인이 커버스토리가 된 경우는 극히 이례적이었다. 타이틀은 "My ministry in Media 미디어에서의 사역"였다.

마우 총장은 신학을 공부한 사람들이 모두 교회에 들어가 목회자가 되는 것에 반대한다. 오히려 거친 세상 속 각자의 분야에서 '신학을 살아내는 것'이 더 중요하다고 강조한다. 그는 내게 여러 차례 목회적 마인드를 갖고 미디어에서 사역하는 것이 얼마나 중요하고 영향력이 있는지를 설명했다.

"성경 속에는 소위 '평신도'라는 말이 없습니다. '모든 하나님의 성도'들은 각자가 서 있는 곳(교회뿐 아니라 가정과 일터 등 삶의 현장)에서 자기에게 부여된 '목회'를 해야 합니다. '가정 신학', '정치 신학', '일터 신학' 등 모든 분야에서 하나님 관점으로 생각하는 훈련이 되어야 하는 것이지요. 우리 모두가 하나님을 섬기는 목회자라는 사실을 한시도 잊어서는 안 됩니다. 목회는 교회 내에서만 이뤄지는 어떤 것으로 편협하게 해석할 수 없어요. 교회와 목회자는 모든 성도들이 세상에 나가 각자에게 부여된 다른 차원의 목회를 할 수 있도록 준비시키는 것이 그들의 역할입니다."

내가 풀러 포커스의 원고 청탁을 여러 번 고사하다가 결국 응한 것도 '모든 하나님의 성도들은 목회자'라는 확고한 생각을 지닌 마우 총장의 강권 때문이었다.

신념과 교양의 앙상블

나는 마우 총장의 여러 신학적 개념 가운데 '신념 있는 시민 교양'에 대해서 깊이 생각했다. 다원화 사회 속에서 복음적 확신을 갖고 타인을 존중하며 살기 위해서는 신념 있는 시민 교양이 필요하다는 그의 주장에 전적으로 동감한다. 그는 이렇게 묻는다.

"교양 있는 태도에 우리가 지닌 '강렬한 신념'을 결합하는 길은 없는가?"

그러면서 현대를 사는 크리스천에게 주어진 진정한 도전은 '신념 있는 시민 교양'을 계발하는 일이라고 강조한다. 일반인은 물론 크리스천들에게서조차 시민 교양, 즉 일상적인 공손함과 예의가 상실되었다고 개탄하는 목소리가 미국 전역에서 높게 일고 있다는 것이 그의 설명이었다. 마우 총장과 여러 번 이 개념에 대해서 이야기를 나눴다.

"크리스천은 신념 있는 시민 교양을 가져야 한다고 말씀하시는데, 과연 이 온전하지 못한 사회 속에서 신실한 믿음과 고품격의 교양은 양립할 수 있습니까?"

"우리는 어느 때든 복음을 전해야 합니다. 복음은 진리이기 때문이지요. 그런데 성경은 복음 전파와 관련해 '겸손과 온유로 하고 오래 참음으로 사랑 가운데서 서로 용납하라'라고 말합니다(엡 4:2). 크리스천은 비신자에게 복음을 전하는 데는 열심을 냅니다. 그러나 전하는 방법에서 '온유와 겸손함'으로 하라는 말은 쉽게 잊어버리는 것 같습니다.

현재 미국을 비롯해 전 세계적으로 개인은 물론 사회와 국가 간에도 시민 교양은 상실되고 있습니다. 사람들은 타인에게 작은 공간을 내어주는 일에서조차 분개하고 있습니다. 그러나 친절과 온유함이야말로 크리스천의 특징이 돼야 합니다. 친절과 온유는 사도 바울이 갈라디아서 5장에 열거한 성령의 열매에 속하는 특징들입니다.

우리는 하나님의 자녀로서 신념 있는 믿음과 교양성, 즉 공손함을 갖춰야 합니다. 모든 사람들(신자건, 비신자건)은 하나님의 형상을 따라 지음받았습니다. 비신자들에게는 죄로 인한 그릇된 점이 있지만 여전히 하나님의 위대한 솜씨가 그 안에 있습니다. 결단코 그들을 포기해서는 안됩니다. 그들에게 효과적으로 다가가고, 그들을 감동시키기 위해 크리스천의 시민 교양은 중요합니다.

일부에서는 크리스천들이 시민 교양을 쌓게 되면 믿음이 약해질 것이라고 우려하기도 합니다. 그러나 나는 확신합니다. 신념 있는 시민 교양을 계발할 때, 우리가 더 성숙한 크리스천이 될 수 있다고 말입니다. 시민 교양을 갖추면 우리의 기독교적 신념은 더욱더 강해질 것입니다."

다른 사람들에게 무례한 느낌을 주면서까지 복음을 전하는 사람들에 대해 어떻게 생각하는지 물었다.

"미국 서부 패서디나에서는 매년 초 로즈퍼레이드라는 행사를 합니다. 이 축제는 전 세계에 중계되는데 마지막 행렬이 지나가면 반드시 피켓을 든 '열정적인 크리스천들'이 나타납니다. 그들은 '예수 믿으세요', '동성애자는 지옥에 간다' 등의 피켓을 들고 시위를 합니다. 복음과 진리를 전하는 것이지요.

그런데 솔직히 그런 모습을 볼 때마다 당황스럽습니다. 복음을 전할 때 겸손함이 있어야 합니다. 다른 사람들로 하여금 증오심을 유발하는 방식으로 해서는 안 됩니다. 크리스천은 아름답고 격조 있는 방식으로 복음을 전하도록 노력해야 합니다. 그것이 훨씬 더 효과가 있습니다. 그 방법을 개발해야 합니다. 여기서 잊지 말아야 할 점이 있습니다. 하나님은 우리 모두를 사용하신다는 사실입니다."

마우 총장은 그러나 시민 교양만이 삶의 전부요 최종적인 목표는 아니라고 지적했다. 우리가 좀 더 예의바른 사람이 된다고 해서 모든 문제가 해결되지는 않는다는 것이다.

그에 따르면 크리스천은 시민 교양과 더불어 진리를 향한 강한 열정을 지녀야 한다. 우리가 계발할 예의는 진리에 대한 강한 소신을 품은 예의다. 확고한 신념과 시민 교양을 갖춘 크리스천이 사회를 올바르게

리처드 마우

변혁시킬 수 있다는 것이다.

그는 교회에 대해서 이렇게 당부했다.

"교회는 교양 있는 사람들이 더 확고한 신념을 갖도록 도와야 합니다. 성도들이 자신의 신앙적 신념을 적절히 표출할 수 있도록 말입니다. 그와 동시에 강한 신념을 지닌 사람들이 더욱 시민 교양을 갖도록 도와줘야 할 책임이 있습니다."

마우 총장은 한국교회 현실에 대해서 잘 알고 있다. 그는 한국 내에서 기독교 신자가 타종교인들과 갈등을 빚을 때가 적지 않다는 사실도 인지하고 있다. 현재 한국 사회에서는 안티反기독교 활동이 퍼지면서 진리를 왜곡하거나, 기독교에 도전하는 무수한 행동들이 있다. 이런 문제에 대해서는 어떻게 대처해야 할까?

"크리스천은 이 시대의 왜곡된 진리나 그릇된 지적 체계와 피를 흘리며 죽기까지 싸워야 합니다. 그러나 이 체계를 따르는 사람들과 적대관계를 맺어서는 안 됩니다. 어려운 일이지요. 크리스천은 겸손하게 그들과 대화를 유지해야 합니다. 그래서 그들이 잘못된 신념과 사상 체계에서 스스로 걸어 나와 진리로 발걸음을 옮기게 해야 합니다. 가령 한 집안에 크리스천과 불교 신도가 있다고 해봅시다. 가족 전체가 모여 불교식으로 제사를 드릴 때, 크리스천들이 그 자리를 회피한다면 복음을 전할 기회는 사라집니다. 때론 신앙적으로 단호히 거절해야 할 상황도 있을 것입니다. 그러나 모든 것을 획일적으로 규정해버린다면 이 다원화 사회에서 복음을 전하고 크리스천으로서 사랑을 실천할 기회는 없어진다는 사실을 명심해야 합니다."

더 있다

이 사회에는 동성애자나 이혼한 사람들 등 소위 한계선상을 넘어선 자들이 많다. 크리스천은 이들을 어떻게 보아야 할지 그의 의견이 궁금했다.

"성경은 동성애를 죄라고 분명하게 말하고 있습니다. 풀러신학교는 동성애를 인정하지 않습니다. 신학적으로 나는 보수주의 크리스천들과 동일한 입장입니다. 그러나 이미 동성애를 하고 있는 사람들과 이혼자 등에 대해서 목회적으로 돌보는 작업은 지속적으로 해야 합니다. 신학적으로는 분명히 그릇된 것을 지적해야 하지만 목회적으로는 그들을 긍휼히 여기며 그들을 위한 대책을 마련해줘야 합니다."

지상 최대의 작업

그는 크리스천들에게 가장 중요한 것은 '예수 그리스도를 발견하는 것'이라고 강조한다. 주 예수 그리스도의 이름을 알고, 그 이름을 마음 깊숙히 심는 것이 중요하다는 설명이다.

그가 어느 해 풀러신학교 학위 수여식에서 강연 도중 사용한 예화가 있다. 앨버트 라버토의《Slave Religion노예들의 종교》라는 책의 내용을 인용한 것이다.

"옛 미국 남부 지방의 그리스도인 노예들이 성경을 얼마나 깊이 존중했는가를 이 책에서 엿볼 수 있습니다. 당시 글을 읽지 못하는 사람들도 어떻게든 성경을 경건 훈련의 중심 도구로 사용했습니다. 일례로 한 젊은 여인은 노예 신세에서 도망칠 때 성경을 가지고 갔습니다. 그녀는 이

리처드 마우

미 성경의 핵심 구절들을 암기하고, 여주인에게 부탁해 그 구절들이 나오는 지면을 표시해두었습니다. 숲 속과 늪지대에 은신해 살면서 여인은 표시된 지면들을 넘겨가며 말씀을 암송했습니다. 도망자 신세에 처한 젊은 여성 노예도 예수 그리스도를 발견하기 위해서 처절한 노력을 했던 것입니다.

또 다른 이야기도 있습니다. 글을 전혀 읽을 줄 모르는 한 젊은 여자 노예가 주인 가족의 아이들을 돌보고 있었습니다. 그녀는 주인집 자녀들의 도움을 받아 '예수 그리스도'라는 낱말의 식별법을 배웠어요. 이후 성경을 한 권 얻은 후 그녀는 정기적으로 조용한 곳을 찾아 성경의 지면을 들춰가며, 위에서 아래까지 손가락으로 일일이 짚어 '예수'라는 이름을 찾았습니다."

그는 이 이야기를 하면서 크리스천이라면 이 두 여성 노예들과 같이 절대적으로 성경과 예수 그리스도를 향한 순수성을 가져야 한다고 강조했다. 주님을 향한 그녀들의 순수한 사랑, 그리고 성경이 예수님에 관한 책이라는 깊은 확신을 우리도 소유해야 한다는 것이다. 어떤 경우에도 그 이름을 잊어서도, 버려서도 안 된다고 강조하면서 마우 총장은 철학자 폴 리쾨르가 말한 '두 번째 순수성'에 대해서 이야기했다.

첫 번째 순수성은 젊은 노예 여인들이 보여준 예수 그리스도를 향한 순수한 사랑의 표현이다. 두 번째 순수성은 '비판을 거친 이후의 마음 상태'를 말한다. 그것은 복잡한 비판적 성찰 이전으로 되돌아올 수 있는 순수성이다. 고등교육의 훈련된 사고를 통과한 그리스도인들이 복잡다

기한 세상 속에서도 지금까지 배운 신앙을 결코 잊어서는 안 된다는 주장이다.

마우 총장은 지금과 같이 온갖 의문이 난무하는 의심의 시대, 신앙에 대한 여러 가지 도전과 맞서 싸워야 하는 시대에서 크리스천들은 첫 번째 순수성을 기본으로 장착하면서 동시에 두 번째 순수성을 배양해야 한다고 말한다. 성경의 지면을 들춰가며 손가락으로 주 예수 그리스도를 찾으려 했던 무식한 젊은 노예 여인들의 노력은 지금도 변함없이 이뤄져야 한다는 것이다.

"결국 중요한 것은 어떤 경우에도 예수 그리스도를 발견해야 한다는 것입니다. 그 이름을 발견하는 것이야말로 지상 최대의 작업입니다. 예수님을 발견하기까지 우리의 노력은 중단되어서는 안 됩니다. 그러기 위해서는 두 번째 순수성을 배양해야 합니다. 모든 교육을 받고, 의문을 통과한 다음에도 순수성을 유지할 때, 그 이름을 찾을 수 있습니다. 그리스도인들은 순수해야 합니다. 하나님께 순수한 자들만이 주 예수 그리스도를 발견할 수 있습니다. 지금 돌아보세요. 자신에게 그 미국 여성 노예들과 같은 불 같은 순수성이 있는지."

절대 모를 일이야

미국 기독교계의 지성답게 마우 총장이 쓰는 용어들은 언제나 한 번 더 깊게 생각해야 했다.

결국 중요한 것은 어떤 경우에도
예수 그리스도를 발견해야 한다는 것입니다.
그 이름을 발견하는 것이야말로
지상 최대의 작업입니다.

"경건한 불가지론reverent agnosticism"도 그가 자주 사용하는 단어다. 경건한 불가지론이란 인간 역사歷史 속에서 이루어지는 하나님의 신비한 역사役事를 지나치게 의식한 나머지 정의와 평화에 관한 이슈에서 사태의 흐름을 바로잡으려 노력하지 않는 태도를 말한다. 예를 들면 어떤 악한 반사회적 행위가 벌어지고 있을 때에도 하나님이 신비한 목적을 위해 모종의 선善을 이루고자 그 악행을 이용하고 계실지도 모른다고 생각하며 '절대 모를 일이야'라는 태도로 이를 관망하는 것이다.

생각해보면 우리 사회와 일상에서도 이 같은 경건한 불가지론적 사고들이 얼마나 팽배해 있는지 모른다.

마우 총장은 크리스천은 경건한 불가지론을 넘어서 하나님의 정의가 이 땅에 이뤄지는 데 선도적 역할을 해야 한다고 강조한다. 그는 수많은 칼럼과 강연, 기고를 통해 그는 행동하는 크리스천의 중요성을 강조했다. 그럼에도 그는 하나님께 속한 신비의 영역에 대해서 충분히 인정하는 태도를 보인다. 경건한 불가지론을 뛰어넘지만, 동시에 우리의 이해를 초월하는 하나님의 신비가 있음을 인정하는 겸손을 지니고 있는 것이다.

"시간이 지나면서 저는 '절대 모를 일이야'라고 했던 아버님과 할아버님 세대들의 말을 하곤 합니다. 그러면서 빙그레 웃습니다. '절대 모를 일이야'라는 그 문구야말로 제가 배격했던 불가지론을 상징하고 있는 것이니까요. 최근 정치와 경제 등 이 땅의 모든 일들을 돌아보면서 저는 어쩔 수 없이 '절대 모를 일도 있어'라고 말합니다. 현재 일어나고

　　　　　　　　　　　　　리처드 마우

있는 일이 지극히 불만족스럽지만 그 안에 모종의 섭리적 선善이 있을지 모른다는 믿음도 키워가고 싶은 것이 요즘 저의 솔직한 심정입니다.

지금 세계 경제는 잿빛 하늘과 같습니다. 도무지 푸른 하늘이 보이지 않습니다. 하지만 '절대 모를 일'입니다. 주님께서 이를 통해 보다 큰 선善을 창출하실 것이라는 확신이 있습니다. 지금의 경제 위기를 통해서 물질적 번영이라는 게 대체 무엇인가를 보다 깊이 성찰해볼 기회가 주어지고 있는지도 모릅니다. 하나님의 신비한 뜻을 보다 깊이 신뢰한다는 것이 무엇인가를 배우고 있는 중일 수도 있습니다. 절대 모를 일입니다."

세계적인 석학이 토로한 "절대 모를 일입니다"는 이 책의 주제인 '더 있다'와 일맥상통한다. 미국의 리더십저널이 마우라면 답을 줄지 모른다고 상찬했던 그 역시 "모를 일입니다"라고 대답하는 경우가 많다는 것이다. 그에게 확고한 대답을 기대했던 사람들에게는 맥 빠지는 상황이다.

그러나 정말 모를 일이다.

신학자로서 그는 크리스천, 특히 신학을 공부하는 사람들은 세 가지 질문을 해야 한다고 말한다.

첫 번째, 하나님은 이 세상에서 어떻게 역사하고 계신가이고, 두 번째는 이 땅에서 교회의 역할은 무엇이며 교회는 세상에서 하나님의 뜻에 제대로 반응을 보이고 있는가를 질문해야 한다. 세 번째는 어떻게 신학과 삶을 연결시킬 수 있을까를 고민해야 한다.

그에 따르면 크리스천은 기독교의 본질, 즉 하나님은 한 분이시고, 죄는 고백되어야 하며, 주 예수의 보혈만이 우리를 살린다는 사실을 확신해야 한다. 그것은 시대의 변화와는 상관없는 절대 가치다. 그러면서 그 절대 가치를 현시대 고차원의 문화 속에 집어넣는 것이 중요하다.

   그는 교회가 병원 응급실과 같다고 말한다. 지금 막 교통사고를 당한 환자가 응급실로 들어온다. 피가 철철 나는 중이다. 교회의 목회자와 성도들은 절체절명의 위기를 맞은 환자를 맞이하는 응급실 담당 의사들과 같다. 마우 총장은 교회의 사역을 '최전선 사역Front line ministry'이란 말로 설명한다.

   "종합병원 응급실은 병원에서의 최전선이라고 말할 수 있습니다. 거기서는 이것저것 생각할 겨를이 없습니다. 총알이 빗발치듯 날아오는 최전선이니까요. 응급실 의사들은 환자가 왔을 때, 도서관에 가서 치료법에 관한 책을 찾아볼 수 없습니다. 자신의 서재로 가서 의과대학에 다녔을 때 정리해놓은 자료들을 훑어볼 수도 없습니다. 시간이 없기 때문입니다. 곧 환자가 죽을 수도 있습니다. 그 응급실 의사는 촌음을 아껴야 합니다. 환자를 보자마자 상태를 파악하고, 치료 수순을 머리에 그려야 합니다. 결정을 미룰 수 없습니다. 의사의 처리에 생명이 달려 있습니다.

   나는 이 시대 교회야말로 병원 응급실이라고 생각합니다. 지금 생명이 달린 문제를 안고 수많은 환자들이 피를 철철 흘리면서 찾아옵니다. 교회는 그들을 치료할 만반의 준비가 되어 있어야 합니다. 그래야 환자를 살릴 수 있습니다. 목회 일선에는 즉시 결정 내려야 할 일들이 비일

비재합니다."

응급실 의사들은 수많은 훈련을 거쳐서 응급실에 배치된다. 의과대학은 그들에게 응급환자들을 어떻게 치료할지를 가르치고 혹독한 훈련을 시킨다. 다양한 의학적 도전들에 효과적으로 응전할 태세를 갖춰주는 것이다.

"신학교는 교회들과 함께 하나님이 세상에서 어떻게 일하시는지를 분별해서 일을 할 뿐만 아니라 교회가 그러한 일을 잘할 수 있도록 도와야 합니다. 응급실(교회)의 담당 의사(목회자)들이 즉각적으로 올바른 판단을 내릴 수 있도록 지혜와 지식, 기술을 전수해줘야 합니다. 요즘 같은 시대에는 특히 끊임없이 교회가 직면하고 있는 도전들에 대해 생각하며 치료법을 개발해야 하지요. 무엇보다 '종교를 떠나는' 젊은이들에 대해서 연구하며 그들을 유혹할 수 있는 새로운 방식의 예배를 개발해야 합니다."

마우 총장은 지금 전 세계 기독교가 직면하고 있는 것은 '새로움'이라고 말했다. '새로운 영토' 속에서 '새로운 종류의 인간들'이 도래하고 있는 가운데 기독교의 본질을 전할 '새로운 방법들'이 나와야 한다는 것이다. 교회는 세상이라는 변화무쌍한 문화적 환경larger culture 속에서 복음을 어떻게 전할지를 고민해야 한다는 주장이다. 메시지Message는 불변하지만, 그 메시지를 전달할 메소드Method·방법는 새로운 시대에 맞춰 다양하게 변주해야 한다고도 말했다.

"거듭 말하지만 어떤 경우에도 변하지 않는 것이 있습니다. 한 분이신 하나님은 우리가 유일하게 예배드려야 할 분이고, 우리는 모두 죄인으로 자신의 죄를 고백하고 거룩한 삶을 살아야 하며, 예수 그리스도의 보혈만이 우리를 살릴 수 있다는 사실말입니다. 이 변하지 않는 본질을 새로운 영토가 도래한 새 시대에 어떻게 전할 수 있을지를 고민해야 합니다.

여기서 중요한 것이 믿음입니다. 언더우드 선교사 등이 처음 한국 땅을 밟았을 때, 그들이 바라본 한국은 매우 이상한 나라였습니다. 전적으로 새로운 영토였습니다. 그들은 어떻게 복음을 전해야 할지 알 수 없었지만 예수님의 명령에 순종해 믿음으로 발을 내디뎠습니다. 20년 후 하나님께서는 평양에 대부흥을 허락하셔서 그 부흥의 물결이 반도 강산을 휩쓸 뿐 아니라 아시아 여러 나라에도 전해지게 하셨습니다.

오늘의 상황도 120년 전 이 땅을 밟고 난감해했던 선교사들과 마찬가지일 수 있습니다. 우리 역시 그들처럼 인터넷과 정치, 경제, 문화 등 새로운 각 분야에서 어떻게 복음을 효과적으로 전할 것인지 고민하며 믿음으로 발을 내디딜 때 우리의 모든 이성과 환경을 초월한 하나님의 역사가 임할 것입니다. 그것은 누구도 '모를 일'입니다. 하나님의 신비의 영역입니다. 이런 사실을 인식했을 때 우리는 기독교는 종교가 아니라는 사실을 절감할 수 있습니다. 그렇습니다. 기독교는 종교도, 라이프스타일도, 신념도 아닙니다. 그 이상의 어떤 것입니다."

마우 총장은 인생과 성공에 대해서도 이야기를 했다.

"크리스천에게 인생은 하나님 뜻에 순종해 사는 여정입니다. 그 인생에서 성공은 하나님이 관심을 두신 일을 행하는 것입니다. 하

리처드 마우

나님이 허락하신 장소에서 하나님이 허락하신 그 일을 하는 것이 바로 성공입니다. 성공하기 위해서는 무엇보다 먼저 하나님을 만나야 하는 것이지요."

마우 총장은 인생의 성공을 판단하시는 분이 오직 하나님뿐이라는 사실을 인식한다면 생을 보다 풍요롭게 살 수 있다고 말했다.

그는 수 년 전 연말에 미국 일간지 기자로부터 기독교적인 측면에서 한 해 동안 일어났던 가장 중요한 일이 무엇이었는지에 대한 질문을 받았다. 당시 그의 대답이다.

"많은 일들이 일어났지요. 그런데 아마도 가장 중요한 사건은 시카고 도심 한구석에서 누구도 보지 않은 가운데 15세의 소녀가 무릎을 꿇고 눈물 흘리며 자신의 인생을 예수님께 드리겠다고 헌신한 것인지 모릅니다. 그것이 어쩌면 한 인간에게 임하는 가장 큰 성공일 수 있습니다. 성공에 대한 하나님의 판단은 우리의 판단과 전혀 다를 것입니다."

하나님의 성공은 아무도 눈여겨보지 않는 작은 곳에서 신비한 방법으로 이뤄질 수 있다는 설명이었다. 그는 이 같은 '하나님의 성공'에 대해서 눈을 뜨면 세상적인 크고 작음, 높고 낮음을 초월해 하나님나라를 이 땅에서 이루는 '하나님의 대사'로서 성실한 삶을 살 수 있다고 언급했다.

"이런 관점에서 본다면 미국 새들백교회 릭 워렌 목사나 윌로우크릭 교회 빌 하이벨스 목사와 같이 많은 성도들을 목양하는 목회자나 오지에서 적은 무리와 함께 믿음의 삶을 사는 목회자나 모두가 성공한 목회를 할 수 있습니다. 물론 양측 다 실패한 목회자가 될 수도 있습니다. 성공 여부의 판단은 전적으로 하나님이 해주실 것입니다. 문제는 지금 '하나님이 허락하신 장소'에서 '하나님이 허락하신 바로 그 일'을 하고 있느냐에 있습니다."

리처드 마우

—

나는 항상 젊은이들에게 이야기합니다. 하나님을 사랑
하는 방법은 먼저 하나님이 우리를 더 사랑하고 계심
을 아는 것이라고요. 하나님을 사랑하기 위해서는 그
분에 대해서 더 잘 알아야 합니다.

—

Mike Bickle

마이크 비클

1955년생. 캔자스시티에 위치한 '국제 기도의 집(IHOPKC)'의 대표로서, 24시간 쉬지 않고 기도하며 예배하는 사역을 이끌어가고 있다. 그는 성경과 5000여 권의 신학 서적을 가지고 독학으로 공부했다. 스무 살 때부터 성경공부를 인도했고 1980년 미국 하나님의성회에서 안수를 받아 목사가 되었다. 저서로는 《예수님을 향한 열정》《하나님 마음에 합한 사람》 등이 있다.

성경이야말로
우리의 스승입니다

수년 전 '아이합IHOP'이란 말을 처음 들었을 때, 나는 미국의 팬케이크 전문점인 아이합IHOP을 생각했다. 10여 년 전 회사를 휴직하고 3년 동안 미국 패서디나의 풀러신학교를 다니면서 IHOP에 곧잘 들렀다. 아침 일찍 커피와 함께 김이 모락모락 나는 팬케이크를 먹으면서 신문을 보았던 것은 늦은 나이에 감행한 유학생활의 추억 가운데 하나였다.

당시만 해도 대부분의 일반인(크리스천 포함)은 팬케이크 전문점인 IHOP은 알았어도 미국 캔자스에 있는 또 다른 IHOP, 즉 '국제기도의집 IHOP · International House Of Prayer'에 대해서는 무지했다.

그러나 시간이 지날수록 크리스천 지인들 가운데 팬케이크 전문점이 아닌 IHOP에 대해서 말하는 사람들이 늘어났다. 매일 24시간, 주 7일, 일 년 365일 기도와 예배를 드리는 그곳을 찾기 위해 직접 비싼 비행기

값을 내고 캔자스에 다녀온 사람들도 많았다. 다윗이 밤낮으로 예배를 드린 '다윗의 장막'이란 말도 보편화 되었다. 내 친구 한 명은 자기 소유인 조그만 야산에 컨테이너 집을 만들어 '따장다윗의 장막'으로 부르기도 했다. 돌아보니 국내에도 소위 '따장'으로 불리는 24시간 기도의 집 운동이 여기저기서 펼쳐지고 있었다. 이후 IHOP을 이끄는 마이크 비클 (Mike Bickle, 1955년생) 목사에 대해서도 이야기를 들었고 그가 쓴 책도 접했다.

나는 캔자스의 IHOP을 '빈야드'나 '토론토 블레싱', '펜사콜라'와 같은 은사주의자들의 모임으로 생각했다. 그리고 하나님의 음성을 직접 듣기 원하는, 예언과 치유를 받기 소망하는 사람들이 가는 곳으로 여겼다. 인터넷에서도 'IHOP'을 치면 다양한 내용이 나온다(IHOP의 명칭은 최근 IHOPKC로 변경되었다). 이단이라는 주장도 자세한 내용과 함께 제기되어 있다.

이에 대해서 나는 어떤 이야기도 할 수 없었다. IHOP을 접촉해보지 않았고, 그들의 주장을 검토해보지도 않았기 때문이다. 그래서 IHOP에 대해서 나는 판단 정지 상태였다. 그러나 내가 신뢰할 수 있는 지인들 가운데 IHOP 이야기를 하는 사람들은 계속 늘어나고 있었다. 오랫 동안 청년 복음 운동을 벌였던 한 분도 스태프들을 이끌고 IHOP을 방문했으며 그의 아들이 IHOP의 학교에 다니고 있다는 사실도 알게 됐다. 나는 복음주의 운동을 정열적으로 펼쳤던 그가 IHOP을 찾았을 때에는 그만한 이유가 있다고 생각했다. 그를 십수 년 동안 알고 지냈던 경험이 그의 판단을 존중하게 만들었기 때문이다.

마이크 비클

그 외에도 알게 모르게 수많은 목회자들이 캔자스를 찾았고, 지금도 찾고 있다. 자연스레 '거기 뭔가 있기 때문이 아닐까?'라는 생각이 들 수밖에 없었다.

그러던 차에 2011년 1월, IHOP 측에서 대표인 마이크 비클 목사가 3월에 한국을 방문한다면서 인터뷰를 할 수 있는지 타진하는 연락이 왔다. IHOP 창시자와 직접 만나 자세한 이야기를 들어보고 싶어 날짜를 잡았다.

그의 이야기

마이크 비클 목사는 그해 3월 7일부터 경기도 포천 광림세미나하우스에서 열리는 글로벌킹덤파트너십네트워크 참석차 한국을 방문했다. 그를 3월 5일 서울 인터콘티넨탈 호텔에서 만났다. 그리고 비클 목사가 한국을 떠날 때까지 두 번 더 만났다. 한번은 김승규 전 국정원장, 문애란 웰콤커뮤니케이션 고문 등과 함께 만났다.

비클 목사는 정감 있는 모습의 소유자였다. 인간적 매력이 느껴졌다. 3시간 동안의 공식 인터뷰와 또 다른 만남을 통해 그와 IHOP에 대한 한국교회의 견해에 정확하지 못한 내용들이 적지 않다는 사실을 알게 됐다(물론 순전히 그의 대답에 기초한 이야기다. 이와 반하는 다른 이야기, 그가 내게 이야기하지 않은 다른 내용도 있을 것이다. 그럼에도 대표의 직접적인 이야기는 IHOP을 올바로 이해하는 하나의 자료가 되리라 생각한다).

나는 비클 목사를 만나자마자 도전적인 질문을 했다.

"당신이 한국 내에서 상당한 논란이 있는 목회자라는 사실을 알고 있는가?"

"잘 알고 있다. 내게는 오늘 인터뷰가 이번 한국 방문에서 가장 중요하다. 어떤 설교보다도 중요하다. 무엇이든 묻기 바란다. 아무리 이상한 내용이라도…. 오직 진실만을 이야기할 것이다."

먼저 그가 누구인지를 그의 입을 통해서 들어보았다.

올해2012년 58세인 비클 목사는 43년 전인 15세 때 구원 체험을 했다. 당시 그는 대학생선교회CCC와 깊이 연결됐던 장로교회의 청소년 그룹에 있었다. 그 교회 목사는 국제 CCC를 창시한 빌 브라이트 총재의 첫 번째 제자였다. 자연스레 교회의 모든 프로그램과 목회 방법은 CCC 스타일로 도배되다시피 됐다. 비클 목사는 그곳에서 CCC 스피릿을 배웠다. 이후 그는 공식적으로 사례비를 받고 청소년 그룹을 돌보는 스태프가 됐다.

당시 비클 목사에게 지대한 영향을 미쳤던 신앙 영웅은 허드슨 테일러(Hudson Taylor, 1832-1905: 중국 선교사)였다. 그는 17세 때 테일러 선교사의 자서전 세 권을 읽고 깊은 감동을 받았다. 생명을 걸고 하나님의 복음을 전하는 것만이 인생에서 가장 의미있는 일이라는 확신이 들었다. 테일러 선교사와 같이 평생 복음 전하는 삶을 살고 싶었다. 그러기 위해서는 목사보다 의사가 되는 것이 더 효과적이라는 생각을 하게 됐다. 의료선교사가 되어 중국에 갈 것을 결심하고 열심히 공부해 의과대학 시험에 합격했다. 미국에서도 의대에 들어가기란 상당히 힘들다. 당시 8000여 명의 신청자 가운데 75명만이 합격한 어려운 시험이었다. 그러나 등록 마지막 날에 갑자기 '이건 아니다'라는 생각이 들었다.

하나님은 그의 인생에서 처음으로 내면의 음성을 통해 의료선교사의 길이 '아닌 것 같다'는 생각을 주셨다. 그 내면의 소리에 순응했다. 의대 진학을 포기하고 그는 성경공부에 집중했다. 기존에 사역하던 교회를 떠나 인근의 루터교회에 갔다. 루터교회 목회자가 부흥회를 하는 동안에 성도였던 그를 초청해 성경공부 그룹을 이끌어주도록 요청했다. 당시 그 교회 내에는 지나치게 은사 중심적인 사람들이 많았다. 담임목사는 비클 목사가 그런 사람들을 데리고 나가서 목회하기를 원했다. 그때 비클 목사는 스무 살밖에 되지 않아 그 목회자의 심중을 정확히 파악하지 못했다. 어쨌든 비클 목사는 출석하는 교회의 담임목회자로부터 언제나 인정받는 모범 성도였다.

이후 비클 목사는 3000여 명 규모의 교회로부터 청소년 목회자로 초빙 받았다. 초빙에 응하면서 신학교에 갈 겨를도 없이 목회를 하게 되었다. 청소년들은 비클 목사에게 환호했다. 그가 매주 토요일 인도하는 모임에는 1000명 정도의 청소년들이 몰렸다. 아주 젊은 시절부터 부흥의 역사를 쓴 것이다.

비클 목사는 그 시절 이후 지금까지 변함없이 하루에 대여섯 시간씩 성경을 연구하고 있다. 그가 마음먹은 의대 진학을 포기하려 했을 때 하나님은 그로 하여금 언제나 학생의 자리에서 평생 성경을 묵상, 연구하도록 하셨다. 성경을 공부할 당시 모든 주석을 구해 구약과 신약을 한 절씩 연구했다. 말 그대로 성경을 잘근잘근 씹어 먹었다. 성경 관련 책을 5000여 권이나 샀다. 그 책들은 '마이크 비클만의 신학교'였다. 신학교에 간 친구들에게 그는 이렇게 농담을 했다.

"너희들이 신학교에 돈을 냈다면 나는 내 신학 도서관을 만들기 위해서 돈을 냈다."

그는 1980년에 미국 하나님의성회에서 안수받았고 세인트루이스에서 목회를 했다. 자신의 목회 가운데 무언가 부족한 것이 있다고 생각하던 차에 그는 한국교회의 기도를 접하게 되었다. 30년 전인 1982년 가을에 그는 한국을 방문, 여의도순복음교회와 오산리기도원을 찾았다. 비클 목사가 한국을 찾은 것은 온전히 한국교회의 기도 영성을 배우기 위함이었다. 한국 방문에서 그는 큰 충격을 받았다. 그렇게 많은 사람들이 혼연일체가 되어 뜨거운 기도를 드릴 수 있다는 사실이 놀라웠다. 당시 한국 목사가 종을 "땡" 하고 치면 전 성도들이 방언으로 기도드리는 것이 그에게는 아주 인상 깊었다고 한다.

여의도순복음교회 방문 이후 세인트루이스의 교회를 사임하고 1983년 5월에 캔자스에서 교단을 초월한 청년 중심의 새로운 교회를 시작했다. 그의 나이 27세였다. 하나님의성회에 소속하지 않고 서울에서 본 뜨거운 기도로 충만한 교회를 하겠다고 생각했다. 그래서 캔자스의 새로운 교회에서 매일 저녁 7시부터 10시까지 기도모임을 가졌다. 이후 16년 동안 변함없이 이 사역을 지속했다.

교회 개척 이후 6개월이 지나자 청년들만 500여 명이 모였다. 그들에게 금식과 기도를 가르쳤다. 서울에서 경험한 기도운동을 펼치면서 메시지를 전했다. 교회를 개척한 지 8개월 됐을 때 500여 명의 전 성도들이 21일 작정 금식기도를 했다. 더 많은 하나님의 임재를 추구했다. 금식 기간 동안 하나님이 비클 목사에게 명확하게 말씀하셨다.

"24시간 나를 예배하는 다윗의 장막을 시작하라."

단 한 문장이었다. 아직 젊었던 비클 목사에게 혼란스런 명령이 아닐 수 없었다. 매일 저녁 성도들과 함께 세 시간씩 기도한 그였지만 24시간 기도운동을 365일 지속하라는 그 음성은 도저히 이해가 안 됐다. 다만 성경을 공부하고 묵상하는 중에 다윗의 장막에서는 예배와 음악이 기도와 함께 융합되어 있었다는 사실을 알게 되었다.

늘 하나님의 음성 듣기를 소망했지만 정작 하나님이 직접 말씀해주신 그 문장을 들었을 때 그는 전혀 기쁘지 않았다. 마음만 복잡했다. 그는 사역하면서 기도하기를 원했지 전적으로 기도사역만 하는 건 원하지 않았기 때문이다. 게다가 어떻게, 언제 그 일을 시작해야 할지도 몰랐다.

그러나 그것은 하나님의 말씀이었다! 일단 순종하기로 했다. 그래서 그 하나님의 명령을 쓴 플래카드를 교회 벽에 붙여놓았다. 성도들은 그것을 보고 물었다.

"목사님, 저게 뭐예요?"

"나도 모릅니다."

정말 몰랐으니까. 16년간 그 플래카드는 교회 벽에 붙어 있었다. 이후 교회는 4000명까지 성장했다. 새로 교회에 온 사람들마다 같은 질문을 했고 그의 대답은 언제나 동일했다.

"저도 모릅니다. 일어날 것은 알지만 언제, 어떻게 일어날지는 모릅니다. 무엇을 해야 하는지도 모릅니다. 다만 일어날 것은 분명히 압니다."

더 있다

그것은 진심이었다. 매일 저녁 인내심을 갖고 기도하며 기다렸다.

16년이 지난 1999년 5월에 하나님은 또다시 명백하게 말씀하셨다.

"이제 시작하라."

그 명백한 말씀을 듣고서도 그는 전혀 기쁘지 않았다. 오히려 긴장되고 무서웠다. 하나님께 물었다.

"이렇게 어려운 것을 정말 해야 하나요? 한다면 어떻게 해야 하나요?"

정확한 답은 없었다. 그러나 시작할 수밖에 없었다. 부인하기 힘든 그분의 명백한 말씀이었기 때문이다. 하나님의 음성을 재차 들은 그는 결국 교회를 사임했다. 교인들은 담임목사의 돌연한 퇴장을 매우 슬퍼했다. 그러면서 지난 16년 동안 벽에 걸려 있었던 그 플래카드의 문구를 생각하며 "담임목사로 그냥 있으면서 동시에 따로 사역하라"고 권했다. 그러나 그는 그럴 수 없었다. 기도의 집을 하려면 개인적으로 하루에 16시간 이상을 투자해야 하는데 목회와 병행하기란 도저히 불가능했다. 공식적으로 교회를 사임했다. CCC와 YWAM의 자비량선교 모델을 원용할 수밖에 할 수 없었다. 그 같은 결정에 그의 아내가 가장 힘들어했다.

"당신, 도대체 뭘 하려는 거예요? 아무래도 이건 아닌 것 같은데요…."

첫해에 20명 정도의 젊은이들이 함께하겠다고 지원했다. 아주 적은 숫자였다. 그러나 2년째에는 100여 명의 풀타임 스태프(전임 사역자)들이 생겼다. 풀타임 스태프들은 한 주에 50시간 이상 기도사역을 해야 했다. 그들에게 기도는 노동이었다. 그럼에도 풀타임 스태프를 지망하는 사람

마이크 비클

은 점점 늘어났다. 미국 전역에서 사람들이 몰려들었다. 2012년 현재 풀타임 스태프만 1000명이 넘는다.

캔자스에서 IHOP을 시작한 이후 예배는 하루 종일 멈추지 않고 지속되고 있다. 하루를 12로 나눠 2시간 단위로 예배를 드린다. 매주 84번의 예배가 드려지는 것이다. 일주일에 84팀이 168시간을 돌아가면서 예배한다. 2시간 예배가 끝나기 3분 정도 전에 다음 팀이 올라와 예배를 함께 인도한다. 일종의 바통 터치다. 따라서 음악이 끊이지 않고 예배가 진행된다. 그렇게 12년 동안 1초도 예배가 멈추지 않고 진행되고 있다.

스태프 1000명 중 600-700명은 뮤지션들이다. 재능 있는 뮤지션들이 미국 전역은 물론 세계 각국에서 찾아와 헌신했다. 캔자스 IHOP의 700석 정도 규모의 메인 기도실의 기도 열기는 여전히 식지 않고 있다.

IHOP은 학교도 시작했다. 비클 목사가 학교를 시작한 이유는 스태프가 되기를 원하지는 않지만 훈련은 받고 싶어 하는 사람들이 다수 있었기 때문이다. 1000여 명의 IHOP 학교 학생들은 일주일에 12시간 이상은 기도실에서 보내야 한다.

이것이 그를 통해 직접 들은 '마이크 비클의 신앙 여정과 IHOP 스토리'였다. 대화만을 통해서 본 비클 목사는 은사를 추구하는 스타일이라기보다는 치열하게 성경을 연구하는 성경학자와 같은 느낌이었다. 쇼맨십이나 지나친 자기중심적 태도는 보이지 않았다. 모든 질문에 대한 대답은 신속했고 잠시의 멈춤도 없었다. 자기 정리가 잘된 사람이라는 생각이 들었다.

우리는 모두 기도의 집

그에게 기도란 무엇인지 물었다.

비클 목사는 한국에서의 강력한 기도운동에 매료됐다고 하며 한국교회의 기도에 대해서 높이 평가했다.

"한국교회는 지난 50년간 전 세계 기도운동을 이끌었습니다. 최근 10여 년 동안은 남미와 아프리카 등에서 기도운동에 관한 놀라운 돌파가 이뤄졌습니다. 그것은 마치 영적 쓰나미와 같았습니다. 그 이전까지 이들 국가는 기도운동은커녕 기독교 자체의 세력이 약했던 나라들입니다. 어떻게 그런 놀라운 변화가 가능했을까요? 내가 확신하기로는 한국의 기도운동이 이런 세계적인 기독교 부흥과 기도운동을 일으켰습니다. 사람들은 이제 한국교회의 여러 영적 운동이 퇴조기에 들어갔다고 합니다. 그러나 아직 끝나지 않았습니다. 기도운동에 있어 앞으로 50년간 한국교회는 이전보다 더 많은 영향력을 미칠 것입니다."

그는 기도를 단순하게 정의해보자고 했다.

"먼저 이사야서 56장 7절을 보세요. '내 집은 만민이 기도하는 집이라 일컬음이 될 것임이라'라고 나와 있지요. 그 구절을 통해서 하나님께서는 자신의 백성들이 지닐 영원한 정체성을 말씀해주셨습니다. 우리는 스스로가 누구인지를 알아야 합니다. 우리는 누구일까요? 우리는 기도하는 사람들입니다. 이것은 주님이 재림하시면 끝나는 정체성이 아닙니다. 영원무궁토록 불릴 정체성입니다. 기도사역자들뿐 아니라 모든 믿는 자들은 '기도의 집'이라 불려야 합니다. 우리는 기도하는 사람들이라는 사실을 명심하십시오."

마이크 비클

그는 신자들끼리 만났을 때 그저 인사만 하지 말고 서로 '기도의 집'으로 불리고 있는지를 체크해보라고 말했다. 그 이름에 걸맞은 기도의 삶을 살고 있는지를 자문해야 한다고도 했다.

그는 기도를 이렇게 설명했다.

'먼저 하나님께서 말씀하셔서 우리 마음을 움직이시고 우리가 다시 그것을 주님께 말씀드려 그분의 마음을 움직이는 것.'

이렇게 할 때 그분이 손을 펴시고 능력을 베푸셔서 이 땅 가운데 그분의 능력이 드러나는 것이라는 설명이다.

"하나의 예이지만 1960년대 조용기 당시 여의도순복음교회 목사님이 하나님으로부터 '내가 한국 땅 서울에서 부흥을 일으키겠다'는 말씀을 들었습니다. 이 하나님의 말씀이 조 목사의 마음에 감동을 가져다주었습니다. 그가 그 받은 마음을 갖고 '주님, 이 땅에 성령을 부어주세요'라고 기도했습니다. 하나님이 말씀하시는 것을 똑같이 다시 하나님께 올려드리는 것입니다.

하나님의 마음이 움직이실 때가 바로 그 순간입니다. 그분은 자신이 말한 것을 피조물들이 똑같이 다시 자신께 올려드릴 때 감동하십니다. 그때 하나님께서 손을 펴시고 일하십니다. 그분의 능력이 이 땅에 임하게 되는 것입니다. 내가 아니라, 하나님께서 일하실 때에 이 땅에 기적이 임합니다. 믿을 수 없는 꿈만 같은 사실이 바로 현실 속에서 이뤄지는 것이라고요. 내가 믿기로는 이전에도 그와 같은 방식으로 많은 하나님의 일들이 진행됐습니다. 지금은 물론, 영원까지도 이와 동일한 방법으로 하나님의 능력이 움직일 것입니다."

우리 인생에 하나님의 은혜가
작동되게 해야 합니다.
하나님의 은혜가 작동된다면
어떤 삶을 살든, 성공자가 될 수 있습니다.

그의 말을 정리해보자. 하나님께서 먼저 우리에게 말씀하신다. 그러면 우리가 그분의 말씀을 받아 그대로 하나님께 다시 간구한다. 그럴 때, 하나님께서 그분의 능력을 우리에게 넣어주셔서 우리는 하나님의 말씀이 통과하는 통로가 된다. 이 방정식은 변함이 없다. 지금도 이 방법대로 움직인다. 과거도 그랬고 앞으로도 그럴 것이다. 결국 중요한 것은 기도이다. 우리의 정체성은 '기도의 집'이다. '다윗의 장막'은 기도하는 문화를 이 땅 가운데 이루는 하나의 도구이다.

비클 목사와 같이 미국 등 서구에서 오는 목회자들은 늘 한국교회를 칭송한다. 그러나 지금 한국의 교회들은 칭송만 받기에는 황송한 상황이다. 기독교는 '개독교'로 비하되면서 사회의 심각한 비난을 받고 있다. 물론 기도의 소리는 도처에서 들린다. 그러나 이 땅을 변혁하는 힘은 아무래도 부족하다.

'신자들의 기도가 세상을 바꿀 수 없다면 우리의 기도가 본래부터 잘못된 것 아닐까?'

이에 대한 비클 목사의 답이다.

"모든 사람이나 국가의 기도에는 늘 부족함이 있습니다. 한국도 물론 어느 면에서는 기도가 부족하지요. 누군들 자신의 기도가 충분하다고 말할 수 있겠습니까? 그럼에도 한국은 전 세계 모든 나라들, 즉 '기도하지만 기도가 부족하다고 생각하는 나라들' 가운데서 기도에 가장 강한 나라입니다. 이것은 현실입니다. 현실을 직시하십시오. 너무 자신을 비하하지 마십시오. 나는 한국과 한국교회, 한국 성도들은 기도에 관한 한

다른 어느 나라 사람들보다 '더 많은 대답'을 갖고 있다고 생각합니다. 물론 그 대답 이상의 더욱더 많은 대답이 필요할 수도 있습니다. 나는 남미와 아프리카의 국가들에서 그 답을 찾을 수도 있다고 봅니다. 중요한 것은 연합입니다. 하나님의 나라라는 교향곡을 완성하기 위해서는 연합해야 합니다. 하나님은 지금 이 시간에, 그리스도인 각 지체들을 전 세계적인 기도 네트워크 안으로 부르고 계십니다. 그리고 각각의 나라들과 사람들은 자신의 분량대로 사용됩니다. 분명 '하나님나라'란 관점에서 한국교회는 아직도 많이 배워야 하겠지요. 그러나 다른 나라들은 한국보다 더 배워야 합니다. 한국과 다른 나라들이 힘을 합쳐서 '하나님의 퍼즐'을 완성하는 전 지구적 차원의 영적 연합 운동이 필요합니다. 아마 우리의 대적 사탄이 가장 두려워하는 것은 이 같은 연합이 실제적으로 이뤄지는 일일 겁니다."

하나님 음성 듣기에 대해서 물었다. 지금 '하나님 음성만 들으면 모든 것을 던질 수 있다'는 사람이 얼마나 많을까. 그 음성만 들으면 두려울 것이 어디 있겠는가. 문제는 그 음성이 안 들린다는 데 있다. 하나님 음성 듣기에 대한 관심이 지대한 데 비해 목회자와 신학자들 가운데서는 "하나님 음성을 듣는다는 이들을 조심하라"고 주의를 촉구하고 있다. 비클 목사는 하나님의 음성을 매일 듣는지 궁금했다.

"하나님의 음성을 듣는 데에는 두 가지 다른 차원의 단계가 있습니다. 아니 열 개의 다른 레벨이 있을 수도 있습니다. 일생에서 하나님이 한두 번 정도 '직접 들을 수 있게' 아주 명백하게 말씀하실 수 있습니다.

마이크 비클

그러나 매번 '이리 가라 혹은 저리 가라'라고 명확히 들리게 말씀하시지는 않는다고 생각합니다. 내 경우에도 명백하게 들은 것은 '기도의 집을 하라'와 '이제 시작하라'는 말씀뿐이었습니다."

나는 이 대목에서 적지 않게 놀랐다. 하나님 음성을 듣고 그 음성에 따라 24시간 기도의 집을 시작한 비클 목사 정도면 매 순간, 숨 쉬는 순간마다 하나님 음성을 들어야 하는 것 아닌가? 그리고 IHOP에 가면 누구나 하나님의 음성을 듣는 것으로 알려져 있지 않은가. 또 IHOP 출신 가운데 "하나님께서 이렇게 말씀하셨습니다"라고 말하며 상대의 기가 팍 꺾이게 만드는 사람들이 많은 것이 현실 아닌가.

아무튼 그의 말에 따르면 하나님 음성을 듣는 첫 번째 레벨은 직접 듣는 것이다. 그러나 그것은 아주 흔한 케이스는 아니라는 설명이다.

하나님 음성 듣기의 두 번째 레벨은 감동으로 듣는 것이다.

"직접 듣는 것은 아니지만 감동 역시 분명 하나님의 음성입니다. 주위를 돌아보면 마음의 감동을 하나님의 음성으로 인식하며 반응하는 사람들이 있을 겁니다. 주님은 항상 사랑 안에 거하고, 우리에게 겸손하라고 말씀하십니다. 그 말씀을 지키는 자들은 환경과 감동 등을 통해서 하나님 음성을 들을 수 있습니다. 하나님께서 주시는 감동을 통해서 일상을 사는 사람들이 크리스천입니다. '이리 가라, 저리 가라'라는 식의 특별한 음성을 듣는 것은 극히 예외적입니다. 우리는 지금 상식적인 세계에서 살고 있습니다. 이 세계에서 예외적인 것을 상식적으로 구하며 살수는 없지요. 대신 겸손하고 회개하는 마음으로 매일 주님을 따르는 삶을 사는 것이 필요합니다. 그러면 상식적인 현실 속에서 상식적으로 역사하는 하나님의 뜻과 음성을 들을 수 있습니다. 물론 너무 상식에 함몰되면 상식 너머에 있는 하나님의 뜻을 찾기 힘들 수도 있긴 합니다. 그래서 첫 번째와 두 번째 레벨의 하나님 음성 듣기가 필요합니다."

비클 목사가 스태프들과 함께 공유하는 이야기가 있다. 그는 지난 25년간 이 말을 했다고 한다.

"앞에서 간증할 때, '주님께서 이렇게 말씀하셨습니다'라고 말하는 것은 일 년에 딱 두 번만 해야 한다."

너무 자주 "주님이 말씀하셨다"는 것을 남발하면 안 된다는 이야기다. 만일 IHOP의 젊은이가 "하나님께서 이렇게 말씀하셨습니다"라고 말하면 비클 목사는 이렇게 권면한다고 한다.

"젊은이, 그렇게 말하지 말고 '주님께서 이런 지혜를 내게 주신 것 같습니다' 아니면 '이런 감동을 주님이 주셨습니다'라고 말하는 것이 더 좋다네."

리더 중에서 자주 "하나님 가라사대"를 운운하는 사람이 있으면 불러서 좀 더 강하게 이야기한다.

"당신이 그런 말을 많이 하는 것은 정작 믿지 않기 때문 아닌가? 진짜로 하나님 말씀을 믿는다면 굳이 '하나님께서 말씀하시기를'이라고 할 필요도 없는 것 아닌가? 당신이 확신이 없으니까 하나님께서 말씀하셨다면서 다른 사람을 확신시키려는 것 아닌가?"

나는 사실 비클 목사가 위의 이야기와는 완전히 반대의 말을 할 것으로 생각했다. 마침 그를 만나기 전 주에 인터뷰한 《사귐의 기도》 저자 김영봉 목사도 내게 동일한 이야기를 했으며, 고신대신대원 박영돈 교

마이크 비클

수의 《일그러진 성령의 얼굴》에서도 비슷한 이야기가 나온다.

그래서 이런 질문을 했다.

"그동안 수많은 외국의 성령운동가들이 한국에 와서 '하나님이 말씀하시기를…'이라면서 한국에 대한 예언의 말씀을 전했는데 그것은 어떻게 바라봐야 합니까?"

이 대답 또한 뜻밖이었다.

"대부분 틀린 경우가 많습니다. 하나님의 음성을 듣고 그것이 정확하게 이루어졌다고 하는 사람들의 이야기조차도 나중에 면밀히 조사해보면 틀린 경우가 많습니다. 저의 경우 지난 수십 년간의 사역 가운데 강대상에서 '주님께서 이렇게 말씀하셨다'고 강력하고 명확히 선포했던 것은 몇 번 되지 않습니다. 물론 '하나님께서 이 구절을 강조하시는 것 같다'고 말하는 때는 많습니다. 그것은 앞의 이야기와는 뉘앙스가 완전히 다르지요. 저와 함께 사역하는 IHOP 스태프들도 대부분 그렇게 말하고 있습니다."

예수님의 열정을 이해하라

비클 목사는 늘 "이 시대에 회복해야 할 것이 있다면 바로 예수님에 대한 열정이다"라고 말하고 있다. IHOP에서는 매해 연말에 캔자스 본부에서 '원 싱One Thing' 집회를 개최한다. 전 세계에서 수만 명이 몰리는 큰 집회다. 이 집회의 명칭은 시편 27편 4절에 나온 다윗의 고백을 근거로 한다.

"내가 여호와께 바라는 '한 가지 일One Thing' 그것을 구하리니 곧 내가 내 평생에 여호와의 집에 살면서 여호와의 아름다움을 바라보며 그의 성전에서 사모하는 그것이라"(시 27:4).

다윗이 평생 추구한 '한 가지 일'이란 무엇인가? 평생 여호와 집에 살며 그분의 아름다움을 바라보며, 성전을 사모하는 것이다. 한마디로 세상과 나는 간 곳 없고, 구속한 주만 바라보는 삶을 살겠다는 것이다.

그러나 그 '하나'만을 갖고 살기가 어디 간단하겠는가. 예수 그리스도만으로 만족하는 삶을 사는 것이 우리의 소망이지만 현실에서는 그 소망이 어지없이 무너진다. 간절한 사모함, 열정이 없으면 하나님만 바라며 살기란 불가능한 일이다. 예수 그리스도를 향한 그 열정이 회복되기를 원하지 않는 크리스천은 없을 것이다. 문제는 방법이다. 어떻게 회복할 수 있을까?

"내가 생각하기로 '우리를 향한 예수님의 열정'을 이해할 때 비로소 그 열정이 회복될 수 있습니다. 나는 항상 젊은이들에게 이야기합니다. 하나님을 사랑하는 방법은 먼저 하나님이 우리를 더 사랑하고 계심을 아는 것이라고요. 이 사실을 알게 되면 우리 마음이 깨어져 새로운 갈망과 사랑이 일어납니다. 그런 다음 주님께 다시 그 갈망과 사랑을 올려드리게 되는 겁니다. 하나님을 사랑하기 위해서는 그분에 대해서 더 잘 알아야 합니다."

이와 관련해 비클 목사가 항상 인용하는 말이 있다.

"성령은 첫 번째 계명을 다른 자리에 두기를 원하지 않으신다."

물론 '주 하나님을 사랑하라'는 계명이 첫째 자리에 들어 있어야 한

　　　　　　　　　　　　　　마이크 비클

다. 그러나 비클 목사가 보기에 수많은 크리스천들에게 그 계명은 첫째 자리에 들어 있지 않다. 열 가지 속에는 있겠지만 첫째는 아니다.

"성령님은 '주 하나님을 사랑하라'는 그 첫 계명이 온전히 첫째가 되기를 원하십니다. 물론 사람들은 열심히 믿음으로 시도를 하고 있습니다. 그러나 열심을 내어서 하는 그것이 신자들의 첫 번째 우선순위는 절대 아닙니다. 우리가 노력하고 시도하는 것보다 더 중요한 것이 있습니다. 그것은 하나님이 우리를 사랑하신다는 것을 알고 온 맘을 다해 그분을 바라보는 것입니다. 그것이 노력과는 비교할 수 없을 정도로 중요합니다. 그런 행위 자체가 하나님을 감동시키고 우리로 하여금 이전보다 더 하나님을 사랑할 수 있도록 합니다."

이 시대의 특징 중 하나는 모두가 성공 신드롬에 빠져 있다는 점이다. 그런데 성공이란 지극히 상대적인 관념이다. 한 사람의 성공이 다른 사람에게는 평범한 일상일 수 있다. 과연 성공이란 무엇일까? 비클 목사에게 특별히 기독교적 관점에서 성공을 정의해달라고 부탁했다.

"제가 정의하는 신자의 성공은 '하나님의 의지에 순종하는 것'입니다. 하나님 의지에 순종하는 자는 성공한 사람입니다. 비록 돈이 없고, 사역이 한없이 작아도 하나님 앞에서 성공자입니다. 중요한 것은 이 땅에서는 지극히 작은 자로 보일지라도 하나님 앞에서 성공자로 불리어야 한다는 것입니다. 하나님 앞에서의 성공은 영원하고 풍성합니다.

그러나 세상의 성공을 보세요. 영원합니까? 절대 그렇지 않습니다. 풀은 마르고 꽃은 시듭니다. 이 말씀은 진리입니다. 제가 아무리 큰 사역을 펼치고 있더라도 산상수훈의 내용을 지키지 않는다면 결코 성공한 것이 아닙니다. 빌리 그레이엄 목사님이 하나님 앞에 올라갈 때, 예수님은 단지 그가 빌리 그레이엄이기에 '아, 모두들 보세요. 우리 빌리 그레이엄 목사님이 지금 천국에 왔답니다'라고 하시지 않을 것입니다. 그레이엄 목사님도 오직 한 가지, 그의 사랑과 하나님 앞에서의 순종에 따라 평가받을 것입니다. '그가 복음을 전할 때 경기장을 얼마나 많은 사람들로 가득 채웠는가'에 따라 평가받지 않을 것입니다.

저는 이러한 성공의 정의에 따라 모든 사람들이 한 명도 빠짐없이 성공적인 삶을 살 수 있다고 생각합니다. '모든 사람'이 중요합니다. 한 사람도 낙오되지 않을 수 있습니다. 이 땅에서 성공했다는 사람이 저 하늘에서는 실패자로 규정될 수 있다는 사실을 언제나 명심해야 합니다.

우리 인생에 하나님의 은혜가 작동되게 해야 합니다. 하나님의 은혜가 작동된다면 어떤 삶을 살든, 성공자가 될 수 있습니다. 이 말은 어떤 사람이든 그 안에 하나님 은혜만 있으면 성공한 사람이라고 할 수 있다는 뜻입니다."

그는 이 땅의 목회자들을 향해서는 하나님의 마음을 알아야 제대로 목회할 수 있다면서 이렇게 당부했다.

"제발 하나님의 마음을 헤아리십시오. 항상 하나님의 기분을 살피시라고요. 특히 목회자들은 이 땅과 사람들을 향한 그분의 마음을 조금 더 알아야 합니다. 그래야 사람들을 주께로 인도할 수 있기 때문입니다. 우리가 경배하는 그 대상의 마음과 기분을 알지 못하고서 어떻게 사람들에게 그 대상이 원하는 것을 전달할 수 있겠습니까? 하나님의 위대한 일꾼이 되려고 하지 마세요. 오직 하나님을 사랑하는 자로 늘 그분 곁에 있기를 좋아해야 합니다. 그러면 희한하게도 일이 됩니다. 사역이 풀립니다. 자기 뜻과 노력이 아니라 우리가 그렇게도 고대하는 예수 그리스도의 영으로 일하게 되기 때문입니다."

그에게 본격적으로 민감한 질문을 던졌다. 서울에서 예언사역으로 유명한 한 대형교회와의 연관성이었다. 그 교회는 외국 은사자들을 많이 초청하여 집회를 여는 등 활발한 예언사역을 하는 것으로 알려져 있다. 이에 대한 그의 대답은 단호했다.

"저는 그 교회와 전혀 관계가 없습니다. 1퍼센트도요."

"그래요? 그러면 왜 그 교회와 IHOP이 연관되는 것처럼 한국 내에 알려졌습니까?"

"저는 그 이유를 잘 알고 있습니다. 거기에는 나와 밥 존스 목사와의 관계가 끼어 있습니다. 1983년부터 85년까지 밥 존스 목사는 나에게 영향을 줬습니다. 그때 나는 20대였고 그는 60대였습니다. 그는 내게 열 가지 정도의 아주 강력한 예언적 말들을 했습니다. 그것은 무시하기 어려운 내용이었습니다. 동시에 존스 목사는 내가 이해하지 못한 여러 말도 했습니다. 내게 아주 영향력 있는 말을 했음에도 이해되지 않은 말을 하곤 했다는 것이지요. 양면성이 있었습니다.

1988년부터 89년 사이에 나는 존스 목사에게 단호히 말했습니다. '더는 공식적 자리에서 설교나 말을 하지 않았으면 좋겠습니다. 아세요? 목사님은 사람들이 이해하지 못하는 말을 너무 많이 하고 계신다는 것을

요.' 그러자 우리 둘 사이에 갈등이 생겼습니다. 지난 4, 5년간 나는 존스 목사와 서너 번 저녁을 함께 했습니다. 여전히 그에 대한 고마운 마음이 있습니다. 존스 목사가 바로 한국의 그 교회에 대해 좋은 이야기를 많이 한 것으로 알고 있습니다. 그래서 자연스레 나와 존스 목사의 관계를 아는 사람들은 IHOP이 존스 목사와 마찬가지로 그 교회와 긴밀한 관계를 갖고 있는 것으로 생각했을 것입니다. 그러나 나는 그 교회에 대해서는 전혀 모릅니다."

국내에서는 IHOP에 가면 예언을 받을 수 있다는 소문이 있다. 주로 성령사역을 하는 사람들의 특징 가운데 하나는 예언을 한다는 점이다. 비클 목사에게 물었다.

"당신은 예언을 합니까?"

"그렇다고도, 아니라고도 할 수 있습니다. 고린도전서 14장에 나온 대로 사람들을 격려하는 것이 예언이라고 한다면 나는 예언을 합니다. 우리 스태프뿐 아니라 방문자들에게도 늘 '주님의 이름으로 격려하고 사랑합니다'라고 말하고 있습니다. 격려도 성경을 기초로 합니다. 모든 것은 성경 속에 나와 있습니다. 성경이야말로 우리의 스승입니다. 그러나 예언이라고 하면서 '이것이 하나님의 뜻입니다'라고 명확히 말하지는 않습니다. 어떤 분들은 제가 하는 격려의 말들을 예언이라고 합니다. 그럴 수도 있습니다. 사실 어떤 말을 통해서든 하나님을 추구하는 선한 격려를 받을 수 있다면 좋지 않습니까? 그러나 나는 예언하는 사람이 아닙니다. 나의 본질은 성경을 가르치는 사람입니다. 굳이 말하자면 나는 예언가가 아니라 코치 스타일의 사람입니다. 뭔가를 깊이 연구하고, 다른 이들을 격려하는."

그의 말에도 불구하고 '캔자스의 IHOP'하면 '예언과 치유사역'으로 유명한 것이 사실이다. 그의 말을 어떻게 이해해야 할까. 비클 목사는 수많은 스태프들이 있다보니 본질과는 다른 이야기들이 퍼지는 경우가 많다고 했다.

"사실 스태프들이 1000명이 넘기에 모두가 한마음을 가질 수 없습니다. 그 많은 스태프 가운데 몇 명이 예언하는 것을 자랑할 수도 있습니다. 스스로 중요하다는 여김을 받고 싶은 강박관념 때문에 너무 자주 예언을 하는 사람이 있을 수 있습니다. 그런 사람들의 마음속에는 불안이 있습니다. 그래서 큰 이야기를 지어내려고 합니다. 그럼으로써 스스로 인정받으려 합니다. 그런 사람들에게는 진심으로 충고하지만 제 충고가 통하지 않는 경우도 있습니다. 그러나 IHOP 멤버 중 95퍼센트는 제 지도를 잘 따르고 있다고 봅니다."

치유집회를 가보면 기도하며 사람들을 쓰러뜨리는 사역자들이 있다. 기도 받으며 뒤로 넘어지면 치유가 더 빨리 임한다고도 한다. 그래서 비클 목사에게 물었다.

"기도하면서 사람들을 쓰러뜨리기도 합니까?"

"때로 그러는 경우가 있습니다. 그러나 언제나 그러는 것은 아닙니다. 사람들이 넘어지는 데에는 여러 가지 이유가 있습니다. 그러나 대부분 가짜일 경우가 많습니다. 최근 1000여 명이 참석하는 스태프 미팅을 가졌을 때 'IHOP에서 일어나는 외적인 현상(예언하고 넘어뜨리고 하는 것들)의 80퍼센트가 가짜일 가능성이 크다'고 강하게 말했습니다. 물론 그중에는 진짜도 있습니다. 한 20퍼센트 정도. 그것도 크게 잡은 것입니다."

그는 성령님이 임하시면 어떤 일도 일어날 수 있다는 사실을 강조했다. 동시에 그런 성령 사역 가운데 일어나는 외적인 현상에 대해서는 주의하고 분별해서 바라봐야 한다고 말했다. 적지 않은 사람들이 어떤 모임에서 성령이 임하는 현상을 보고 그것을 배워 '쇼처럼' 하는 경우도 많다는 것이다. 예언도 마찬가지라는 주장이다. 때때로 맞는 경우가 있지만 대부분 틀린 경우가 많다고 한다. 지금 한국 내에서 일어나고 있는 각종 치유 및 은사, 예언사역을 접할 때 깊이 생각해보아야 하는 내용이다. 기도와 예언, 치유사역으로 널리 알려진 IHOP의 수장인 마이크 비클이 말했다.

"성경이야말로 우리의 스승입니다."

비클 목사는 한국과는 앞으로도 긴밀한 관계를 유지하고 싶다고 언급했다. 하나님은 그에게 "주님 다시 오실 때까지 아시아를 중심으로 기도운동을 하라"는 '감동'을 주셨다고 한다. 그러나 처음 IHOP을 시작하라는 음성을 들었을 때와 같이 어떻게 해야 할지는 모른다면서 "내가 알고 있는 오직 한 가지는 '하나님이 길을 보여주실 것'이란 사실"이라고 말했다.

마이크 비클

주 예수 그리스도 없이 우리는 아무것도 아닙니다. 이
것을 아는 사람이 복 있는 사람입니다. 그분에게 인생
을 거는 것, 이 얼마나 멋진 일입니까?

Eugene Peterson

유진 피터슨

1932년생. 시애틀 퍼시픽대학교에서 철학을, 뉴욕신학교에서 신학을 공부했으며, 1958년 미국 장로교단에서 목사 안수를 받았다. 신학교 졸업 후, 존스홉킨스대학교에서 셈어학 석사 학위를 받았다. 1959년부터 뉴욕신학교에서 성경과 성경 원어를 가르쳤고, 1962년 메릴랜드주에 '그리스도우리왕장로교회'를 개척하여 29년간 목회했다. 1990년대 이후로는 목사직을 내려놓고 성경을 현대 미국어로 번역하는 일에 전념했고, 1993년부터 2006년까지 밴쿠버 리젠트 칼리지에서 영성신학을 가르쳤다.

—

세상이 필요한 것은
하나님입니다

—

이 시대 기독교계의 현자賢者를 꼽으라면 나는 유진 피터슨(Eugene Peterson, 1932년생)을 추천하고 싶다. 아마 나뿐만이 아닐 것이다. 유진 피터슨은 누구인가. 성경을 현대어로 번역한 《메시지The Message》를 비롯해 《한 길 가는 순례자A Long Obedience in the Same Direction》《그 길을 걸으라The Jesus Way》《다윗, 현실에 뿌리박은 영성Leap Over a Wall》 등 수많은 책을 쓴 작가이다. 올해 나이 80세. 영성의 거장으로 미국은 물론 국내에서도 성가聲價가 높다. 교수이자 탁월한 작가이지만 그에게는 목사라는 확고한 정체성이 있다.

나는 몇 차례 그를 만났다. 2006년에는 미국 몬태나의 그의 집을 찾아 잰 사모와 함께 차를 마시며 이야기를 나누기도 했다.

그에게 물었다.

"100년 후에 당신은 뛰어난 영성 작가로 기억되기 원합니까, 아니면 목회자로 기억되기 바랍니까?"

피터슨 목사는 머뭇거리지 않았다.

"당연히 목사지요, 목회자로 기억되기 원합니다. 나는 내가 목회자라는 사실에 무한한 자부심을 느낍니다. '작가적 상상력을 지닌 목사'라면 더 좋겠지요."

사실 피터슨 목사는 목회보다는 작가로서 뛰어난 능력을 보였다. 지금까지 40권 가까이 책을 썼고 대부분의 책들이 독자들에게 큰 울림으로 다가갔던 수작들이다. 그의 책들은 단기적으로 반짝하는 베스트셀러가 아니라 시대를 넘은 고전이 될 가능성이 크다. 성경을 현대 영어로 번역한 《메시지》는 미국뿐 아니라 전 세계 교회에서 널리 읽혀지고 있다. 스토리를 만드는 탁월한 능력으로 그는 독자들이 성경을 보는 시각을 넓혔다. 나는 《메시지》를 읽으면서 그의 탁월한 언어 감각에 경탄을 표한 적이 많다.

"의에 주리고 목마른 자는 복이 있나니 그들이 배부를 것임이요."

마태복음 5장 6절의 말씀이다(작은 교회 목회자들의 이야기를 다룬 졸저 《배부르리라》의 제목은 이 구절에서 따 온 것이다). 피터슨은 메시지에서 이 구절을 이렇게 옮겼다.

"하나님께 입맛이 당기는 너희는 복이 있다. 그분은 너희 평생에 맛볼 최고의 음식이요 음료다."

기막힌 표현 아닌가?

"요즘 기독교계에서 화제가 되는 책들은 아마 수년 후에는 대부분 잊

　　　　　　　　　　　　유진 피터슨

힐 것입니다. 공전의 히트를 한 조엘 오스틴 목사의 《긍정의 힘》도 시간이 지나면서 기억 속에서 사라지고 있지 않습니까? 그러나 피터슨 목사의 책들은 수세기 후에도 읽히는 기독교계의 고전이 되리라 생각합니다."

피터슨 목사에 대한 이동원 지구촌교회 원로목사의 평이다. 이 목사는 자신이 굳이 평가한다면 피터슨 목사는 '목회적 마인드를 지닌 작가'라고 언급했다.

탁월한 작가이자 영감 넘치는 교수였던 피터슨은 자신이 목회자로 기억되기를 원한다고 분명히 말했다. 그는 목사가 된다는 것은 무엇과도 바꿀 수 없는 영광스러운 일이라면서 이 소중한 직분을 어떤 사람들은 하찮게 생각한다는 것이 너무나 안타깝다고 말했다.

"내게 있어 목회자는 하나님이 주신 놀라운 직분입니다. 교인들과 함께 사역한다는 것은 멋진 일입니다. 우리는 복음의 불변성을 복잡한 문화 속에서 설명함으로써 성도들을 깨닫게 하는 일을 하는 것이지요. 목회는 이 세상에서 할 수 있는 최고의 창조적 일입니다."

그는 목회자를 시인으로 묘사했다. 사실 피터슨 목사는 시인이나 탁월한 이야기꾼 같았다.

"우리는 시인이지만 단어를 사용하는 시인이 아닙니다. 영혼을 사용하는 시인입니다. 한 영혼을 위해 올바르게 행동하고 그들을 일깨우기 위해 단어 하나라도 조심스럽게 사용하는 우리의 행동은 아름답습니다. 그래서 나는 목사들, 특히 현장에서 사역하는 목사들과 함께 있는 것을 좋아합니다. 그들이 자랑스럽습니다."

한 영혼을 위해 헌신하는 이 땅의 목사는 모두 영혼의 시어詩語를 사용하는 뛰어난 시인들이라는 피터슨의 말은 가슴에 남았다. 이 땅의 목회자들에 대한 모든 부정적인 말들에도 불구하고 내가 목회자들에 대한 존경심과 기대감을 버리지 않고 있는 것은 유진 피터슨의 이 말에 기인한 바가 크다.

'목회자의 목사'로 불리는 피터슨을 잘 이해하기 위해서는 그의 회고록인 《유진 피터슨The Pastor》을 읽어보길 권한다. 500여 쪽에 달하는 두꺼운 책이다. 사실 이 바쁜 때에 한 사람의 자전적 이야기에 많은 시간을 들이는 것은 효용성 측면에서 낭비일지 모른다고 생각했다. 그런데 책을 정독하고, 수많은 메모를 마친 후 이런 생각이 들었다.

'이 땅의 목사들, 또한 목사가 되기 위해 준비하고 있는 목사 예비군들, 목사의 아내들은 반드시 이 책을 읽어야 한다!'

이 책에는 목사란 누구이며 무엇을 하는 사람인지, 목사는 어떻게 만들어지며, 그 목사는 무엇을 고민하며 생각하고 있는지가 잘 묘사되어 있기 때문이다.

죽음의 나라에 세워진 하늘의 식민지

1932년 미국 워싱턴의 이스트스탠우드에서 태어나 몬태나주 칼리스펠에서 어린 시절을 보냈던 유진 피터슨은 1958년 미국장로교단에서 안수를 받고 목사가 되었다. 물론 그 사이 시애틀 퍼시픽대학교에서 철학을, 뉴욕신학교에서 신학을 공부하는 등 목사가 되기 위해 준비했다.

유진 피터슨

그러나 안수를 받아 목사라고 불린다고 '어느날 갑자기' 목사가 된 것은 아니었다. 59년부터 61년까지 그와 아내 잰 사모는 치열하게 목사와 목사 아내의 정체성에 대해서 고민하며 '목사라는 소명'의 탄생을 기다렸다. 그 3년은 잉태의 기간이었다. 결국 가르치는 일과 교회의 일, 결혼 등이 합해져서 피터슨 부부에게 목사의 소명이 낳아졌다.

"어느 시점엔가 양수가 터졌다. 우리는 목사와 목사의 아내로 태어났다. 목사가 내게 소명이 되었던 것처럼 잰에게도 목사의 아내가 소명이 되었다. 목사는 내게 부르심이었고, 내 인생 모든 조각의 합合, 곧 소명이었다."

그에 따르면 목사는 '일을 해결하는 사람'이 아니다. 목사는 사람들 사이, 그리고 사람과 하나님 사이의 '지금 일어나고 있는 일'에 주의를 기울이도록 공동체 안에 세워진 사람이다. 목사가 하는 일은 무엇보다도 현장을 중심으로 이뤄진다. 언제나 인격적이고 쉬지 않는 기도의 일이야말로 목사의 일이다. 목사는 소명이지 결코 직업이 아니다. 그는 다소 격정적으로 강조한다.

"나는 목사로 고용될 수 없다. 왜냐하면 목사의 일차적 책임은 내가 섬기는 사람에 대한 것이 아니라 내가 섬기는 하나님에 대한 것이기 때문이다."

그는 1962년부터 메릴랜드에 '그리스도우리왕장로교회Christ Our King Presbyterian Church'를 개척, 30년간 사역했다. 교회란 무엇인가에 대해 피터슨 목사는 '교회는 죽음의 나라에 세워진 하늘의 식민지요, 이미 시작된 하나님나라를 증언하게 하는 성령의 전략'이라고 정의한다. 그의 이 말이 특히 와 닿는다.

"목사에게 맡겨진 영혼에게는 이하동문以下同文이 없다."

한 사람, 한 사람이 귀하고 특별한 존재라는 뜻이다. 거기에는 '신사 숙녀'만 있는 것이 아니었다.

"나는 사자 굴에 갇힌 사람들, 콜로세움에서 맹수들과 마주하는 남자와 여자들의 목사였다."

그의 말을 통해서 이창동 감독의 영화 〈밀양密陽〉을 생각했다. 칸 영화제에서는 밀양을 'Secret Sunshine'이라고 호칭했다. '숨어 있는 빛' 혹은 '마음의 빛'이라고 번역될 수 있을 것이다(이 영화에서 주인공 신애 역을 열연한 전도연은 칸 영화제 여우주연상을 받았다).

영화는 용서와 구원의 한계가 어디까지인지를 다루고 있다. 영화에서 자식을 유괴, 살해한 범인이 신앙을 갖고 평안함을 유지하는 모습을 본 신애의 절규를 기억하리라.

"내가 용서하지 않았는데 당신이 어찌….'

결국 영화의 키워드는 인간의 근원적인 고통이다. 그리고 고통 가운데 간절하게 한줄기 빛을 찾는 처절함이 인생 속에 묻어 있다는 사실을 말하고 있는 듯하다.

유진 피터슨의 말과 영화 〈밀양〉, 그리고 목회를 연결시켜 생각해본다. 수많은 사람이 다양하고 비밀스런 사연을 안고 교회를 찾는다. 거기에서 처절하게 한줄기 구원의 빛을 갈망한다. 신애와 같이 비극적이든 자신만만하게 호기를 부리는 사람이든 모두 마찬가지다. 셰익스피어가

유진 피터슨

쓴 비극의 주인공 맥베스처럼 겉으로는 거들먹거리고 있지만 속으로는 무대에 설 시간을 초조하게 기다리고 있는, 그리고 더는 아무 소리도 할 수 없는 가련한 연극배우에 지나지 않는다.

모두가 교회에서 서성거리며 무언가를 찾는다. 텅 빈 가슴을 채우기 위해서…. 그들을 보며 저물어가는 빈 들에서 물고기 두 마리와 보리떡 다섯 개로 수많은 군중을 먹이신 예수 그리스도를 생각한다. 어둠이 깔리는 빈 들은 쓸쓸하고 적막하다. 빛을 찾으려 해도 보이지 않는다. 그들의 궁핍과 굶주림, 고통을 보시고 예수 그리스도는 애끓는 심정으로 기도를 드리고 이적을 행하셨다. 갈릴리 해변의 빈 들에 모인 그들은 모두 다양하고 비밀스런 사연을 지니고 있었다. 예수님은 그들을 안아주셨다. 아무런 말도 필요 없었다.

목회는 하루가 저물어가고 한 해가 저물어가며 인생이 저물어가는 때 빈 들에서 서성거리는 사람들과 함께하는 것이리라. 자세히 목회 현장을 둘러보면 〈밀양〉 속의 신애와 같은 수많은 사람이 처절하게 "구원이 어디 있어요?"라며 절규하고 있을 것이다. 인생의 무게 속에서 괴로워하다가 스러져가고 있을지 모른다. 그들과 함께 있어주는 것, 그들에게 한 줄기 시크릿 선샤인을 제공해주는 것이 목회가 아닐까 싶다.

한국목회상담협회 회장인 이화여대 손운산 교수는 목회에 대해 다음과 같이 말했다.

"목회란 거칠고 외로운 빈 들에 서 있는 사람들과 함께 하늘로 연결된 사다리를 찾는 과정이다. 그 사다리 꼭대기에서 살짝 열린 하늘나라를 조금 보고 기뻐하며 춤추는 것."

더 있다

살짝 열린 하늘나라, 한 줄기 빛을 통해서 잠시 보이는 하늘나라다. 어차피 이 땅은 부조리의 연속이다. 그래서 나는 작가 유진 피터슨이 아니라 목사 유진 피터슨의 말에 공감한다.

"나는 사자 굴에 갇힌 사람들, 콜로세움에서 맹수들과 마주하는 남자와 여자들의 목사였다."

다양한 회중들과 함께하는 목사로서 피터슨에게 주어진 과업은 '오늘'이라고 하는 이 시간에, '여기'라고 하는 이 장소에서 복음을 실제로 '살아내도록' 격려하는 것이었다. 현장에서 인내하며, 인격적으로 살아내는 것, 그것이 바로 목회였다. 물론 목사는 누구보다 먼저 복음을 현장에서 '살아내야' 했다.

회중과의 관계에서 목회는 '목사 자신이 주목받으려 하기보다는 다른 사람을 바라보려고 해야 하는 일'이었다. 이런 관점에서 그의 고백은 울림이 있다.

"목사로서 내게 하나님이 그들(성도)의 인생에 하시는 말씀을 듣고 그들의 인생에 행하시는 일을 보는 눈이 있었으면 좋겠습니다. 하나님이 그들의 인생에서 하시는 일을 목격하는 증인이 되고 싶습니다. 목사는 성도들이 하나님을 위해서 무엇을 얼마나 잘했는지 평가하고 성적표를 내주는 학교 선생님이 아닙니다. 목사는 공동체 안에서 유일하게 자기 마음껏 사람들을 있는 그대로 진지하게 봐주고, 있는 그대로 받아주고, 그들이 '하나님의 형상'이기에 가지는 존엄성을 회복해주는 사람입니다."

유진 피터슨

피터슨 목사는 소위 미국식 소비주의 문화에 빠져버린 교회와 목회에 대해 신랄하게 비판한다. 그는 평생 '회중의 미국화'와 '성공주의 목회'에 대해서 강하게 저항했다. 그는 자신의 표현대로 '빌어먹을 교회'를 수없이 보았다.

"나는 이 '빌어먹을 교회를 운영하는 목사'가 되고 싶지 않았습니다. 제도권 안의 종교 직업인이 되고 싶지 않았습니다. 사람들이 나를 인정하느냐 무시하느냐에 따라서 자신의 가치를 평가하는 목사가 되고 싶지 않았다고요. 간단히 말해서 소비자 중심이고 명성 중심인 미국 문화에서 가장 두드러지고 가장 보상받는 그런 목사가 되고 싶지 않았습니다."

유진 피터슨의 말은 목회자들을 격려하기도, 아프게도 한다. '목사는 다른 것으로는 대체 불가능한 고유한 소명자'라는 말은 종교 시장이 무너진 이 불신의 시대를 살아내야 하는 목사들의 고개를 번쩍 들게 한다. 그러나 동시에 초기 지녔던 목사로서의 소명감은 희미한 옛사랑의 그림자처럼 엷어지고 어느덧 소비주의 종교에 함몰되어버린 자신을 확인하는 일은 쓰라릴 것이다.

피터슨의 회고록을 읽으면서 목사(진정한 목사)가 얼마나 소중한 존재인지를 발견하며 가슴이 뜨뜻해지는 것을 느낄 수 있었다. 목사라는 단어에서 어떠한 경외감도 찾을 수 없는 이 시기에 유진 피터슨의 "나는 목사다! 너도 역시 목사다!"라는 절규가 들리는 듯했다.

2006년 그를 만났을 당시 그는 내게 하나님의 임재를 체험하기 위해서는 단순한 삶을 살아야 한다고 강조했다. 그의 말은 몇 년이 지났어도 여전히 마음에 남아 있다.

"오늘을 사는 크리스천들은 삶을 단순화해야 합니다. 흔히 '성공하기 위해서 많은 일을 하고 많은 책을 읽으라'고 말합니다. 그러나 나는 거꾸로 이야기하고 싶습니다. 책을 지금보다 적게 읽으십시오. 더 적은 일을 하십시오. 기억하십시오. 세상은 당신을 더는 필요로 하지 않는다는 사실을. 세상이 필요한 것은 하나님입니다. 당신 역시 더 많은 친구들을 원할 필요가 없습니다. 당신에게는 하나님이 더욱 필요합니다. 크리스천의 삶은 내가 하나님을 위해 행한 많은 일들로 이뤄지는 것이 아닙니다. 크리스천의 삶은 하나님께서 나를 위해 행하신 일들로 채워집니다."

그는 크리스천은 이제 하나님에 대해 이야기하는 것을 그만두고 하나님과 개인적으로 만나 친밀하게 교제하며 사귀어야 한다고 강조했다. 더불어 하나님의 임재 경험이 없는 신앙과 그 같은 그릇된 신앙에 기초한 상업주의적 기독교의 위험성에 대해 여러 차례 지적했다.

나는 그에게 영성이란 단어가 한국에도 널리 퍼져 있다고 말했다. 이에 대해 그는 "최근 들어 영성에 대한 관심이 높아지고 있는 것은 우리의 영이 병들어 있음을 보여주는 증거"라면서 병의 원인은 바로 우리의 문화가 세속주의에 함몰돼버렸기 때문이라고 지적했다.

피터슨 목사는 영성을 다음과 같이 정의했다.

"우리가 자신의 영혼, 즉 자기 정체성의 핵심을 이루는 눈에 보이지

유진 피터슨

않는 내면에 쏟는 관심."

침묵과 고독, 진지함 속에서 영혼의 모든 문제를 다루는 것이 영성이라는 것이다.

"진정한 기독교 영성은 사람들이 자신에 대한 관심을 떨쳐버리고 자기가 아닌 다른 존재, 즉 예수님께 그 관심의 초점을 맞추는 것입니다. 영성은 살아 계신 하나님을 향한 깨어 있는 관심이며 공동체 속에서 우리가 하나님을 향해 드리는 신실한 반응이지요. 세상은 결코 그것을 줄 수 없습니다. 오직 주 예수 그리스도만이 우리에게 영성을 위한 참된 내용을 제공할 수 있습니다."

그의 말, 진정한 영성은 자신에 대한 관심을 떨쳐버리고 예수님께 초점을 맞춰야 한다는 것은 소위 '믿음의 강을 건넌 사람들'이 했던 것과 동일하다. 나는 죽고 예수가 사는 것이다. 오직 내가 죽을 때에만 관심의 초점을 주 예수 그리스도께 맞출 수 있다.

피터슨 목사는 이제 모든 크리스천들이 새로운 믿음의 출발선상에 서야 한다고 밝혔다. 그는 그동안 보이는 것에 의지하며 살았던 크리스천들이 믿음으로 살아가기를 결단해야 한다고 역설했다. "믿음은 바라는 것들의 실상이요 보지 못하는 것들의 증거"라는 히브리서 11장 1절 말씀을 인용하면서 믿음의 삶을 강조했다.

"크리스천들이 아무리 영성을 추구한다 해도 출발선상으로 돌아가 하나님과 깊이 사귀며 그분의 말씀으로 시작하지 않는다면 하나님과 전혀 상관없는 영성을 실천하게 될 것입니다."

'새로운 믿음의 출발선상으로 돌아가자!'

더 있다

진정한 기독교 영성은
사람들이 자신에 대한 관심을 떨쳐버리고
자기가 아닌 다른 존재, 즉 예수님께
그 관심의 초점을 맞추는 것입니다.

지금 한국교회에 가장 필요한 명제가 아닐 수 없다. 우리를 형성했던 그 믿음의 원형을 찾아야 한다. 출발선상으로 돌아가 믿음을 다지지 않는다면 우리가 이루는 그 어떤 것도 공허해질 것이다.

그에게 물었다.

"어떻게 해야 예수 그리스도의 말씀대로 살 수 있습니까?"

피터슨 목사는 마가복음 8장 34절을 대답으로 주었다.

"누구든지 나를 따라오려거든 자기를 부인하고 자기 십자가를 지고 나를 따를 것이니라."

그는 크리스천이 영성의 삶을 살기 위해서는 하나님의 말씀을 듣는 훈련을 해야 한다고 지적했다.

"우리는 하나님이 말씀하시는 것을 들어야 합니다. 귀를 기울여 말씀을 듣는 것이 바로 영성입니다. 진정한 기독교 영성은 하나님께서 우리를 부르시고, 치료하시고, 용서하신다는 것을 들음으로써 시작됩니다."

하나님이 우리를 부르신다!

그분은 우리를 치료하신다!

또한 우리를 용서하신다!

그 길 속에 있다

피터슨 목사는 특히 이 시대 크리스천이 추구해야 할 덕목은 '거룩함'이라고 강조했다. 그는 비록 세속주의가 문화를 정복하고 있지만 여전히 이 땅은 거룩한 곳이라고 말했다. 하나님께서 변함없이 구원과 창조

속에서 임재하시기 때문에 우리가 거하고 있는 곳이 아무리 부조리해 보일지라도 거룩하다는 것이다.

그는 하나님의 말씀은 능력이 있어 반드시 어떤 일들을 생겨나게 한다고 말했다. 그래서 말씀을 들을 때 피조물인 우리가 취할 자세는 순종이라는 사실도 지적했다.

"하나님의 말씀에 의지해야 합니다. 그분은 우리 속에 무언가가 일어나게 하십니다. 생각해보세요. 성경에 나오는 모든 주요 동사의 형태는 명령형이지 않습니까? 가라, 믿으라, 빛이 있으라 등이지요. 명령형이 의도하는 결과는 순종입니다. 우리는 그 명령에 순종함으로써 하나님께 보다 친밀하게 다가갈 수 있습니다."

자신을 정육점 주인의 아들이라고 소개하면서 피터슨 목사는 진정한 영성은 목회자로서 사역할 때뿐 아니라 돼지고기를 자르면서도 가질 수 있다고 강조했다. 핵심은 하나님과의 만남이다. 매일, 매 순간 새로운 출발선상에서 하나님과 만난다면 누구나 진정한 영성가가 될 수 있다는 것이다.

피터슨 목사는 교수직을 떠나 목회를 처음 시작했을 때 마치 자신이 축구팀 감독이 된 것 같았다고 한다. 교수가 라커룸 안에서 코치를 하는데 비해 목사는 실제로 경기장에 나가 공을 차고 태클을 당한다면서 성도들과 울고 웃으며 함께 뛰었던 목양의 삶이 인생에서 가장 귀한 것이었다고 말했다. 그러면서 자신의 영적 스승이었던 한 수녀에 관해 말했다.

유진 피터슨

"그분은 내가 사람들의 문제보다는 그 사람 내면의 영혼을 볼 수 있도록 도와주었습니다. 나 역시 다른 목회자들과 마찬가지로 한때 '메시아 콤플렉스'가 있었습니다. 위대함을 추구했지요.

그 수녀님이 나의 그런 부분을 고치셨어요. 세상의 크고 위대한 일이 아니라 내면 속의 진정한 위대함을 발견토록 했습니다. 그 분이야말로 저의 스승이셨습니다."

피터슨 목사는 대화 말미에 이 세상 어떤 화려한 일을 하더라도 예수 그리스도가 없는 삶은 무의미하다고 강조했다.

"주 예수 그리스도 없이 우리는 아무것도 아닙니다. 정말 아무것도 아닙니다. 이것을 아는 사람이 복 있는 사람입니다. 우리는 예수님과 함께 예루살렘과 십자가, 부활로 나아갑니다. 그분은 우리의 전부이십니다. 그분에게 인생을 거는 것, 이 얼마나 멋진 일입니까?"

우린 지금 길을 걷고 있다.

어디로 가는 길인가?

우리가 한때 무한한 기쁨으로 뛰어 놀았던 에덴의 길, 아버지께로 가는 길, 귀향의 길이다.

우리는 모두 그 길 속에 있다.

"당신은 하나님의 계시의 땅에 굳게 뿌리를 박은 채 하나님의 말씀을 듣고 하나님께 응답함으로써 마치 하나님의 토라_{율법}처럼 가지에 열매가 주렁주렁 달린 나무와 같은 삶을 살겠는가? 아니면, 하나님은 안중에도 없이 그냥 수다와 잡담만 있는 공허한 삶을 살면서 마치 바람 부는 대로 정처 없이 굴러다니는 낙엽처럼, 응집력 없는 무의미한 음절들의 집합으로 축소되는 삶을 살겠는가? 당신의 길을 선택하라!"

_유진 피터슨의《그 길을 걸으라》중에서

유진 피터슨

내 인생 가운데 더 위대한 것이 일어날 것이라는 사실을 언제나 잊지 마세요. 매일 위대한 선택을 하십시오. 하나님을 더 얻기 위한 선택이야말로 인류에게 제시된 가장 위대한 것입니다.

Bill Johnson

빌 존슨

1951년생. 4대를 이어 내려온 목회자 집안에서 태어나 캘리포니아주 레딩시 베델교회 담임목사가 되었다. 아내 베니와의 슬하에 에릭, 브라이언, 레아 세 명의 자녀를 비롯해 그들의 배우자들까지 모두 전임 사역자로 헌신했다. 저서로 《하늘이 땅을 침노할 때》《기적의 삶에 다가 가라》 등이 있다.

크리스천은 불가능이 가능한 세계로 초청받은 사람입니다

6년 전 재키 서튼이라는 미국인 여 선교사를 만났다. 미국 샌프란시스코 인근 산타크루즈에 살고 있던 그녀는 사랑과 열정이 넘치는 선교사였다. 남편과 세 자녀들과 행복한 삶을 살고 있던 그녀는 어느 날, 기도 가운데 한국을 향한 하나님의 마음을 갖게 됐다. 그녀를 만난 이후 우리는 가족끼리 지속적인 만남을 가졌고, 어느덧 누구보다도 친숙한 관계가 되었다. 하나님이 함께하신 만남 속에서 우리 가족은 그녀를 통해 많은 은혜를 체험했다. 처음 만났을 때에 재키는 나에게 말했다.

"저스틴(나의 영어 이름이다), 너는 반드시 레딩을 방문해야 해."

"레딩?"

난 그때까지 레딩이 미국 어디쯤에 붙어 있는지조차 전혀 몰랐다.

"왜 가야 하는데?"

"레딩이라는 시市 전체의 영적 분위기를 보고, 베델교회에 가 보아야 해. 특히 담임목사인 빌 존슨을 꼭 만나야 해."

"빌 존슨이라고? 처음 들어보는 이름이네."

"베델교회뿐 아니라 레딩이라는 한 도시를 변혁시킨 목회자야. 레딩에 가면 어린아이들도 예수님의 기적을 흉내 내며 기도하는 모습을 쉽게 볼 수 있어. 베델교회에서는 현대판 사도행전의 역사가 끊임없이 일어나고 있지. 병든 자가 치유되는 것은 기본이야. 모두가 기적이 상식이 되는 삶을 추구하며 살고 있어. 아무튼 한번 가봐야 해. 많은 일이 일어날 거야."

예수님이야말로 완벽한 신학

이후 나는 빌 존슨(Bill Johnson, 1951년생) 목사와 관련한 도서를 찾아보았다. 《하늘이 땅을 침노할 때When Heaven Invades Earth》, 《기적의 삶에 다가가라The Supernatural Power of a Transformed Mind》 등 그가 쓴 책들이 시중에 나와 있었다.

'음…. 장풍 계열이군.'

나는 언제부터인가 은사주의자들을 '장풍 계열'이라고 불렀다. 거기에는 좋은 의미도, 나쁜 의미도 있다. 소위 '복음주의권'의 입장에서 보면 그들은 요란하고, 언뜻 보면 신비적이기도 하다. 장풍을 쏘듯, 하늘이 준 은사를 발휘한다. 그러나 이 세상과의 연관성relevance은 약하다. 복음주의의 가치에 대한 깊은 이해가 부족하다. 사회정의에는 별 관심이 없어 보인다. 은사를 사모하는 그들은 언제나 몰려다닌다. 이 집회에 갔다가, 저 집회에 간다.

한동안 재키의 말을 잊어버리고 있었다. 그러다 2010년 초 빌 존슨 목사가 한국에 와서 집회를 한다는 소식을 접했다. "너는 빌 존슨을 만나야 해"라고 하던 재키의 말이 다시 기억났다. 주최 측에 요청해 인터뷰 시간을 잡았다. 만나보니 매우 부드러운 모습의 목회자였다.

올해로 60세인 그는 5대째 목회자 집안이다. 모태에서부터 믿음은 그의 삶의 주축이었다. 1971년 베델교회Bethel Church를 담임하던 부친은 에스겔서 44장 메시지를 전하면서 이렇게 말했다.

"하나님께 대한 사역과 사람에 대한 사역에는 차이가 있다."

그러면서 하나님께 대한 사역이 무엇보다 가장 중요하며 그 사역은 목회자뿐 아니라 모든 믿는 자들에게 해당된다고 덧붙였다. 그 말을 들으며 빌 존슨은 깊은 감동을 받고 헌신했다.

"하나님, 이 한 가지를 가르치는 데 내 남은 인생을 드리겠습니다."

목회자가 된 뒤 존슨 목사는 여느 목회자와 같은 일상적 목회를 펼쳤다. 그러나 항상 뭔가가 부족한 느낌이었다.

목회를 하면서 스스로에게 한 가지 질문을 하게 되었다.

"예수님은 3년의 공생애 기간 동안 수많은 기적을 행하셨다. 하나님은 온 우주를 손수 만드셨다. 그분은 크고 광대하시다. 예수님은 바로 그 하나님의 독생자로 우리가 이 생애에서 무엇을 할 수 있을지에 대해서 어떠한 제한도 두지 않으셨다. 나는 예수님의 삶을 이 땅에서 그대로 살아야 하는 크리스천이다. 더구나 나는 영적으로 사람들을 인도하는

목회자 아닌가. 그런데 나의 사역에는 왜 예수님과 같은 기적이 일어나지 않는가?'

성경을 보니 이성을 초월한 초자연적인 하나님의 역사들이 그득했다. 그러다 지성과 이성, 전통 안에서 목회하고 있는 자신을 발견했다. 그는 무언가를 '더' 원했다. 그는 주님의 실제적인 임재를 매일 경험하고 싶었다. 하나님을 더 많이 경험하고, 그분의 임재에 더 깊이 들어갈 수 있다는 사실을 아는 데에서만 만족할 수는 없었다. 평범하게 살 수 없었다. 그분의 풍성한 임재를 경험하고 싶었다. 경험되지 않은 진리는 이론이나 다름없다고 생각했다. 자신은 물론 목양하고 있는 성도들에게도 동일한 경험을 맛보게 하고 싶었다.

신학을 공부하고 목회를 하면서 그는 '예수님이야말로 완벽한 신학 Jesus is the theology'이라는 사실을 머리로 받아들였다. 신자로서 우리가 알아야 할 모든 것은 예수님이 전 생애를 통해 보여주셨다. 그분은 만나는 사람들의 몸과 영혼 모두를 치유하셨다. 그리고 폭풍우를 잠재웠고 귀신을 쫓았으며 심지어는 죽은 자도 살리셨다. 그도 '예수님처럼' 사역하고 싶었다.

"예수님은 가는 곳마다 능력을 행하셨습니다. 이 땅에서 예수님은 인간의 몸으로 강력한 성령의 임재를 누리며 사셨습니다. 우리는 세상 속에서 예수님처럼 살도록 보내심을 받은 사람들입니다. 예수님이 기적을 행하셨다면 우리에게도 기적의 삶이 가능한 것 아닐까. 그것이 저의 근본적인 물음이었습니다."

사모함이 재산이었다. 갈망은 그로 하여금 하나님의 임재에 대한 추구를 멈추지 않게 했다. 전 세계적으로 초자연적인 하나님의 역사가 나타나는 곳을 찾아다녔다. 선명한 하나님의 임재를 경험한 교회를 방문해 겸손한 마음으로 배웠다. 그런 그를 두고 동료 목회자들을 비롯해 교회 성도들까지 한마디씩 충고했다.

"목사님, 표적과 이사異事를 너무 쫓으면 안 됩니다."

"맞아요, 표적과 이사가 자연스럽게 우리에게 찾아와야지요."

그러나 빌 존슨의 생각은 그들과 달랐다.

'그런 이야기는 너무 많이 들었습니다. 이제는 다른 것이 필요합니다. 표적과 이사가 우리를 찾아오지 않는다면 그것들이 우리에게 올 때까지 쫓아야 하지 않을까요.'

그는 진심으로 기적이 상식이 되는 믿음을 사모하여 1995년 8개월 동안 밤낮으로 하나님께 부르짖었다.

"하나님, 정말로 하나님을 원합니다. 어떤 대가를 치르더라도 하나님을 대면하고 싶습니다. 어떤 대가를 치르더라도…."

그해 10월 그는 하나님의 압도적인 임재를 경험했다. 수천 볼트의 전기 충격이 가해진 것 같았다. 그 거역할 수 없는 만남을 통해서 표적과 기사가 따르는 믿음의 사역에 대한 확신이 더욱 커져갔다.

사람들은 여전히 그에게 '정상적인' 목회를 하라고 권했다. 그러나 이미 존슨 목사의 관점은 달라져 있었다.

'과연 정상이라는 건 어떤 상태인가? 무엇이 정상인가?'

그는 하나님의 능력을 추구했고 자신의 목회 인생이 놀라운 기적으로 충만해지기를 기도했다. 그러기 위해 먼저 하나님을 대면하려고 애썼다. 육신적인 순종의 표시로 세상적인 성공의 가치들을 내려놓았다. 교회 성장도 추구하지 않았다. 그 과정에서 하나님이 함께해주시면 모든 것을 얻는 것이요, 함께하지 않으시면 어떤 업적을 이뤄도 헛되다는 사실을 체험했다.

그의 목회 인생에서 기적은 쉽게 오지 않았다. 그러나 그가 육신적인 순종을 하면서 열린 하늘 문을 바라보고 나갔을 때 서서히 기적의 사역이 시작될 수 있었다. 그에 따르면 지금 베델교회는 수많은 기적이 일어나는 현대판 초대교회와 같다. 교회 문을 들어서면서부터 사람들은 새로운 영적 분위기에 젖는다. 치유는 부지기수로 일어나고 있다. 교회당 내 그림을 바라보고 암이 치료된 사람도 있다.

기적의 삶을 가능하게 하는 것은 성령님이셨다. 성령 안에 거하면 권능이 임하고, 순결한 가운데 맑은 삶을 살 수 있었다. 믿음만이 초자연적인 삶으로 우리를 이끌어간다고 존슨 목사는 강조했다. 그가 하나님을 추구하면서 늘 간구했던 말이 있다.

"더 주세요. 더 많이. 주님이 더 필요합니다. 더욱더…."

그는 진실로 하나님께 굶주려 있었다. 자신이 경험한 이상의 것들이 일어날 수 있음을 알았고, 추구했다.

토미 테니Tommy Tenney는 《하나님께 굶주린 예배자》라는 책에서 이렇게 말했다.

"만일 당신이 당신을 초월한 어떤 것, 오늘날 교회에서 들을 수 없는 어떤 것에 대한 소식을 듣기를 갈망한다면 당신은 '하나님께 굶주린 예

빌 존슨

배자'이다. 지금은 바야흐로 '거룩한 불만'을 품을 때이다. 언제부터인 가 나는 '행복하지 않다'라고 말하게 되었다. 나는 소위 평생에 한 번 있을까 말까 한 부흥에 참여했다 하더라도 여전히 행복하지 않다고 말하게 되었다. 그 이유가 무엇인가? 그것은 바로 그 이상의 어떤 일이 일어날 수 있다는 것을 알고 있었기 때문이다. 내가 지금까지 보아왔던 것, 혹은 소망했던 것 이상의 어떤 것이 있음을 알았기 때문이다."

치러야 할 대가

확실히 하나님을 더 추구하는 것에는 대가가 따랐다. 야곱은 주님의 천사와 밤새도록 씨름한 끝에 평생 절름발이가 되었다. 그러나 하나님을 만났다! 예수님의 어머니 마리아도 하나님과 만남 이후 일생 동안 '사생아의 어머니'라는 오명을 안고 살아야 했다. 그러나 그녀는 '예수의 어미'가 되었다!

빌 존슨 역시 하나님을 추구하는 대가를 지불해야 했다. 5대째 이어오던 목회자로서의 품위를 내려놓아야 했다. 사람들의 비난을 감수해야 했다. 교인들의 이탈이라는, 목회자로서는 견디기 힘든 현상도 경험했다. 1996년 베델교회를 담임한 이후 초자연적인 임재를 추구하는 그의 목회 스타일에 부담을 느낀 1000여 명의 성도들이 교회를 떠났다. 새로운 사람들이 찾아왔음에도 불구하고 성도의 떠남은 그에게 견딜 수 없는 아픔과 모욕감을 주었다. 교인 이탈뿐 아니라 대중의 비난도 거셌다. 이런 상황 속에서 하나님을 추구해나가면서 그는 수없이 고민하며 번민의 시간을 보냈다.

'압도적인 임재를 추구함으로 인해 평생 '비非정상적인 목회자'로 살아야 하는가?'

그러나 멈출 수 없었다. 자신이 경험한 그 이상의 어떤 일이 일어날수 있다는 것을 알아버렸기 때문이다. 품위를 버리는 대신 주님을 얻을수 있다면 기꺼이 감수하리라 다짐했다. 교회사를 살펴봐도 대가를 치르지 않은 기독교는 가차 없이 밝혀졌다. 그렇다. 하나님을 만나기 위해모든 것을 버리는 결단. 그것은 최고의 선택이었다.

지금 그는 도전적으로 묻는다.

"당신은 지금 어떤 대가를 지불하십니까? 하나님을 더 얻기 위한 선택이야말로 인류에게 제시된 가장 위대한 결정입니다."

그를 이해하는 데 '예수님이야말로 완벽한 신학神學'이라는 개념은 아주 중요하다. 크리스천의 삶은 예수님을 모델로 삼아야 한다는 것이다. 예수님이 이 땅에서 행한 모든 것은 우리도 할 수 있다는 것이 그가 깨달은 진리다.

"예수님은 삶의 방식을 절제하셨습니다. 하나님의 아들이신 그분은 당연히 하나님처럼 사셔야 했습니다. 그러나 그는 신성神性을 내려놓고 인간으로서 우리 안에 살기로 결정하셨습니다. 사실 예수님이 신성을 동원해서 기적을 행하셨어도 나는 놀랄 것입니다. 그러나 그럴 경우에 나는 감히 예수님을 닮거나 그분 같은 능력을 발휘하려고 하지는 않았을 것입니다. 그분은 신으로서 그 능력을 행하셨으니까요.

빌 존슨

그런데 예수님은 하나님께 의지했지만 완전한 인간으로서 무수한 기적을 행하셨습니다. 그분은 하나님처럼 일하신 것이 아니라 하나님을 철저히 의지하는 한 인간의 모습으로 기적을 행하신 것입니다. 그분은 '내가 한 그대로 본받으면서 살라'고 하셨습니다. 공생애를 마치실 때에 제자들에게도 같은 명령을 내리십니다. '아버지께서 나를 보내신 것 같이 나도 너희를 보내노라'(요 20:21). 그분은 이렇게 말씀하신 것이나 다름없습니다. '나는 너희가 따라 올만한 본보기를 보였다. 내가 한 것을 너희도 할 수 있다.' 예수님이 이 땅에서 살았던 바로 그 삶을 우리도 살 수 있다는 것입니다."

존슨 목사는 성령이 우리에게 임하시면 우리가 순결함 가운데 행할 수 있고 권능 있는 삶도 가능하게 된다고 말한다.

"하나님과 함께라면 불가능은 없습니다. 그런데 우리는 너무 자주 이 사실을 잊어버리는 것 같습니다. 하나님은 우리가 주님이 사셨던 영역의 삶을 누리며 살기 원하십니다. 불가능이 없는 수준의 삶을 주시기 원하신다고요."

'불가능은 없으며 믿는 자들에게는 능치 못할 일이 없다'는 그 믿음이 하나님만이 누릴 수 있는 수준의 초자연적 삶으로 우리를 이끌어갈 수 있다는 설명이다.

그는 우리가 기뻐하는 최고의 정점이 인간적인 노력을 동원해서 성취한 수준에서만 머물러서는 안 된다고 강조했다. 인간의 한계 안에서 이룬 것으로 즐거워하는 것이 인생의 최고 목적이 아니라는 것이다.

"무엇이 당신을 흥분시킵니까? 교회 성장이나 건축, 해외 선교

등 모든 선한 것들로 인해 흥분할 수 있습니다. 그것도 좋은 것입니다. 그러나 예수님처럼 살 때에 우리 수준 이상의 훨씬 위대한 일들을 이룰 수 있다는 꿈을 가져야 합니다. 불가능을 가능케 하는 삶이 신자의 삶입니다."

그에 따르면 신자들은 큰 교회 건물을 세우거나 많은 선교사를 파송하는 것으로 기뻐하는 수준에 머무르면 안 된다. 믿지 않는 사람들도 큰 건물을 지을 수 있고 청년들을 해외에 자원봉사자로 보낼 수 있다. 우리가 진짜 기뻐해야 할 것은 불가능한 상황 속에서 주님 앞에 무릎 꿇었을 때, 그것이 가능하게 되는 것이다.

"우리는 불가능이 가능한 세계로 초청받은 자들입니다. 불가능한 상황 속에서, 아무런 희망이 보이지 않는 상태에서 부흥이 일어날 수 있다는 사실을 믿어야 합니다. 주님이 손을 대시기만 한다면 말입니다. 나는 부흥을 위해 태어난 사람입니다. 부흥을 가져오시는 비범한 하나님의 임재를 매일 경험하고 싶습니다. 내 삶의 기쁨은 불가능한 것이 내 눈앞에서 일어나는 것을 보는 것입니다. 그 도구로 쓰이는 것입니다. 그때, 그분의 능력 앞에 무릎 꿇고 찬양하고 싶습니다. 우리는 그런 삶을 살라고 이 땅에 태어났습니다. 그렇게 살기 위해서는 초자연적인 영역이 어떻게 움직이는가를 배워야 합니다."

크리스천들은 불가능이 가능한 세계로 초청받은 자들이라는 존슨 목사의 이야기를 들으면서 캄캄한 조선 땅에 복음을 전하러 왔던 언더우드(H.G. Underwood, 1859-1916: 조선 최초 장로교 선교사)의 기도문이 생각났다.

빌 존슨

주여! 지금은 아무것도 보이지 않습니다.

주님은 메마르고 가난한 땅,

나무 한 그루 시원하게 자라 오르지 못하고 있는 땅에

저희들을 옮겨와 심으셨습니다.

그 넓고 넓은 태평양을 어떻게 건너왔는지, 그 사실이 기적입니다.

주께서 붙잡아 뚝 떨어뜨려 놓으신 듯한 이곳

지금은 아무것도 보이지 않습니다.

보이는 것은 고집스럽게 얼룩진 어둠뿐입니다.

어둠과 가난과 인습에 묶여 있는 조선 사람뿐입니다.

그들은 왜 묶여 있는지도, 고통이라는 것도 모르고 있습니다.

고통을 벗겨주겠다고 하면 의심하고 화부터 냅니다.

조선 남자들의 속셈이 보이지 않습니다.

이 나라 조정朝廷의 내심도 보이지 않습니다.

가마를 타고 다니는 여자들을 영영 볼 기회가 없으면 어쩌나 합니다.

조선의 마음이 보이지 않습니다.

그리고 저희가 해야 할 일이 보이지 않습니다.

그러나 주님, 순종하겠습니다.

겸손하게 순종할 때 주께서 일을 시작하시고

그 하시는 일을 우리들의 영적인 눈이 볼 수 있는 날이 있을 줄 믿나이다.

"믿음은 바라는 것들의 실상이요 보지 못하는 것들의 증거니"라고

하신 말씀을 따라 조선의 믿음의 앞날을 보게 될 것을 믿습니다.

지금은 우리가 황무지 위에 맨손으로 서 있는 것 같사오나

더 있다

서양귀신, 양귀자洋鬼子라고 손가락질 받고 있사오나

저희들이 우리 영혼과 하나인 것을 깨닫고, 하늘나라의 한 백성

한 자녀임을 알고 눈물로 기뻐할 날이 있음을 믿나이다.

지금은 예배드릴 예배당도 없고 학교도 없고

그저 경계의 의심과 멸시와 천대함이 가득한 곳이지만

이곳이 머지않아 은총의 땅이 되리라는 것을 믿습니다.

주여! 오직 제 믿음을 붙잡아주소서!

"도무지 희망이 보이지 않습니다"라고 한탄했던 언더우드. 그가 만일 한탄 가운데 절망하고 이 땅을 떠나갔다면 그로 인한 어떤 역사도 일어나지 않았을 것이다. 물론 구원의 역사는 그가 아닌 다른 사람의 손에 의해서 이뤄질 수 있겠지만 적어도 언더우드 선교사로 인해서는 아무런 일도 일어나지 않았을 것이다. 그러나 그는 불가능한 상황 속에서, 아무런 희망이 보이지 않는 상태에서 부흥이 일어날 수 있다는 사실을 믿었다. 주님이 손을 대시기만 하면 캄캄한 조선 땅에도 놀라운 영적 돌파가 일어날 것임을 믿음의 눈을 통해서 보았다. 그것이 언더우드 선교사의 믿음이었다.

나는 언더우드 선교사의 믿음과 빌 존슨 목사의 믿음이 다르다고 생각하지 않는다. 교단과 교파는 다르지만 둘 다 하나님의 초자연적인 능력을 믿었다! 둘 다 자신의 양식은 하나님의 뜻을 행하는 것이라고 믿었다. 하나님의 뜻을 행할 때에 모든 영양과 능력이 공급된다는 사실을 확신했다.

하나님과 함께라면 불가능은 없습니다.
그런데 우리는 너무 자주
이 사실을 잊어버리는 것 같습니다.

그럼 어떻게 초자연적인 영역으로 들어갈 수 있는가.

존슨 목사는 일단 육신적으로 순종하는 것이 필요하다고 말했다. 육신적 순종이 초자연적 세계의 문을 열어놓는다는 것이다. 그에 의하면 성찬식은 단순히 빵과 포도주를 먹는 것이 아니다. 믿음으로 먹는 그 육신적 순종 행위가 우리 삶에 초자연적인 결과를 부어준다. 믿음과 순종의 상호작용이 어떻게 일어나는가를 배우는 것이 중요하다.

"내 자신에게 초자연적인 기적이 언제나 일어날 수 있다는 가능성을 믿는 것이 중요합니다. 그리고 스스로가 기적의 도구가 될 수 있다는 것을 인식해야 합니다. 하나님은 누구나 사용하신다는 사실을 믿어야 합니다. 저는 5대째 목사인데도 어떤 기적도 행하지 못하던 시절이 있었습니다. 하나님은 기적을 특별한 사람에게만 허락해주신다고 여겼거든요. 그런데 어느 순간부터 나도 그런 주님이 행한 기적을 이 땅에서 행하고 싶은 열망이 생겼습니다. 그래서 부르짖었습니다. 기적을 행하는 사람들과 만나고 싶었고, 주위에 기름부음을 받은 사람이 있으면 누구를 막론하고 기도를 받았습니다. 강력한 치유의 기름부으심이 있는 분들을 존중했습니다.

그러자 저에게도 서서히 기적을 경험할 기회가 왔습니다. 처음에는 6개월에 한 건 정도의 작은 기적을 경험했습니다. 그러다 점차 빈도수가 증가했습니다. 이제는 매일 기적을 경험합니다. 사람들에게 믿음으로 다가가기 위해서는 위험을 감수해야 합니다. 실패할 수도 있다는 위험, 받아들여지지 않을 수 있는 위험, 그런 위험을 감수할 때에 역사가 일어납니다. 사람들을 위해서 기꺼이 위험을 감수하려는 믿음이 필요하지요. 지금 우리 베델교회에서는 어른과 아이 할 것 없이 모든 신자들이 그런 삶을 생활화하고 있습니다. 주위에 병든 자를 보면 서로 달려가 기도해줍니다."

열린 하늘 문 아래 살다

존슨 목사는 이 세상에는 두 종류의 사람이 있다고 말했다. 바로 '열린 하늘 문'을 경험하며 사는 사람과 '닫힌 하늘 문' 아래에 머무는 사람이다.

"크리스천들이라면 모두가 '열린 하늘 문' 아래에서 살아야 합니다. 많은 사람들이 하늘 문은 닫혔다고 말합니다. 닫힌 하늘 문 아래에 사는 사람들은 열린 하늘 문을 경험한 사람들의 이야기를 거짓말이라고 합니다. 비실제적이라고 깎아내립니다. 그런데 그것이야말로 거짓말입니다. 그런 거짓말을 믿으면 거짓말의 영이 강화됩니다. 닫힌 하늘 문 아래에 사는 사람들의 거짓말에 속지 말아야 합니다. 그들은 믿는 사람들의 무제한적인 능력을 애써 제한시켜버리는 사람들입니다."

'열린 하늘 문'에 대해서 이야기하면서 그는 천사를 언급했다. 천사는 분명히 실재한다고 말했다. 그는 천사를 숭배하는 것은 어리석은 일이지만, 그렇다고 천사를 무시하는 것은 더욱 어리석은 일이라고 말한다.

"천사는 나와 당신이 기적의 삶을 살고, 믿음의 행위를 하도록 파송된 존재입니다. 우리가 이 땅에서 어떻게 사는가가 저 위의 초자연적 삶과 끈처럼 연결되어 있습니다. 성경에는 천사들이 예수님을 시중든다는 구절이 여러 번 나옵니다. 하나님 아들도 천사의 시중을 받아야 됐다면 우리는 더욱더 받아야 합니다. 크리스천이 꼭 믿어야 할 사실은 하늘이 열렸다는 것입니다. 그래서 천사들이 언제라도 우리의 시중을 들기 위해 대기 상태에 있다는 것을 믿어야 합니다. 이 땅에서 믿음의 행위를 할 때에 천사들이 시중들기 위해 내려옵니다. 교회는 그것을 깨닫게 해주는 교육을 해야 합니다."

균형에 대해 질문했다. 사실 이런 '능력사역'을 펼치는 사람들에게 믿음과 삶, 사회적 참여 등에 대한 균형이 결여되어 있는 경우가 많다. '열린 하늘 문'과 '천사'를 경험하는 사람들에게는 '사회정의'란 너무나 작은 영역의 이슈라고 생각할지 모른다.

이에 대해 존슨 목사는 단호히 말했다.

"균형? 균형이라고요? 물론 균형 감각은 중요합니다. 그러나 균형에 대한 이야기는 열린 하늘 문을 본 사람들만이 진정으로 할 수 있습니다."

듣고 보니 고개가 끄덕여졌다. '열린 하늘 문'이 실재한다면 균형은 하늘 문이 열렸다는 사실을 경험한 사람만이 할 수 있는 것이리라.

존슨 목사의 꿈은 하나님 임재의 경험이 목회자에서 그치는 것이 아니라 교회 공동체 모두에게 미치는 것이다. 그래서 목회자와 더불어 모든 성도들이 예수님이 행했던 그 일을 '오늘 이 시간에, 이 자리에서' 행하는 것이다. 그래서 이 땅의 어떤 사람들도 교회에 들어서기만 하면 하나님 임재의 황홀함을 맛볼 수 있도록 하는 것이다. 그러나 모든 성도들을 '예수님처럼' 만들기란 결코 쉽지 않다. 존슨 목사는 성령을 갈망하

빌 존슨

는 성도들을 훈련시키면 목회자의 손에서만 기적이 일어나는 것이 아니라 교회 전체에서 기적이 일어난다고 주장했다.

"기적의 삶을 경험한 목회자들은 대개 모든 성도들에게 기적의 삶을 설득하려고 합니다. 그러나 모든 성도들을 설득하는 것은 어렵습니다. 단지 예수님이 했던 것들을 설교하면 됩니다. 영적인 이야기를 했을 때 불타는 눈으로 목사의 눈을 쫓는 사람이 있습니다. 그런 사람은 '하나님을 쫓는 사람God chaser'입니다. 영적 갈망이 있는 사람입니다. 목사는 그들과 함께 사역하는 것입니다. 그들을 훈련시켜야 합니다. 그때 목회자에게서만 기적이 일어나는 것이 아니라 소수일지라도 그런 갈망이 있는 자들을 통해서도 기적이 일어납니다. 일단 발동이 걸리기만 하면 됩니다. 갈망하는 성도들에 의해서 교회가 운영되면 누구도 막을 수 없는 영적 물결이 교회 내에 일어나게 됩니다."

그는 교회 성도 수의 많고 적음이 아니라 성령의 도래를 인식하는 한 사람을 찾는 것이 중요하다고 말했다. 수천 명이 함께 기도하더라도 성령의 임재를 느끼는 사람은 한 명에 머물 수도 있다고 언급했다. 그런데 그 한 명 때문에 수천 명이 다시 성령의 임재를 경험하게 된다는 것이다.

"성령은 전염성이 있습니다. 성령에 사로잡힌 한 사람은 더 많은 사람들에게 자신의 영적 열정을 전염시킵니다. 이런 사람들은 하나님과 예수 그리스도, 성령님을 전하지 않고는 견딜 수 없게 되는 것이지요. 전도하지 말라고 해도 전도합니다. 목회자는 그런 사람들과 함께 일하면 됩니다."

수많은 사람들이 하나님의 뜻을 찾기 위해서 존슨 목사를 방문한다. 선교 열정에 가득 찬 교수가 선교사로 나갈까, 아니면 학교에 그냥 남아 있을까에 대해서 물어본다. 결혼 적령기의 남녀들은 상대방이 자신과 맞는 배우자인지를 물어본다. 그럴 때마다 존슨 목사는 말한다.

"마음 가는대로 하세요. 선교사로 가고 싶으면 가세요. 학교에 남아도 좋습니다. 끌리는 사람과 결혼해야지요."

그러고는 한마디를 더 한다.

"대신 어디에 있든지 예수님처럼 사세요. 그분처럼 병든 자를 치유하고 마음이 상한 자를 위로하며 귀신을 내쫓고 죽은 자를 살리세요. 그러면 됩니다. 그것이 우리의 기본 소명입니다."

존슨 목사에 따르면 우리 모두가 지닌 공통 소명은 바로 예수님처럼 되는 것이다. 그분처럼 삶에서 위로부터 오는 능력을 발휘하는 것이다. 기본 소명만 확실히 한다면 어떤 일을 하더라도 상관이 없다. 하나님의 사람들은 죽어가는 이 세상에 하나님의 통치를 보여주어야 하는데 그것은 일상의 모든 직업을 통해서 나타날 수 있다고 언급했다. 크리스천들이 기본 소명을 확고히 하고 이 땅을 살아갈 경우에는 도시를 청소하는 청소부들도 하나님의 뜻을 통과하게 하는 위대한 사역자가 되는 것이라고 말했다.

"우리 인생에서 가장 중요한 것은 하나님을 알고, 그 하나님을 사랑하는 것입니다. 우리는 능력이 아니라 은혜로 살아가는 사람들입니다. 하나님의 은혜는 인생에서 가장 중요한 그 두 사실을 마음으로 믿고 실제 행하는 사람에게 임합니다. 그 하나님의 은혜가 신자로서 우리의 정체

빌 존슨

성을 확증해주는 것이지요. 그 은혜가 있으면 우리의 능력에 '더 좋은 것'이 덧입혀지기 때문에 이 땅에서 현실을 초월한 능력의 삶을 살 수 있게 되는 것입니다. 그런 사람들을 하나님이 알아주십니다. 하나님을 아는 것, 그분을 사랑하는 것, 그리고 하나님이 알아주시는 것은 모두 연관되어 있습니다."

존슨 목사는 하나님 앞에서 언제나 "예스Yes"의 삶을 살라고 당부했다. 하나님이 말씀하신 어떤 것들도 우리 삶에서 이뤄질 것이라는 확신은 작은 일에서부터 "예"라고 응답하는 데서 시작된다는 것이다. 그는 신자들은 파격적인 순종을 해야 한다고 강조했다.

"아브라함은 급진적인 순종을 한 사람입니다. 그럼으로써 믿음을 보였고 결국 믿음의 조상이 되었습니다. 그 파격적인 순종은 아브라함의 인생에 하나님의 은혜가 임할 자리를 마련해주는 토대가 되었습니다. 파격적인 순종을 하는 사람들은 하나님이 말씀하신 것을 그분이 말씀하지 않은 것보다 언제나 우선순위에 둡니다. 결코 재지 않습니다. '예'라고 응답하는 것은 더는 이전의 환경에 머무르지 않겠다고 선언하는 것입니다. 그 환경이 아무리 뛰어나고, 안온하다 할지라도 파격적으로 떠날 수 있게 되는 것이지요. 그런 사람들에게 은혜가 임합니다. 하나님의 은혜는 우리 인생에서 능력으로도 나타납니다. 성경을 자세히 살펴보세요. 믿음의 사람들은 하나도 예외 없이 급진적이고 파격적인 순종을 한 사람들입니다."

빌 존슨 목사의 절절한 하나님 임재에 대한 이야기를 들으면서 한국의 종교사회학자인 실천신학대학교의 은준관 총장의 말이 생각났다. 은 총장은 한국교회는 현재 '교회 성장 이후기'를 맞이했다고 진단한다. 그러면서 이 시기의 한국교회가 당면한 최대 위기는 하나님의 임재하심과 성도 각 개인의 만남이라는 가장 원초적인 신앙의 채널이 깨어졌다는 데 있다고 했다. 하나님 임재에 대한 사모함이 종교성으로 대체되어 버렸다는 것이다. 그는 이 같은 현실을 타개하기 위해 목사는 하나님과 성도들을 만나게 해주는 종말론적인 채널이 되어야 한다고 강조했다.

빌 존슨 목사도 종교성에 대해서 가차 없는 비판을 했다. 종교가 복음을 대체해버렸다고 질타했다. 그에 따르면 종교는 충족될 수 없는 욕구를 만들어내며 능력 없는 형식, 경험 없는 정보에 대한 가치를 수반한다. 종교는 마음의 문제보다 외면에 드러나는 것을 중시하기에 실제 하나님을 경험할 기회를 주지 않는다. 그래서 종교는 따분하며 무력하고, 때론 잔인하다.

종교성을 탈피하고 진정한 하나님과의 만남을 추구하지 않는 한 결코 부흥은 오지 않는다는 주장은 빌 존슨 목사나 은준관 총장이나 동일했다. 둘은 인간이 만든 인위적인 대체물에 하나님나라의 이상理想을 결코 희생시켜서는 안 된다는 사실도 강조했다.

나는 한국교회가 빌 존슨 목사에 대해서 좀 더 깊이 알기를 소망한다. 우리 각자가 처한 교단과 교파적인 입장에 따라 차이도 있을 것이다. 그러나 그 차이를 뛰어넘어 지금 어려움을 겪고 있는 한국교회가 존슨 목사의 목회와 사역 철학을 통해서 하나님 임재와 부흥에 대한 열정 등 배울 점이 충분히 있다고 생각한다.

처음 만남에서 인터뷰를 마친 존슨 목사는 자신의 책을 내게 주면서 사인과 함께 가장 좋아하는 성경구절을 적어주었다.

"Arise, shine, for your light has come, and the glory of the LORD rises upon you."

"일어나라 빛을 발하라 이는 네 빛이 이르렀고 여호와의 영광이 그 위에 임하였느니라."

나는 놀랐다. 이사야서 60장 1절 말씀은 내 인생의 구절이기도 했기 때문이다.

첫 번째 만남 이후 나는 존슨 목사를 몇 차례 더 만나서 인터뷰도 하고 교제도 했다. 2011년 가을에는 베델교회에서 열린 컨퍼런스에 참여했다. 재키 선교사가 "저스틴, 너 레딩에 가 봐야 해"라고 말한 지 5년 만에 이뤄진 일이다. 베델교회의 컨퍼런스는 나로 하여금 존슨 목사와 인터뷰했던 내용들을 더 깊이 확인하게 해주었다. 대부분 나의 문화적, 경험적, 사회적 환경에 비춰 충분히 받아들일 수 있는 내용이었다. 물론 받아들이기 힘든 부분도 일부 있었지만 그런 것들은 한국 내 각 교회를 다니면서도 느낄 수 있는 차이 정도였다. 그런 다름의 부분에 대해서는 판단을 유보한다. 각자의 경험을 통해서 얻어지고, 버려지는 것들이 있을 터이다.

존슨 목사는 여러 차례 모든 크리스천들은 열린 하늘 문 밑에서 살아야 한다고 강조했다. 반드시 강 이편(세상)에서 저편(천국의 영역)으로 넘어가야 한다고 말했다. 그의 이 말은 누구에게나 해당된다.

"하늘 문은 열려 있습니다. 열린 하늘 문을 사모하세요. 하나님을 추구하십시오. 강 건너편에는 하나님이 준비해두신 더 좋은 것들이 널려 있습니다. 작은 것에 안주하지 마십시오. 강을 건너세요. 파격적인 순종을 하세요. 그 강을 건너는 순간, 하늘 문이 열려 있다는 사실을 깨달을 것입니다. 하나님을 더 추구하십시오. 그분을 더 원하시라고요. 내 인생 가운데 더 위대한 것이 일어날 것이라는 사실을 언제나 잊지 마세요. 매일 위대한 선택을 하십시오. 하나님을 더 얻기 위한 선택이야말로 인류에게 제시된 가장 위대한 것입니다. 그분의 가치에 버금갈 것은 아무것도 없기 때문입니다."

빌 존슨

—

저는 예수님이 나를 사랑했던 그 사랑으로 사람들을
사랑할 수만 있다면 이 땅 모든 사람들이 교회로 돌아
올 것이라고 확신합니다. 진짜 사랑을 줘보세요. 그들
이 정말로 받고 싶은 것은 진짜 사랑입니다.

—

Min Ah Lee

이민아

1959년생. 이화여자대학교 영어영문학과를 졸업하고 결혼과 함께 미국으로 갔다. 미국 해스팅스로스쿨에서 학위 및 변호사 자격을 취득하고, 1989년부터 2002년까지 LA 지역 검사를 역임했다. 1992년 세례를 받은 후 신앙 생활을 시작했고, 2009년 목사 안수(Resurrection and Life ministries)를 받고 미국 각 주와 오스트레일리아, 푸에르토리코, 아프리카, 중국 등을 돌며 열정적으로 하나님의 말씀을 증거하다 2012년 3월 15일 하나님의 품에 안겼다. 저서로 《땅끝의 아이들》 《땅에서 하늘처럼》 등이 있다.

땅에서
하늘처럼 사세요

이민아 목사는 '단군 이래의 재인才人'으로 불리던 이어령 전 문화부 장관과 강인숙 전 건국대 교수 사이에서 태어났다. 두 지성의 결합으로 세상에 나온 그녀는 어린 시절부터 탁월했다. 예뻤고 공부도 잘했다. 누가 봐도 행복한 아이였다. 이화여대 영문과를 조기 졸업하고 결혼과 함께 미국으로 건너간 그녀는 1989년부터 2002년까지 미국 LA 지역 검사를 역임했던 능력 있는 여성이었다.

그러나 그녀의 인생 여정이 평탄한 것만은 아니었다. 김한길 전 국회의원과의 이혼, 암 투병, 실명, 첫 아이의 사망 등 파란만장한 삶을 산 여성이기도 하다. 1992년 세례를 받은 그녀는 2009년에 안수를 받아 목사가 되었다. 미국과 한국은 물론 호주와 아프리카, 중국 등 전 세계를 다니면서 복음을 전했다.

2011년 8월 12일 나는 그녀를 처음 만났고, 2012년 3월 15일 이 땅에서 영원히 헤어졌다. 사실 난 10여 년 전부터 그녀에 대한 이야기를 듣고 만나기를 희망했다. 그 대단한 '이어령의 딸'에 '김한길의 여인'이었던 이민아 변호사는 누구라도 관심을 가질 만한 화제의 인물이었다.

그러나 만나지는 못했다. 시간은 흘렀다.

만날 사람은 결국 만난다

2007년 7월 24일 그녀의 부친 이어령 전 문화부장관이 도쿄 프린스파크호텔에서 세례를 받았다. 신념 있는 무신론자에서 '영성으로'의 발걸음을 내딛은 이 전 장관의 세례 소식은 큰 화제가 됐다. 나는 다음 날 이 전 장관을 인터뷰했다. 당시 이민아 변호사도 현장에 있었으나 만나지는 못했다. 시간은 또 흘렀다.

2011년 8월 12일, 나는 그녀가 입원해 있는 서울대병원을 찾았다. 그녀의 첫 책 《땅끝의 아이들》 저자 인터뷰를 가지기 위해서였다. 그런데 동행한 소설가이자 출판사 편집장 김도언 씨의 이야기는 뜻밖이었다.

"저, 이 목사님 몸 상태가 아주 안 좋습니다. 사실 시한부 판정을 받았습니다."

"아니, 시한부 판정이라니요?"

"암에 걸리셨어요. 병원에서는 항암 치료를 받으면 6개월, 받지 않으면 3개월밖에 살지 못한다고 했답니다."

"아, 네…."

이민아

병실로 올라가니 이 목사가 보이지 않았다. 어머니와 잠시 바람을 쐬러 나갔다고 했다. 잠시 후 두 사람이 들어왔다. 이 목사는 환자복을 입고 있었다. 머리칼은 다소 어수선했지만 밝은 표정이었다.

"반가워요. 이런 모습으로 만나서 미안해요."

드디어 만났다. 그녀를 만나기 위해서 10여 년을 기다렸던 터였다.

'만날 만한 사람은 결국 만난다!'

요즘 자주 깨닫게 되는 진리다. 결국 만날 사람은 만나게 해주심을 안 이후 만남에 대해서 안달하지 않게 됐다. 그녀뿐만 아니라 만났던 많은 사람들이 나중에 생각하면 '만날 만한 사람'이었다. 이민아 목사는 정말 '만나야 했던' 사람이었다. 나뿐 아니라 우리 모두가. 이후 6개월 남짓 나는 '이민아'라는 여인에 '중독'되다시피 했다. 나뿐만 아니라 이 땅의 수많은 크리스천들, 아니 일반인들까지 그녀를 주목했다.

병실에서 그녀와 사랑에 대해 이야기했다. 내가 물었다.

"도대체 사랑이 무엇입니까? 어떻게 사랑의 사람이 될 수 있나요?"

이 목사는 단호히 말했다.

"사랑은 하나님에게서 옵니다. 그분을 알고 사랑할 때만 우리는 사랑의 사람이 될 수 있습니다."

부모와의 사랑, 한 남자와의 지독한 사랑에도 불구하고 그는 언제나 공허했다고 한다.

"늘 외로웠어요. 사랑은 상처가 됐습니다. 내가 누구인지 모르는 정체성의 위기 속에 자살 충동도 느꼈습니다. 그러다 하나님을 만났어요.

더 있다

나를 향한 하나님의 특별한 사랑을 알면서 상처들이 사라졌습니다. 사실 하나님을 만나지 못한 사람들 모두가 '땅끝의 아이들'입니다. 그 아이들에게 필요한 것은 오직 하나님의 사랑뿐입니다."

하나님을 만난 이후 겸손과 용서하는 마음을 갖게 됐다는 그녀는 오랜 세월 동안 '하나님 닮는 축복을 누리게 해달라'고 기도했다고 한다. 겸손과 온유, 용서하는 마음이야말로 하나님 닮은 사람의 특징이었다. 인생에서 용서할 수 없는 몇 사람이 있었다. 아무리 노력해도 용서의 마음이 들지 않는 사람들, 그들을 결국 용서할 수 있었던 것은 아버지 사랑을 알고부터였다.

그녀는 사랑하면 인간이 할 수 없는 희생을 할 수 있다고 말했다. 순교의 비밀도 사랑에 있다고 했다. 그녀에 따르면 순교는 죽는 순간에 일어나는 것이 아니라 예수님이 우리 신앙 여정에서 물어보는 질문에 "네"라고 대답하는 순간 이뤄진다.

이혼과 질병, 첫 아들을 잃는 극한 슬픔 속에서도 그녀는 믿음을 버리지 않았다. '하나님은 선하시다'는 확고한 신념이 없으면 어려운 일이었다. 인생에는 도저히 이해할 수 없는 회색지대가 있지만 하나님은 결국 '재 대신 화관을, 슬픔 대신 희락을 주시는' 선하신 분이라는 확신이 그녀를 감쌌다.

'모든 것을 잃어도 하늘 아버지 이름만 잃지 않으면 모든 것을 얻은 자'라는 것과 '모든 것을 가졌어도 아버지 이름을 잃었다면 모든 것을 상실한 자'라는 확고한 믿음이 있었다. 그것이 병중에서도 그녀가 기쁨과 희락의 새 노래를 부를 수 있었던 비결이었다.

이민아

어떻게 그런 확고한 믿음을 가질 수 있는지 궁금했다.

"예수님처럼 불속과 물속을 지나가는 죽음의 체험이 필요합니다. 그 돌아섬, 절절한 터닝turning의 체험이 없으면 도저히 하나님을 만날 수도, 그 음성을 들을 수도 없습니다. 죽음 없이, 십자가의 돌아섬 없이 예수님을 믿고 따를 수 있다는 것은 착각입니다."

'절절한 터닝, 불속과 물속을 지나가는 죽음의 체험…. 그 터닝의 체험이 없다면 하나님을 만날 수 없다.' 무서운 말이었다.

대화를 나누면서 난 이 목사가 확실히 믿음의 강을 건넌 사람이라고 확신했다. 강을 건넌 사람에게는 두려움이 없다. 건너버렸기 때문이다. 특히 믿음의 강을 건넌 사람들에게는 이 세상 어떤 것도 하나님의 사랑에서 자신을 떨어지게 할 수 없다는 확고함이 있다. 병상에서 그녀는 거듭 말했다.

"하나님은 사랑이십니다. 우리 인생에서 그분의 사랑보다 더 큰 기적은 없습니다."

그것이 나와 그녀의 첫 번째 만남이었다.

이 목사는 죽음 따위는 전혀 아랑곳하지 않는다는 자세였다. 의사의 처방을 따르지 않는 것 같았다.

"하나님의 기적을 믿든지, 의사를 믿든지 둘 중 하나만 해야겠어요. 왔다 갔다 하니 몸이 더 안 좋아지는 것 같습니다."

말기 암 환자가 의사보다 하나님을 더 신뢰하겠다는 태도에 주위 사람들이 불안해했다. 나 또한 그랬다. 그러나 예수 그리스도야말로 '최고의 의사'가 아닌가. 우린 너무나 자주 그 사실을 잊고 산다. 그녀는 의사보다는 하나님을 믿기로 한 듯, 나와 만난 직후 병원에서 퇴원했다.

병원에서는 시한부 판정을 내렸지만 그녀는 굴하지 않았다. 하나님이 분명히 치유해주실 것이라는 확신을 가졌다. 과감하게 간증을 하러 다녔다. 가는 곳마다 회복과 부흥의 역사가 일어났다. 특별히 서울 서초동 사랑의교회 특별새벽집회에서는 그녀의 간증을 듣기 위해 새벽 2시 30분부터 사람들이 몰렸다.

그날 저녁에 이 목사와 통화를 했다. 이 목사가 말했다.

"집회는 정말 감격적이었습니다. 하나님께서 함께해주셨어요. 집회를 마치고 만난 한 권사님의 말이 귀에서 떠나지 않습니다. '확실히 하나님이 지금 이 목사님을 쓰고 계십니다. 만일 당신이 스스로를 일회용 컵이라고 생각하면 계속 쓰임받을 것이고, 잠시 교만해서 스스로를 그럴듯한 그릇으로 여기면 쓰임받는 것이 그쳐질 것입니다.' 그 말을 듣고 어떤 일이 있더라도 교만해서는 안 되겠다는 다짐을 했습니다."

'일회용 컵'에 불과하다는 겸손함.

깊은 여운이 남는 말이었다.

이후 이 목사와 자주 통화를 했다. 그러다 귀국해서 잠시 살고 있는 서울 평창동 집으로 와서 이야기하자고 했다. 2011년 9월 20일, 평창동 집을 방문하여 긴 시간 대화를 나눴다. 그녀는 건강해 보였다. 정말 회복되고 있다는 생각을 했다. 그녀는 만나자마자 '하나님은 선하시다'라고 하면서 영어로 "He is good all the time…"이라고 몇 차례나 말했다.

"저, 아주 건강해 보이지 않나요? 많이 좋아졌어요."

이민아

"네, 정말 건강해 보이시네요."

"사람들은 고난과 질병, 고통에는 하나님의 뜻이 있다고 생각합니다. 그러나 저는 절대로 그런 것들이 하나님에게서 온다고 생각하지 않습니다. 하나님은 좋으신 분입니다. 그분에게는 회전하는 것도, 어두운 것도 일절 없습니다."

아니, 수많은 목회자들이 "고통에는 뜻이 있다"고 말하지 않았던가. 사랑의교회를 세운 고故 옥한흠 목사가 생각났다. 《고통에는 뜻이 있다》라는 책을 쓴 옥 목사는 고통을 내면화한 목회자였다. 그 안에서 하나님의 뜻을 찾았고 그것을 말씀으로 풀어냈다. 수많은 사람들이 옥 목사의 메시지를 듣고 고통 가운데 임하신 하나님의 뜻을 찾았다.

《안식》을 쓴 영성신학자 마르바 던Marva Dawn 캐나다 리젠트대 교수도 "의미 없는 고난은 없다Being well when we're ill"라고 말했다. 던은 한쪽 눈이 보이지 않으며, 두 다리는 각기 다른 이유로 혼자 걸을 수 없을 정도로 불편하다. 어렸을 때 앓은 홍역 바이러스 때문에 45년 동안 당뇨를 앓고 있을 뿐만 아니라 극심한 저혈압에 시달리고 있다. 신장을 이식받은 후로는 정해진 시간에 하루 열한 번 약을 먹어야 했다. 평생 그렇게 심각한 병고를 지고 살아가고 있지만 던은 병중에도 건강하게 살아야 할 이유와 방법을 성경에서 찾았다. 질병과 장애 속에서 온전함과 희망을 바라본 것이다.

그러나 마르바 던 역시 육체의 질병을 견디며 살아가는 이들에게 고난을 주신 하나님의 이유를 제대로 설명해주지는 않고 있다. 그런 의문에 대해서 내가 가장 많이 들었던 대답은 "그것은 아마도 하나님의 신비일 것"이라는 말이었다. 맞는 말이다. 그러나 그 대답은 충분치 않았다는 것이 솔직한 내 심정이었다.

나는 신문 칼럼을 많이 썼다. 좋은 칼럼의 요소 중 하나는 시대 흐름과는 좀 다른 이야기를 해줘야 한다는 것이다. 모든 사람들이 이쪽으로 갈 때에 저쪽을 볼 수 있게 할 사고의 확장을 감행해야 한다. 그래서 사람들로 하여금 '아하!'의 경험을 하게 해야 한다고 배웠다.

모든 사람이 '고통에는 뜻이 있다'고 말할 때에 나는 '정말 그럴까? 혹시 고통에는 뜻이 없지 않을까?'라는 칼럼을 쓰고 싶었다. 그러나 쓰지 못했다. 나 역시 고통에는 뜻이 있다고 생각하기 때문이다. 그렇지 않으면 현재 고통받는 사람들에게 해줄 말이 없었다. 그러나 '과연 그럴까?'라는 생각은 하고 있었다. 그런데 이 목사는 "고통에는 뜻이 없다"는 식의 이야기를 하는 게 아닌가!

"사람들은 자기 체험에 따라서 불완전한 신학을 갖게 되는 것 같아요. 자기 체험에 근거해 하나님을 믿으려 하고 이해하려고 하니 문제가 됩니다. 거꾸로 되어야 합니다. 하나님이 말씀 안에서 계시적으로 깨달아지면 내 인생과 현실을 거기에 맞춰서 (하나님께로) 올라가야 합니다. 하나님을 내 인생과 체험에 맞춰서 끌어내려서는 결코 안 됩니다.

가령 고난이 오면 '하나님이 우리를 성숙하게 하기 위해서 그 고난을 주셨다'고 말하거나 누가 일찍 죽으면 '하나님이 그 사람을 사랑하시기 때문'이라고 위로하는 것말입니다. 아니, 정말 아니에요. 모두 속는 것입니다. 사람들이 자기 체험에 맞게끔 하나님을 만들어 그것을 믿는 것입니다.

이민아

우리 인생에서 기적이 없는 이유는 나는 하나님을 믿는다고 생각하지만 사실은 내 생각의 한계를 벗어나지 못한 상태에서 내가 소화할 수 있는 하나님을 금송아지로 만들어 거기 절하고 있기 때문입니다. 그것이 바로 지적인 종교입니다. 지적인 그리스도인의 생활은 보기에는 참 우아하지요. 그런 분들은 '예수를 믿었더니 언어 습관도 부드러워지고 건강도 좋아지고 아이도 하버드대학교에 들어가더라'라고 말합니다. 많은 사람들이 그런 간증을 원합니다. 그런데 그와 같은 신앙생활을 하는 사람치고 진정한 기적을 만난 사람을 본 적이 없습니다. 사람이 할 수 있는 한계에 하나님을 가둬버렸기 때문입니다."

이 목사는 인간이 만든 하나님, 인간의 한계에 갇힌 하나님은 '내가 할 수 없는 일을 하실 수 없는 하나님'이라고 강조했다.

"이스라엘 백성이 홍해 앞에 섰습니다. 만일 '왼쪽에 길이 있다'고 했다면 모두가 왼쪽으로 갔을 것입니다. 그러나 왼쪽과 오른쪽, 뒤가 모두 막혀 있고 앞에는 바다가 있는 절박한 상황에 처한 이스라엘 백성이 오직 하나님만을 쳐다보고 기도하기 시작했을 때 그들은 그제야 홍해를 가르시는 기적의 하나님을 만나게 된 것입니다."

생각을 완전히 바꾸는, 우리의 생각 패러다임을 코페르니쿠스적으로 전환시키는 트랜스포밍 마인드 Transforming Mind가 필요하다는 소리였다. 이 목사에 따르면 로마서 12장 2절과 같이 생각을 새롭게 하지 않으면 영靈이시고 제한이 없으신 하나님을 담는 포도주 부대가 될 수 없다. 새로운 포도부대가 되기 가장 힘든 사람은 과거의 포도부대가 그럴 듯한 사람이다. 거기에 그대로 담아도 별 문제가 없는 사람이다. 그런 포도부대는 찢어지기가 힘들다. 그런데 그 부대를 찢지 않으면 영이신 하나님을 결코 담을 수 없다. 하나님을 담지 못하면 기적의 삶은 불가능하다!

그녀의 이야기를 들으면서 《주님은 나의 최고봉》을 쓴 오스왈드 챔버스Oswald Chambers의 이야기가 생각이 났다.

"주님의 가르침은 언제나 자기실현과는 정반대입니다. 주님의 목적은 사람을 계발하는 것이 아니라 사람을 주님과 정확히 같게 만드는 것입니다. 하나님의 아들의 특징은 자신을 소모하는 것입니다. 예수님을 믿으면 우리가 무엇을 하는 것이 아니라 주님께서 우리를 통해 가장 귀한 것들을 부으십니다. 곧 하나님께서 우리를 아름답고 좋은 포도로 만드시는 것이 아니라 우리를 통해 포도즙을 짜내시는 것입니다.

만일 우리가 포도주가 되려 한다면 우리는 부서져야 합니다. 당신은 포도알을 마실 수 없습니다. 포도알은 으깨져야만 포도주가 될 수 있습니다. 주께 드려진 인품이 된다는 뜻은 자연적인 삶의 요소들이 주를 섬길 수 있는 상태로 하나님의 섭리에 의해 으깨지는 것을 의미합니다. 우리가 주님의 손에서 '찢겨진 빵'이 되기 전에 우리는 주님의 손에 의해 빚어져야 합니다. 지금은 생명을 깨뜨릴 시간입니다. 자기 만족을 추구하는 욕구를 멈추고 모든 것을 주를 위해 쏟아 부을 때입니다."

_《주님은 나의 최고봉》 중에서

이 목사는 자신도 챔버스의 묵상집을 즐겨 읽었다고 말했다. 그 안에서 하나님의 마음을 발견했다고 한다. 그러면서 '으깬 포도즙'과 '찢겨

이민아

진 빵'이 되지 않으면 도저히 하나님을 알 수도, 그의 영을 담을 수도 없다고 강조했다.

하늘에서 땅을 보다

"저의 인생에서 변화가 일어나기 시작한 것은 하나님의 나라가 실제로 존재한다는 것을 깨닫기 시작하면서부터였어요. 하나님의 나라는 죽어서 가는 천국이 아닙니다. 세상에 거하나 세상 시민이 아니라 천국 백성으로 이 땅에서 살 수 있는 나라입니다. 예수님이 오신 이유는 하나님 나라를 전하기 위함이었습니다.

세례 요한은 사람들 중에서 가장 훌륭한 사람이었습니다. 그 위대한 엘리야나 다윗, 모세보다도 더 뛰어났다고 했어요. 사람으로 태어난 신앙인 치고 세례 요한보다 더 뛰어난 사람이 없습니다. 그러나 예수님은 하나님나라에서는 가장 작고 미미한 자라도 세례 요한보다 더 낫다고 했습니다. 그것이 마태복음 11장 11,12절을 통해 하나님이 제게 계시적으로 주신 말씀이었습니다."

"내가 진실로 너희에게 말하노니 여자가 낳은 자 중에 세례 요한보다 큰 이가 일어남이 없도다 그러나 천국에서는 극히 작은 자라도 그보다 크니라 세례 요한의 때부터 지금까지 천국은 침노를 당하나니 침노하는 자는 빼앗느니라"(마 11:11,12).

"하나님나라에 들어가기만 하면 왕국 시민이 됐다는 사실 하나 때문에 내가 좀 부족해도 세례 요한과 같은 기가 막힌 하나님의 사람보다도 훨씬 더 존귀한 존재로 변한다는 것이 바로 거듭남의 비밀입니다."

이 목사는 하나님이 나의 아버지가 되신다는 것을 확신할 때 기적이 온다고 말했다.

"하나님이 나의 아버지가 되신다는 이 계시야말로 한국 사람들이 받아들이기 가장 힘들어합니다. 우리에게는 아버지라는 개념이 왜곡되어 있기 때문입니다. 아버지는 '언제나 바쁘고 나를 별로 모르시는 분, 가끔 오시면 야단치시는 분, 내가 결코 만족시켜 드릴 수 없는 분' 정도로 여겨지고 있지요. 이 세상 아버지의 상像이 일그러졌기에 하나님 아버지가 얼마나 좋은지에 대한 계시적인 깨달음이 오지 않는 것입니다.

예수님은 '내가 곧 길이요 진리요 생명이니 나로 말미암지 않고는 아버지께로 올 자가 없느니라(요 14:6)'라고 하셨습니다. 그 예수님이 내 안에 오셔서 생명을 주기까지는 우리 안에 아버지가 누구인지 개념조차 이해할 수 없습니다. 그런데 아버지는 모든 것을 공급해주시고, 나의 모든 것을 아시고, 나의 앞날과 소명, 운명을 축복하는 축복권을 갖고 계시며 나에게 정체성을 주시는 분입니다. 우리는 예수님 때문에 이 땅에 임한 하나님나라에 거듭나 들어가서 아버지의 자녀가 된 사람입니다."

그녀는 다윗이 목자로서의 하나님을 만났는데도 시편 23편이라는 기막힌 시를 썼는데, 예수님 때문에 아버지로서의 하나님을 만난 우리야말로 시편 23편을 다시 써야 할 사람들이 아니냐고 말했다.

"여호와는 나의 목자일 뿐 아니라 바로 나의 아버지이십니다. 그 완벽한 목자가 나의 부모 되십니다. 그분은 이 세상 모든 것을 자녀에게

이민아

주고 싶어 하시는 아버지이십니다. 로마서에 나와 있는 대로 자기 아들을 아끼지 않고 우리에게 주신 분이 아들과 함께 모든 좋은 것을 주시지 않겠느냐고요. 그런데 그 하나님을 아버지로 만난 사람들이 잘못된 신학으로 인해 고생하며 고통받아서야 되겠습니까? 그 아버지가 우리에게 어찌 고통을 주시겠느냐고요. 고통이 성숙하기 위한 축복이라고요? 천만에요. 질병의 오리진origin, 원천·근원, 그러니까 질병을 주시는 분은 하나님이 아닙니다. 예수님은 자신에게 병을 고쳐달라고 온 사람들을 한 명도 그냥 돌려보낸 적이 없으십니다. 그 대상자가 믿음이 있건 없건, 자격이 있건 없건, 즉시 그 자리에서 고쳐주셨습니다. '한 달 후에 와라. 십 년은 고생해야겠다' 라고 말하지 않으셨어요.

저는 그것을 깨닫고 충격을 받았습니다. 저의 세상 직업이 검사였잖아요. 검사는 반드시 검증을 해야 합니다. 마태, 마가, 누가복음을 처음부터 끝까지 보면서 철저히 검증했습니다. 그러고 나서 깜짝 놀랐습니다. 예수님이 한 명도 돌려보내지 않았다면 예수님의 몸 된 교회 역시 한 명도 돌려보내지 않는 것이 신학적으로 맞는 것 아닌가요? 하나님의 말씀이 아닌 인간의 복음이 얼마나 교회에 많이 들어왔는지를 그때 깨달았습니다. 예수님은 '내가 한 일을 너희도 하고 더 큰 일도 하리라'고 하셨습니다. 거기서 나의 잘못된 신앙이 깨지기 시작했습니다."

이 목사는 비록 신자가 됐지만 자신으로 하여금 끝까지 믿음으로 가지 못하게 만드는, 이성적으로 묶고 있는 어떤 것들이 있었다고 했다. 그것들이 마지막으로 깨어진 것은 바로 아버지로서의 하나님을 만나면서부터였다고 고백했다.

2002년에 자폐증을 지닌 이 목사의 아이가 너무나 아파했다. 학교에서 구박을 당하기 일쑤였고 매일 울고 다녔다. 어미로서 마음이 찢어지는 것 같았다. 고쳐줄 능력이 없는 자신이 싫었고 아이가 너무나 불쌍했다. 그때 한 미국교회에 설교를 들으러 갔다. 단상에 선 목회자가 설교 중에 자신의 체험을 이야기했다.

그는 젊은 시절에 치유의 능력을 받았다. 교회에 광범위한 치유가 일어났다. 은사적 교회가 아닌, 깊은 말씀 안에서 사람들이 진리를 깨달으면서 병이 낫는 교회였다. 그런데 그 목회자는 자신에게 치유의 능력이 있다고 생각했지만 정작 아버지 마음은 몰랐다고 한다. 곰곰이 생각해보니 치유가 일어나긴 하는데 백퍼센트 치유가 발생하지는 않았다. 왜 그런 간극이 있는가를 생각해보았다.

그러던 중 자기 아이인 스펜서가 심하게 열이 나서 병원에서 항생제를 타서 먹였는데 부작용으로 그만 아이의 귀가 먹어버렸다. "스펜서"라고 이름을 불러도 듣지 못했다. 아이의 아버지는 가슴이 갈기갈기 찢어졌다. 기도도 잘 되지 않았다. 너무나 슬펐다. 아이가 그런 상태인데도 교회 내에서는 치유가 계속 일어났다. 교인은 낫는데 자기 아이는 낫지 않았다. 그러기를 1년여 지속됐다. 어느 날 스펜서의 자는 모습을 보면서 아버지가 통곡했다.

"하나님, 제 귀를 저 아이에게 주면 안 됩니까? 이렇게 저 아이를 사랑하고 있는데요…."

그때 성령님께서 말씀해주셨다.

"내가 그래서 내 아들을 주었단다."

이민아

그 목회자 가슴에 "그가 채찍에 맞으므로 우리는 나음을 받았도다(사 53:5)"라는 말씀이 육화(肉化)되어 박혔다. 예수님의 목소리가 들리는 듯했다.

"네가 아들에게 느끼는 심정이 바로 나의 심정이란다. 그래서 너 대신 죽으러 왔다. 그러니 이제 너는 그것을 믿고 방언으로 찬양하거라."

그는 계시적으로 아버지 하나님을 깨달았다. 악한 아버지라도 병든 아이를 위해 자신의 귀를 주고 싶은데, 하물며 사랑 많으신 하늘 아버지는 얼마나 아이를 고치고 싶으실까 하는 생각이 들었다. 그러면서 아버지의 사랑이 있으니 반드시 고침받을 것이라는 확신이 왔다. 방언으로 찬양하며 기도했다. 노래 소리가 커지면서 '이래서 예수님이 오셨구나. 그 이름 예수만 믿으면 낫는 거구나'라는 믿음이 더 확실해졌다.

슬픈 마음이 점차 없어졌다. 잠시 후에는 예언적으로 '우리 아이를 고쳐주셔서 감사합니다'라고 기도하며 찬양하고 있었다. 그때 스펜서가 돌아누우면서 말했다.

"아빠, 너무 시끄러워요. 잠도 못 자게 왜 그래요?"

"아니, 내 음성이 들리니? 들린다고? 오, 하나님….."

"아빠가 노래를 너무 크게 불러서 잠을 못자겠어. 제발 조용히 좀 해주세요."

이민아 목사는 이 설교를 들은 이후 기도의 패턴을 바꿨다. '땅에서 하늘을 바라보고 간구하는' 기도에서 '하늘에서 땅을 바라보는' 관점으로 전환했다. 하늘 아버지의 마음으로 이 땅을 바라보는 마음을 가졌다. 병에 걸린 자녀를 생각하며 탄식했던 기도에서 이미 그 아이가 나은 것처럼 감사하고 찬양하는 기도로 바뀌었다. 뜻이 하늘에서 이룬 것처럼, 땅에서도 이뤄지는 그 기도를 드렸다. 믿음은 바라는 것들의 실상이었다. '바라는 것'이 지금 이 땅에서 이뤄진 것과 같은 태도로 사는 것이 바로 믿음의 삶이었다.

그렇게 하늘 아버지의 관점에서 기도를 드린 지 2년 후, 이 목사의 자녀는 완전히 나았다.

"예수 그리스도를 믿는 자마다 하나님의 자녀가 되는 권세를 받았습니다. '자녀 되는 권세'는 엄청난 것입니다. 하나님 왕국의 시민이 되는 것만이 아니라, 그 왕국을 유업으로 받는 왕자가 되는 천지개벽할 사건입니다. 그것을 깨닫는 순간, 저는 질병에 진다는 생각을 결코 하지 않았습니다. 의사가 뭐라고 이야기해도 저는 그들 앞에서 담대히 선포했습니다.

'여러분은 우리 아버지가 얼마나 저를 사랑하시는지 모르셔서 그렇게 말씀하시는데요, 이것은 잠시 대적 마귀가 나를 시험하고 아프게 하려는 것입니다. 이미 저의 하늘 아버지가 다 해결해주셨습니다.'

이것은 자녀들만이 가지는 영적 자신감입니다. 이런 저를 보고 사람들은 '믿음이 굉장히 좋다'고 말합니다. 그러나 저는 믿음이 좋은 사람이 아닙니다. 믿음의 은사를 받은 분들이 있습니다. 저는 아닙니다. 저는 머리가 굉장히 복잡해 믿기가 어려운 사람입니다. 믿음이 좋은 것이 아니라 하나님이 바로 나의 아버지라는 깨달음이 온 것입니다. 거기서 모든 것이 변했습니다. 생각해보세요. 우리 아버지가 돈이 엄청나게 많은 분인데 자녀들이 굶게 내버려두겠습니까? 저는 불굴의 의지를 갖고 신앙생활한 것이 아니라니까요. 그저 하나님이 나의 아버지이심을 깨달은 것뿐이라고요."

나는 이 부분에서 묻지 않을 수 없었다.

"하나님이 아버지이심을 어떻게 깨달을 수 있나요? 그것은 노력으로 되는 것인가요? 아니면 전적인 은혜인가요?"

"제일 중요한 것은 그 깨달음이 인간적으로 공부하고 노력해서 오는 것이 아니라는 사실입니다. 그것은 하나님이 계시적으로 주는 것입니다. 하나님의 계시는 말씀을 통해서 옵니다. 믿음은 들음에서 나고, 들음은 하나님 말씀에서 난다고 하잖아요. 먼저 하나님이 아버지이심을 깨닫기 위해서는 거듭나야 합니다. 거듭남이 없으면 우리 안에 성령이 주시는 계시의 깨달음을 얻기 힘듭니다. 예수님과 니고데모의 대화와 같이 하나님은 하늘의 것을 말씀하시는데 우리는 땅의 것밖에 모르기 때문에 대화가 안 됩니다. 둘 사이에 관계가 이뤄지지 않는 것이지요."

이 목사는 '항복 선언'을 해야 한다고 말하며, 로마서 10장 9,10절을 언급했다.

"네가 만일 네 입으로 예수를 주로 시인하며 또 하나님께서 그를 죽은 자 가운데서 살리신 것을 네 마음에 믿으면 구원을 받으리라 사람이 마음으로 믿어 의에 이르고 입으로 시인하여 구원에 이르느니라"(롬 10:9,10).

먼저 마음으로부터 죄 문제를 해결해야 한다. 그분에게 나의 모든 것을 맡겨야 한다. 미래와 직장, 가족 등 모든 영역에서 그분의 왕 되심을 인정해야 한다. 주권 이양을 해야 한다는 말이었다.

"우리가 할 고백은 오직 하나뿐입니다. '당신이 바로 나의 주인이십니다. 나를 다스려주세요' 하는 고백이 진실한 깨달음을 통해서 나올 때 거듭날 수 있는 것입니다. 그러나 나의 모든 것은 고스란히 남겨둔 채 하나님을 따른다고 한다면 결코 거듭날 수 없습니다. 세상과 섞여서는 아버지를 만날 수 없습니다."

2002년 6월 25일, 생명의 복음이 전해졌을 때에 그녀는 항복 선언을 했다. 무조건 항복했다. 그때에 로마서 10장 9, 10절이 이해됐다.

"사실 수십 년 신앙생활을 해도 거듭나지 않은 분들이 많습니다. 로마서의 그 구절을 마음으로부터 받아들이면 죄의 문제가 해결된다는 것을 믿고 그분에게 전권을 이양해야 합니다. 그리할 때, 내가 사는 것이 아니라 내 안에 예수 그리스도가 오셔서 나를 다스려주십니다. 그 순간에 나는 새 생명으로 거듭나는 것입니다. 사실 저는 그 이전 10여 년 신앙생활을 열심히 했습니다. 좋은 목회자 밑에서 제자반, 사역반, 큐티반, 성경통독반 등을 섭렵했고 가르치기도 했습니다. 정말 살아 있는 교회였지만 저는 거듭나지 못했어요.

제자반에서 앵무새처럼 '예수님은 나의 주님이십니다'라는 고백을 하는 척했습니다. 그러나 내 안에서는 '그분은 절대로 나의 주인이 아니야. 나의 주인은 나야. 내 생각은 내가 조정해. 내 인생은 내가 책임진다고!'라는 식의 강한 아집이 꺾이지 않았습니다. 그런 상태에서 말씀을

이민아

읽고 신앙생활을 했습니다. 그것은 종교생활이었습니다. 예수의 영이 아니라 종교의 영이 저를 감쌌습니다. 그러던 저에게 성령님이 찾아오셔서 회개의 영을 부어주셨습니다. 그때 깨달았습니다.

'아, 내가 지금까지 하나님을 하나님으로 인정한 적이 한 번도 없구나. 오, 나는 한 번도 주 예수 그리스도를 내 인생의 주인으로 모신 적이 없었구나.'

펑펑 울면서 그날 주님께 전권을 이양했습니다.

'예수님, 오늘부터 당신이 오셔서 나를 다스려주세요.'

그 순간에 모든 것이 변했습니다. 임금님이 없던 나라에서 살던 나에게 왕이 찾아오셨고, 고아같이 신앙생활을 했던 나에게 아버지가 생겼습니다. 그날로 완전히 인생이 바뀌었는데, 여기 중요한 사실이 있습니다. 그때부터는 아버지가 참견을 하시더라는 것입니다."

폭풍 같은 이야기였다.

그녀의 이야기를 들으면서 나는 1995년 4월 19일 미국 오클라호마 연방정부청사에 차량폭탄테러를 벌인 티모시 멕베이가 생각났다. 그 사건으로 어린이 19명을 포함해 168명이 죽고 500명 이상이 부상을 입었다. 대참사였다. 범인 맥베이는 33세의 나이에 사형 당했다. 그는 죽으면서 "내 인생의 주인공은 바로 나. 나는 내 영혼의 선장"이라는 말을 남겼다.

이 목사는 멕베이와 같은 끔찍한 테러를 저지르지는 않았지만 근본적인 자세는 같았다. '내 영혼의 선장은 바로 나'라는 나 중심의 태도를 간직했던 것이다. 이 어찌 이 목사에게만 국한되겠는가. 나 역시 믿음생활을 하지만, '예수님이 나의 주'라고 고백하지만, 실상 '내 영혼의 선장은 나'라는 태도로 살고 있지 않은가 깊이 생각하게 하는 대목이었다.

하나님을 아버지로 받아들인 이후, 그분이 자신의 삶에 참견하신다는 말도 인상 깊었다.

'참견하시는 하나님.'

"하나님을 아버지로 모신 이후에는 내 마음대로 할 수 없게 됐습니다. 이전에는 온갖 고집을 부리면 됐는데 이제는 아무리 해도 안 되는 상황에 부닥치게 되었습니다. 하나님이 안 된다고 하는 것은 정말 안 되는 것이었습니다. 아버지는 자녀들을 결코 포기하지 않으십니다. 자녀 된 자들을 고치십니다. 그래서 마지막 날까지 아들답게, 딸답게 만드십니다."

"너희 안에서 착한 일을 시작하신 이가 그리스도 예수의 날까지 이루실 줄을 우리는 확신하노라"(빌 1:6).

그녀는 생전에 청년들에게 이렇게 말했다.

"너희 힘으로 하나님 만나려 하다가 지쳤지? 거듭나야 해. 용을 쓴다고 되는 것이 아니야. 너희가 완전히 거듭나 '이제부터 나의 인생을 아버지께 드립니다. 나를 다스려주옵소서'라고 진심으로 고백한다면 그때 아버지가 생기는 것이야. 그러면 된단다. 정말 그것뿐이야."

나는 이 목사의 이 말이 계속 귀에 남았다.

"하나님의 자녀로 다시 태어난 것이 내 인생을 바꿨습니다. 그리고 그때부터 하루도 일이 생기지 않은 날이 없었습니다. 좋은 일이든, 나쁜 일이든, 반드시 무엇인가가 일어났습니다."

이민아

물에 물탄 듯, 술에 술탄 듯, 미지근한 신앙생활로는 아무 일도 일어나지 않는다. 하나님도 참견하지 않으시고 마귀도 관심 없어 한다. 관심 밖의 인물이 되어서 그저 그렇게 살아나가는 것이다. 어쩌면 대부분 이렇게 사는 것 같다. 그런데 이 목사는 하나님을 아버지로 모신 후부터 '어떤 일'이 생기지 않은 날이 한 번도 없었다는 것이다. 사람들은 이렇게 생각할지 모른다.

'좋은 일과 함께 나쁜 일도 일어난다고? 항상 좋은 것은 아니잖아. 차라리 흐리멍덩하게 사는 것이 방법일 수 있겠어.'

여기에 이 목사는 이렇게 답한다.

"푸른 초장과 쉴만한 물가에 모여 있을 때에는 거듭난 양이나 그렇지 못한 양이나 차이가 없습니다. 비슷합니다. 푸른 초장에서 도처에 나 있는 풀을 뜯어 먹으면서 '우리 목사님, 참 좋다' 라고 하고, 쉴만한 물가에서 목을 축이면서 '우리 교회, 너무 좋아' 라고 말합니다. 제가 그런 신앙생활을 했습니다. 목사님을 존경하고 교회를 사랑하며 제자훈련 열심히 했다고요. 그런데 푸른 초장과 쉴만한 물가에서는 내가 거듭났다는 사실을 몰랐습니다. 영의 일에 무지했습니다.

그러다가 사망의 음침한 골짜기를 다니게 되자 목자와 나와의 관계가 형성되지 않았다는 사실을 깨달은 겁니다. 무섭지요. 그래서 일단 버팁니다. '저기, 절대로 가지 않을래요' 하고 내가 고집부리면 하나님은 억지로 내 다리를 분질러서 데리고 가는 분이 아닙니다. 자신의 양이 아니면 그냥 내버려두십니다. 그러나 내가 당신의 자녀이고 나로부터 '다스려주세요' 라는 고백이 나오면 그때부터는 간섭하십니다. 다리를 분질러서라도 그분이 데리고 가고 싶은 곳으로 데려가십니다. 다스려주십니다."

그녀는 푸른 초장과 쉴 만한 물가에서도 신앙생활을 하기가 어려웠다고 말했다. 거듭나지 않은 자신이 거듭난 사람을 보면서 마치 거듭난 것처럼 흉내를 내니 힘들었다. 그분이 자신의 주님이 아니었기에 참 기도가 나오지 않았다. 조금 기도하다 안 되면 '아무래도 나는 안 되나 보다'라면서 용한 곳을 찾았다. 곤고하고 비루했다. 그 모든 것이 마음의 왕국에 예수님이 주님으로 자리 잡지 못했기에 일어난 어려움이었다. 거듭난 삶을 살아보니까 이제는 자신이 사는 것이 아니었다. 마음 자리에 그분이 오셔서 앉으셨다. 길과 생명, 진리 되시는 주님이 안에 들어오셔서 다스리기 시작하셨다. 그때부터는 마음대로 살 수 없었다. 이 목사가 말했다.

"거듭난 이후에는 아무리 떼를 써도 주님이 제 말을 안 들으시더라고요. 나는 여기가 좋은데 주님이 '아니다. 가자' 하면 따라가야 했습니다. 주님이 주인이시니까요. '주님 이 사람만큼은 용서 못하겠는데요…'라고 하면 바로 말씀하십니다. '네가 주인이냐? 내가 주인이냐? 내가 주인이라면 내 말대로 해야 하는 것 아니냐?' 아무리 용서하기 싫어도 그분이 용서하라면 용서해야 했습니다. 그런데 신기했어요. 이전에는 결코 용서할 수 없었던 사람, 아무리 의지적으로 '용서한다'를 수백, 수천 번 외쳐도 용서가 안 됐던 사람이 용서가 되는 거예요. 복음이 나를 용서하게 만든 것입니다. 아무리 교회가 마음에 들지 않아도 그분의 명령이 없으면 떠날 수 없어요.

이민아

주님이 하라는 대로 하는 것, 그것이 거듭난 사람의 태도입니다. 그렇게 거듭났을 때 받는 가장 큰 축복은 하나님 아버지가 나의 아버지가 되시는 것입니다. 그때부터는 이방인처럼, 아비 없는 고아처럼, 하나님 없는 백성처럼 중언부언하며 기도하지 않습니다. 아버지가 없는 사람은 돈이 없으면 걱정이 됩니다. '돈 주십시오'라면서 엎드려 기도합니다. 밥이 없으면 당장 겁이 납니다. 그들이 기도하는 이유는 두려움 때문입니다. 그런데 하늘 아버지는 명확히 말씀하십니다. '아버지 없는 자들처럼 행동하지 말아라. 너희는 저 사람들과는 다르다'라고요. '저 사람들처럼 먹을 것 달라, 입을 것 달라 기도하지 말아라'라고요. 그러면서 그분은 '이미 하늘 아버지가 너희에게 필요한 모든 것을 주시지 않았느냐'라고 말씀하세요."

이 목사가 주기도문을 외웠다.

"하늘에 계신 우리 아버지, 이름이 거룩히 여김을 받으시오며…"

그녀가 '하늘에 계신 우리 아버지' 할 때에 마치 하늘 아버지와 교신하는 것 같았다. 깊은 아버지와의 관계성이 느껴졌다. 모든 것은 그 관계에서 비롯되리라. 관계가 없는데 다른 것들이 어찌 진행되겠는가.

'아들의 멘탈리티(mentality, 사고방식)'와 '종의 멘탈리티'에 대해서도 이야기했다. '종의 멘탈리티'를 가진 자들은 끊임없이 상전의 눈에 들기 위해 처절한 노력을 해야 한다. 그 노력은 결코 끝나지 않는다. 언제나 조바심을 낸다. 상전의 눈 밖에 나면 안 되기 때문에.

그러나 아들은 다르다. 아버지의 모든 것이 자기 것이다. 조금 부족하다 싶어도 걱정하지 않는다. 어차피 아버지 것이 모두 자기의 것이기 때문이다. 아들은 종에게 이렇게 말할 수 있다.

"아버지 것은 다 내 것이다. 너희는 허락 받아야 고개 숙이고 들어갈 수 있지만, 나는 아무 때고 문 열고 들어가면 된다. 먹을 걱정, 잘 걱정 하지 않는다."

한국에 돌아와서 이 목사는 이 전 장관과 오랜만에 부녀父女의 정을 만끽했다. 언제나 바빴던 아버지, 자기가 다가가려면 세상의 일 때문에 사라졌던 아버지였다. 하지만 아버지 집에 오니 아무것도 걱정할 게 없었다. 아버지 카드를 맘껏 쓰고 아버지 차를 타고 다녔다. 아버지는 냉장고에 음식을 가득 채워주셨다. 낑낑대면서 자신이 노력해야 할 것이 아무것도 없었다. 이 전 장관도 비슷한 이야기를 했다. 비록 딸의 생명이 간당간당해졌지만 이전까지 느끼지 못했던 부녀간의 행복한 감정을 갖게 됐다고. 자신의 카드를 마음껏 쓰는 딸을 보면서 행복했다고.

"너희는 다시 무서워하는 종의 영을 받지 아니하고 양자의 영을 받았으므로 우리가 아빠 아버지라고 부르짖느니라"(롬 8:15).

내 잔이 넘치나이다

2011년 6월 미국에서 암 진단을 받기 전에 하나님은 계속 시편 23편 1,2절 말씀을 통해서 이 목사를 위로해주셨다.

"여호와는 나의 목자시니 내게 부족함이 없으리로다 그가 나를 푸른 풀밭에 누이시며 쉴만한 물가로 인도하시는도다."

또한 말라기서 4장 2절의 말씀도 주셨다.

이민아

여호와는 나의 목자일 뿐 아니라
바로 나의 아버지이십니다.
그 완벽한 목자가 나의 부모 되십니다.

"내 이름을 경외하는 너희에게는 공의로운 해가 떠올라서 치료하는 광선을 비추리니 너희가 나가서 외양간에서 나온 송아지 같이 뛰리라."

아버지 하나님의 이름을 경외하는 자에게는 의로운 해가 떠올라 치료의 광선을 비추신다는 약속의 말씀이었다. 부족함이 없으신 그분이 자신을 푸른 초장에 누이시고 쉴만한 물가로 인도하신다는 것이었다. 엄청난 위로의 말씀이었다.

갑자기 복수腹水가 차올랐다. 미국 의사는 그대로 놔두면 죽는다고 겁을 줬다. 6월 17일에 난소암 진단을 받았다. 당장 입원을 해야 한다고 했다. 그러나 보험이 없었다. 보험이 없다고 하니 "급한 대로 일단 입원시키겠다'고 답했다. '시설이 열악한 방이 나오겠다'고 생각하며 시편 23편을 계속 외웠다. 그런데 들어가 보니 상상할 수 없게 좋은 병실이었다. 환한 햇살이 비취는 병실은 정말 푸른 초장이며 쉴만한 물가와 같았다. 그 순간, 병실 번호를 보고 이 목사는 눈물을 흘리지 않을 수 없었다.

"2312호실"

'아, 시편 23편 1,2절!'

하나님이 자신을 이렇게 눈동자처럼 지키시며 인도하시는데 결코 마귀가 자신을 쓰러뜨리지 못할 것이라는 확신이 들었다. 이후 더 깊은 치료를 위해서 한국에 왔다. 7월 4일에 한국 병원에서는 미국에서 진단받은 것보다 상태가 훨씬 심각하다고 말했다. 수술조차 못하고 항암 치료를 받기 시작했다. 그때 온누리교회 하용조 목사가 식사를 하자고 전화가 왔다. 그 분도 극심한 고통 가운데 있던 중이었다.

이민아

모든 일정을 취소하고 하 목사를 만났다. 하 목사는 이 목사의 손을 꼭 잡고 말했다.

"내가 말씀 하나 줄게. 시편 23편이야."

"아, 하나님…."

또다시 눈물이 펑펑 났다. 하 목사가 말을 이었다.

"목자에게는 지팡이와 막대기가 있단다. 지팡이는 네가 잘못 갈 때에 도와주는 용도로 쓰이지. 막대기는 너를 죽이려고 하는 자들과 맞서 대신 싸워주는 도구야. 너에게 여호와의 지팡이와 막대기가 보이기 시작하면 사망의 음침한 골짜기로 갈지라도 해를 두려워하지 않게 돼. 죽음도 무섭지 않고, 모든 걱정이 사라질 거야. 우리 아버지 하나님은 그 고난 한복판에서 상을 차려 잔치를 베풀어주셔. 그래서 우리로 하여금 '내 잔이 넘치나이다'라는 고백을 하게 하시지. 그 목자를 너의 힘든 여정에서 반드시 만나야 해. 반드시. 내 말 명심해. 반드시 만나야 한다고. 그것이 진정한 축복이란다."

하용조 목사는 2011년 8월 2일, 이 땅을 떠났다.

이 목사는 침대에서 일어나지도 못하는 가운데서도 《땅끝의 아이들》을 냈다. 교정을 볼 수조차 없는 가운데 힘겹게 낸 책이었다. 부친 이 전 장관이 격려했다.

"얘야, 지금이 책을 낼 시기인 것 같구나."

2011년 7월 28일에 책이 나왔다. 책이 나오고 나서 도처에서 인터뷰 요청이 쇄도했다. 일생에서 가장 많은 사진을 찍었다. 가장 아픈 시기,

사망의 음침한 골짜기를 헤매는 것 같은 시기에 일어난 일이었다. 이후 수많은 사람들에게 책과 강연을 통해서 복음이 전해졌다. 그것은 하나님의 섭리였을 것이다. 이 목사는 말했다.

"원수의 목전에서 나를 치료하실 뿐 아니라, 가장 아픈 상태에서 내게 상을 베푸시는 하나님이 바로 저의 아버지이십니다. 그분이 바로 이민아의 아버지라고요, 아버지."

이후 이 목사는 초인적인 스케줄을 감당했다. 도저히 시한부 인생을 사는 사람 같지 않았다. 수많은 교회와 단체에서 그녀를 초청했다. 내게도 중간에 다리를 놓아 달라고 연락을 해온 친한 목사님들이 계셨다. 지금 생각해보니 그녀는 마지막을 불꽃처럼 살았다. 집회는 한두 시간이 아니라 6,7시간씩 걸리기도 했다. 집회 초반에는 기진맥진해 있다가도 말씀을 전하기 시작하면 힘이 났다고 했다. 온누리교회, 사랑의교회, 오륜교회, 조이어스교회, 오산리기도원 등 수많은 곳에서 간증했다. 그때마다 살리는 역사가 일어났다. 약할 때 강함을 주신다는 사도 바울의 고백을 자신 있게 했다. 그녀에게 물었다.

"무서운 진단을 받았는데 혹시 잘못될 것이라는 생각을 한 적은 없나요?"

"사람은 언젠가는 죽지요. 죽을 때가 있습니다. 저는 지금은 아닌 것 같아요. 제가 정말로 하늘로 가야 할 때가 오면 아버지가 가르쳐주실 것이라고 생각합니다. '얘야, 수고했다. 여기까지다. 이번에는 그냥 가자' 라고요. 아버지가 그 같은 중요한 사실을 자녀인 저에게 숨기시겠어요(호호호)."

이민아

이 목사는 자기는 아버지를 절대로 믿는다고 말했다. 믿음이 좋은 것이 아니라 50년 넘게 하나님 아버지를 체험하다보니 믿게 됐다는 것이다. 믿음은 관계라고 했다. 그 관계가 믿음을 구성한다.

아브라함은 하나님의 명대로 독자 이삭을 모리아의 한 산에서 번제로 드리려 한다. 어떻게 태어난 아들인데…. 그러나 아브라함은 조금도 주저하지 않고 순종한다. 그 비밀이 어디 있는가?

"그 일 후에 하나님이 아브라함을 시험하시려고 그를 부르시되 아브라함아 하시니 그가 이르되 내가 여기 있나이다"(창 22:1).

나는 22장 초입부의 '그 일 후에' 아브라함 믿음의 비밀이 있다고 생각한다. '그 일' 후에 아브라함은 선하신 하나님을 백퍼센트 신뢰하게 됐다. 그 일은 무슨 일인가? 바로 아브라함과 하나님의 관계성 속에서 일어난 수많은 일들이다. 자기 인생에 일어난 하나님과의 무수한 일을 겪은 후에 아브라함은 '하나님은 절대 선하시다'라는 고백을 하게 된다. 백 세에 독자 이삭을 보았을 때에 그와 사라는 고백하지 않을 수 없었을 것이다.

"전능하신 나의 주 하나님은 능치 못하실 일 없네."

그 고백을 온 마음으로 하는 순간, 아브라함은 하나님을 얻었다. 하나님이 아브라함의 아버지가 되셨다. 하나님 역시 그 순간, 자녀 아브라함을 얻었다. 그것이 아브라함에게는 구원이요, 부활이요, 영생이었다. '그 일 후에' 아브라함은 믿음의 강을 완전히 건넜다.

나는 이 목사에게 "인생에서 가장 소중한 것이 무엇인가"를 물었다.

"사랑"이라는 대답이 왔다. 이 목사는 하나님을 만났을 때에 성령님의 도우심으로 자신에게는 이웃 사랑이 없었다는 점을 깨달았다고 한다. 성령님은 말씀하셨다.

"네가 제1 계명(하나님 사랑)을 지키느라 수고했지만 이웃은 사랑하지 않았다. 네 안에 사람을 사랑하는 마음이 없다."

"하나님, 내 이웃이 누구입니까?"

"그것을 여태 모르느냐? 믿지 않는 사람들이 네 이웃이다. 변하지 않는 네 가족, 아무리 기도해도 낫지 않는 네 아들, 믿지 않는 아버지, 그들 모두가 네 이웃이다. 그들을 마음을 다해 '끝까지' 사랑해야 한다."

이 목사는 그후로 이웃을 사랑하는 마음을 달라고 기도했다. 그때 받은 말씀이 에스겔서 36장 26절이다.

"또 새 영을 너희 속에 두고 새 마음을 너희에게 주되 너희 육신에서 굳은 마음을 제거하고 부드러운 마음을 줄 것이며."

하나님은 그녀에게 말씀하셨다.

"내가 돌처럼 굳어버린 네 마음을 육신에서 제하리라. 그 자리에 살아 있는 마음, 사랑하는 마음을 주겠노라."

이 목사는 자신이 지난 6년 동안 아주 심각한 심장수술을 받았다고 말했다.

"심장수술까지요?"

"(호호)심장 수술이라기보다는 심장이식 수술을 받았습니다. 돌처럼 굳어버린 내 심장 대신 말랑말랑한, 부드러운 심장으로의 이식수술 말입니다. 어린 시절부터 저는 언제나 사랑을 갈구했습니다. 그러나 첫사

이민아

랑에서 많은 상처를 받았습니다. 실패했으니까요. 처음에는 세상에서 못 살겠더라고요. 육신의 마음으로는 자꾸 사랑하고 싶은데 사랑할 수 없었어요. 사람들이 상처를 주니까요. 그래서 이혼하면서 내가 내 마음을 보호해야겠다고 다짐했습니다. '사람을 너무 사랑하지 말아야지'라고요. 그렇게 제 스스로 심장을 딱딱하게 만들었습니다.

그런데 구원받고 거듭나니 딱딱해진 내 마음을 깨고 녹아지게 해야 하는데 그게 간단치 않았습니다. 마음이 치유되지 않다보니 신앙생활에도 벽이 생겼습니다. 그래서 지난 6년간 수없이 '하나님, 내 마음을 녹여주세요'라고 기도했습니다. 절규했어요.

그러다 에스겔서 말씀대로 새 영이 마음에 들어오니 딱딱한 빙산과 같은 마음이 녹기 시작했습니다. 치유의 광선이 내 심장을 녹였던 것이지요. 큰 빙산은 결코 밖에서 녹일 수 없습니다. 녹이면 또 얼어버립니다. 그런데 하나님이 드릴을 갖고 내 마음 한복판에 들어오셔서 나의 가장 상처받은 부분, 용서되지 않은 부분, 차갑게 식어버린 그 심장을 파내기 시작하셨습니다. 거기서 저의 부흥이 시작되었습니다. 전에는 모두 원망스러웠는데 하나님이 저를 터치하시고 나서는 미안하고 사랑하는 마음으로 바뀌어졌습니다."

"그래도 끝까지 용서 안 되는 부분이 있었을 텐데요…."

"제가 마음을 다해 사랑했던 사람들이었습니다. 저는 계산하지 않고 내 안에 있는 것을 모두 줬건만 그 마음이 보호받지 못하고 깨졌을 때에 너무 억울했습니다. 그러나 나중에 보니 그 모든 것이 저의 의義였습니다. 계산적 사랑이었습니다. '나는 이만큼 해줬는데 너는…, 나는 바람

한번 안 피웠는데 너는…' 이라는 식으로요. 정작 상처는 상대방이 주는 것이 아니었습니다. 나도 모르게 나 스스로 계산하며 상처받았습니다."

이 목사는 스마트폰 속에 저장된 성경 한 장을 읽어주었다. '사랑장'으로 불리는 고린도전서 13장이었다. 평소 킹제임스 버전의 성경을 보던 그녀가 어느 날 앰플리파이드 성경Amplified Bible으로 그 구절을 읽었단다.

"사랑은 나에게 행하여진 악을 기억하지 아니하고, 나에게 주어진 상처들을 계산해서 저울질하지 않는 것이다."

그 성경 구절을 보면서 이 목사는 통회 자복을 했다.

'아, 나는 내게 주어진 수많은 상처들을 일일이 세어보았구나. 계산해서 저울질했구나.'

농담도 했다.

"제 컴퓨터(머리)가 너무나 성능이 좋거든요. 그 고성능 컴퓨터로 내게 행해진 악을 모두 기억하며 계산하고 있었습니다. 파일별로 저장되어 있었습니다. '내가 이렇게 했는데 너는…. 내가 10을 줬는데 2밖에 못 받았으니 너는 내게 8을 빚진 거야.' 그러니 마음 편한 날이 없었지요. 하나님이 그것을 모두 풀어주셨습니다. 그분은 제게 '다시 프로그램 하자. 모두 딜리트제거하자'고 말씀하셨습니다. 영은 거듭났지만 혼은 너무나 인간적인 저에게 찾아오셨습니다. 저의 기존 컴퓨터로는 하나님 자신이 다운로드 해주시는 계시나 사랑의 언어들이 깨끗하게 들어올 수 없다면서 모든 것을 바꾸자고 하셨습니다. 제 안에 그런 것들이 바이러스처럼 있으니 진리의 말씀과 자꾸 섞인다고 했습니다. 그런 바이러스

이민아

때문에 하나님이 실제적인 계시의 말씀을 주시더라도 제 입을 통해 나갈 때에는 이미 능력을 상실해버리는 것입니다. 그것을 하나님이 심장 이식 수술을 통해서 고쳐주셨습니다."

또 이 목사는 사역자로서 절실히 느끼는 배고픔이 있다고 말했다. 정말 예수님이 자신을 완전히 장악해서 섞임이 없는 성령의 역사가 자신을 통해서 나타나기를 갈구하는 배고픔. 그 배고픔이 자신을 기도하게, 무릎 꿇게 만든다고 언급했다.

"진실로 제가 완전히 죽어서 이제는 내 안에 내가 산 것이 한 방울도 없이 그냥 예수님께서 사시기를 바랐습니다. 예수님이 저를 완전히 지배하시게 되면 그분이 하시는 일과 똑같은 일, 경우에 따라서는 그보다 더한 일도 할 수 있을 것이라고 생각했습니다. 제가 하는 것이 아니니까요. 내 안의 그리스도가 장성한 분량으로 자라나신다면 그야말로 성경 말씀대로 되는 세상이 오는 것입니다. 저는 우리의 교회가 그런 교회가 되기를 소망합니다. 교회 내 모든 인간적인 것들이 불로 태워져버리고, 오직 예수님만이 살아서 통치하시는 그런 교회를 꿈꿉니다. 그런 교회 안에 사람들이 들어가면 예수님께 온 모든 자들이 한 사람도 예외 없이 치유받은 것처럼 모든 자들이 치유받을 것입니다.

고통받는 사람을 볼 때마다 생각합니다. '내가 예수님의 통치 아래 들어가 예수님의 몸이 되어버리면, 내 안에 내가 하나도 남아 있지 않으면 저 사람들의 절망적인 상황이 해결될 것인데….' 그들이 고통 중에 있는 것은 바로 내 책임, 이 땅의 교회의 책임이라는 것을 깨닫고 회개했습니다. 내가 거듭나지 못했기에 하나님의 나라가 아직까지 우리의 집에 오지 못했다는 자각이 왔습니다."

그는 세상에서 아직 예수 그리스도를 모르는 사람들에게 사과하고 싶다고 말했다. 예수님의 사랑을 전해주지 못해서 미안하다고.

"이 세상에 그분의 사랑을 원하지 않는 사람은 단 한 명도 없습니다. 저는 예수님이 나를 사랑했던 그 사랑으로 사람들을 사랑할 수만 있다면 이 땅 모든 사람들이 교회로 돌아올 것이라고 확신합니다. 그래서 저는 여전히 교회 성장을 믿습니다. 아직도 돌아올 사람들이 많거든요. 우리의 사랑이 부족했기 때문에 그들이 유리방황하고 있는 것입니다. 진짜 사랑을 줘보세요. 그들이 정말로 받고 싶은 것은 진짜 사랑입니다.

저 또한 진짜 사랑을 갈구했습니다. 그 진짜 사랑에 배고파했습니다. 많은 사람들이 '내가 아버지께 불만이 있다'거나 혹은 '김한길 씨에게 상처를 받았다'고 오해합니다. 그게 아닙니다. 제가 받고 싶었던 그 사랑은 하나님밖에 주실 수 없는 사랑이었습니다. 섞이지 않은 순수한 사랑. 그분은 '내가 죽더라도 너를 살려야겠다'고 말씀하십니다. 그 사랑을 받았던 날, 나는 그 진짜 사랑을 깨닫고 엉엉 울면서 심령의 부흥을 경험했습니다. 그 사랑을 전하지 않으면 가슴이 터질 것 같습니다. 그 사랑을 전하고 싶어요. 내 몸을 불사를지라도요."

몇 시간이 훌쩍 지났다. 이 목사의 말이 빨랐기에 보통 사람과는 하루 종일 나눌 내용이었다. 인터뷰를 마감하면서 이 목사는 마음에 소원이 있다고 말했다.

"하나님나라 가는 그날까지 저로 인해 한 명이라도 더 구원받았으면

이민아

좋겠습니다. 여태까지 오래 살고 싶은 생각은 추호도 없었습니다. 그런데 이제 오래 살아 복음을 전하고 싶네요. 그러나 우리 앞에 무슨 일이 일어날지 모릅니다. 미루지 마세요. 영접은 '바로 지금 이 순간에' 해야 합니다. 기다리면 안 됩니다. 혹시라도 구원받지 못했다고 의심이 되신다면 지금 당장 일어나서 '주 예수 그리스도가 나의 주님이십니다'라고 고백하십시오."

이민아 목사가 이 땅을 떠난 지금 새삼 "이제는 오래 살아 복음을 전하고 싶네요"라던 고인이 눈에 선하다. 인터뷰를 마치고 함께 사진을 찍었다.

2012년 1월 초에 서울 오류교회에서 '더블 포션(Double Portion, 갑절의 은혜)'이라는 제목의 집회가 열렸다. 이 목사와 미국인 남편 마크를 거기서 보았다. 이 목사는 많이 수척해져 있었다. 병색이 역력했다.

저녁 집회 시작 전 식사 시간에 이 목사 부부와 같은 테이블에 앉았다. 내 옆에는 오류교회 김은호 목사와 깊은 말씀과 예언적 선포로 많은 목회자들에게 인정받고 있는 이광섭 목사가 앉아 있었다. 김 목사는《힐링 코드》란 책에 대해서 많은 이야기를 했다. 식사를 마친 이민아 목사는 집회 후에 이광섭 목사와 함께 시간을 잠시 보낼 수 있겠느냐고 물었다. 그러자고 했다.

집회가 끝나고 우린 오류교회 옆 건물의 한 조용한 방으로 갔다. 이광섭 목사가 이민아 목사 부부를 위해서 기도를 해주었다. 나는 특히 이 목사를 향한 그의 예언적 기도 내용을 찬찬히 들었다. 이광섭 목사는 이 목사에게 "당신은 분명히 치유될 것이다"라고 명확하게 이야기하지 않았다. 부부가 떠난 이후 이광섭 목사에게 물었다.

"치유될 것 같습니까?"

"간단하지 않은 것 같습니다. 사실 좀 심각합니다. 그러나 하나님의 역사가 어떻게 나타날지 모릅니다. 기도해야지요."

그날 찬바람이 매섭게 불었다. 무척 추운 날이었다. 그렇게 이민아 목사와 헤어졌다. 그것이 이 땅에서의 마지막 만남이었다.

이후 난 바빴다. 그 사이에 《빵만으로는 살 수 없다》를 펴낸 이어령 전 장관을 만나 오찬을 하면서 이 목사에 대해서 이야기를 나누기도 했다. 이 전 장관은 마치 딸의 마지막을 준비하는 것 같았다. 이 목사가 매우 심각한 상태라고 말했다. 다음날 이 목사에게 전화를 해보니 복수에 찬 물을 빼러 서울 목동 이대병원으로 간다는 것이었다.

"저 괜찮아요. 다음에 만나요. 만나서 맛있는 것도 먹고 이야기 많이 해요."

2012년 3월 15일 오후 2시 30분 경, 열림원 편집장으로부터 전화가 왔다.

"소식 들으셨어요?"

그 말을 듣자마자 직감했다. 바로 되물었다.

"이 목사님에게 무슨 일 있습니까?"

그녀가 이 땅을 떠났다. 53세.

이민아

그날 저녁 아내와 함께 서울 혜화동 서울대병원 장례식장 특1호실로 갔다. 안내 전광판에 적힌 '고인 이민아'라는 이름을 보는 순간, '삶과 죽음이 이렇게도 가까이 있는가' 생각했다. 며칠 전까지도 전화 통화를 했는데…. 영정 속 이 목사는 웃고 있었다. 암투병을 하면서 부었던 얼굴, 고통스러웠던 표정은 찾을 수 없었다. 영정 속 그녀는 기품 있는 웃음을 던지면서 문상객들에게 "땅에서 하늘처럼 사세요"라고 말하는 것 같았다.

이 전 장관이 문상객을 맞고 있었다. 그의 빨갛게 된 눈시울을 보자마자 가슴에서 와락 치솟아 올라오는 것이 있었다.

"그 아이는 정말 행복한 삶을 살았어요. 마지막 가는 길에도 이렇게 수많은 사람들이 와서 진심으로 슬퍼하고 있잖아요. 시한부 판정을 받은 이후에 나와 아내는 그 아이와 정말 행복한 시간을 보냈습니다. 후회하지 않습니다. 그 아이는 참으로 '땅에서 하늘처럼' 살았어요."

이 전 장관은 딸이 마지막 순간에 너무나 행복해 했다고 말했다.

문상을 마치고 나오면서 "하늘 아버지를 만나면 됩니다. 그 아버지 하나님을 만난 이후 제 인생은 매일 기적의 연속이었습니다"라고 말했던 고인의 모습이 생생하게 떠올랐다.

나는 이 목사가 오래오래 살아 한국교회 부흥의 한 측면을 담당해주기를 소망했다. 물론 나만의 바람은 아니었을 것이다. 지금 만신창이가 된 한국교회에 필요한 것을 그녀가 갖고 있다고 생각한 사람들이 많았다. 나 또한 그것이 한국교회의 축복이라고 생각했었다. 그 축복이 오래 가기를 바랐다. 그런데 주님은 그녀를 부르셨다.

'도대체 하나님의 뜻은 무엇인가? 하나님 아버지의 사랑과 거듭남을 강조하며 불꽃같이 사용 받았던 그녀를 빨리 데리고 가신 이유는 뭘까?'

나는 아직 그 답을 모른다. 다만 C.S.루이스가 한 말을 떠올릴 뿐이다.

"천국에 가서 우리가 가장 처음 하게 될 말은 '아하, 이랬군요'라는 탄성일 것입니다."

그날, 모든 것이 밝히 드러나리라.

지금도 나는 제2, 제3의 이민아 목사를 만나고 있다. 이 목사가 들고 있던 하늘 깃발이 땅에 떨어지기 전에 잡고 달려갈 또 다른 이민아 목사를. 온갖 환란과 어려움, 빗발치는 포화 속에서도 깃발을 붙잡고 나갈 '남은 자'들이 이 땅에 있다. 그것은 새로운 소망이다. 그들을 통해 결국 이 땅에 부흥이 찾아오리라. 그래서 나는 교회가 결국 이 땅의 소망이 되고야 말 날이 오게 될 것을 믿는다!

"여호와여 내게 응답하옵소서 내게 응답하옵소서 이 백성에게 주 여호와는 하나님이신 것과 주는 그들의 마음을 되돌이키심을 알게 하옵소서"(왕상 18:37).

—

교회의 가장 큰 적은 핍박이 아니라 부요함입니다. 번
영은 교회의 가장 큰 시험입니다. 이 시험을 통과해야
합니다. 시험을 잘 통과하기 위해서는 모든 열방에 가
서 복음을 전해야 합니다.

—

Loren Cunningham

로렌 커닝햄

1935년생. 초교파 선교단체인 국제예수전도단의 설립자이자 하와이 열방대학 총장으로 섬기고 있다. 1996년 세계 모든 국가를 방문한 최초의 선교사로서 인정받았고, 현재까지 238개의 주권국을 포함한 400개 이상의 국가와 속령, 섬을 방문한 바 있다. 저서로는 전 세계 90개 이상의 언어로 번역된 《하나님, 정말 당신이십니까?》를 비롯해 《네 신을 벗으라》 《벼랑 끝에 서는 용기》 등이 있다.

멈추지 말고
복음을 전해야 합니다

—

구세군의 창시자 윌리엄 부스William Booth는 생전에 만나는 사람마다
이렇게 물었다고 한다.

"Are you still burning? 당신은 여전히 불타고 있습니까?"

하나님을 만난 사람의 가슴은 복음에 대한 열정으로 타오르지 않을
수 없다는 의미다. 국제예수전도단(Youth With A Mission, 이하 YWAM)의 창
시자인 로렌 커닝햄 목사(Loren Cunningham, 1935년생)는 불타는 가슴을 지
닌 크리스천 리더다.

1996년 그와 첫 인터뷰를 한 이후로도 시시때때로 한국을 방문한 커
닝햄 목사를 자주 만날 수 있었다. 그는 절친한 사이인 정근모 전 과기
부장관과 함께 국민일보 본사도 여러 차례 방문했다.

2011년의 만남에서 나는 그에게 윌리엄 부스의 그 질문을 했다.

"당신은 스물네 살에 큰 파도와 같은 물결이 전 세계의 대륙을 덮는 환상을 보고 하나님께 삶을 드리기로 헌신했습니다. 그 헌신과 비전으로 1960년에 창설한 YWAM은 지금 세계 거의 모든 국가에 지부를 두고 있습니다. 2만여 명의 헌신자들이 YWAM의 기치 하에 사역하고 있고, 지금까지 500만여 명의 사람들이 YWAM으로부터 직접적인 전도를 받았습니다. 당신의 삶은 축복받았고 성공적이었습니다. 이제 목사님의 나이 77세. 여전히 당신은 불타는 삶을 살고 있습니까?"

그의 대답은 간단하고 단호했다.

"네, 타오릅니다. 내 가슴은 더욱 활활 타오르고 있습니다. 물이 바다를 덮는 것같이 이 땅의 젊은이들이 일어나 주의 복음으로 세상을 덮는 그 환상은 이전보다 훨씬 더 선명합니다. 나이요? (하하하) 그건 숫자에 불과합니다. 나의 삶은 아직, 끝나지 않았습니다."

'복음의 노병老兵'의 말에는 생기가 넘쳤다.

커닝햄 목사는 세계 기독교 리더 가운데 누구보다도 한국에 대한 애정이 많다. 그가 자주 한국을 방문하는 이유도 한국에 대한 하나님의 뜻이 분명히 있다고 믿기 때문이다. 그는 이미 40여 년 전 기도하는 중에 전 세계에서 선교의 주역이 될 4개국 가운데 한국을 발견, 이후 한국에 많은 관심을 가지게 됐다. 그때만 해도 경제적으로나 영적으로 후진국 상태를 면치 못하고 있던 한국이 최소한 3천 명의 선교사를 세계에 보낼 것이라고 장담했다.

그는 1996년 인터뷰에서 이렇게 말했다.

"앞으로 세계선교의 물결은 한국에서부터 흘러나올 것입니다. 25년

로렌 커닝햄

전에는 3천 명이라고 말했으나 이제는 수만 명이 나가야 된다고 외쳐야 할 정도로 한국교회가 성장했습니다. 현재 윌리엄 캐리(William Carey, 1761-1834: 인도 선교사, 현대 선교의 아버지로 불림), 허드슨 테일러 등이 세계선교 역사에서 영웅으로 알려져 있지만 50년 후에는 이씨, 박씨, 김씨 등 한국의 선교사들이 세계선교의 역사를 새로 쓴 주역들로 기록될 것입니다."

그의 말대로 한국은 지금 세계선교를 주도하는 국가가 됐고 이씨, 박씨, 김씨 등의 성을 지닌 한국인 선교사들이 도처에서 선교 역사를 써 나가고 있다.

교회 밖으로의 행군

커닝햄 목사는 각 시기마다 하나님의 뜻을 이 세대에 전했다. 1975년에 그는 하나님으로부터 열방의 제자화를 위한 7대 영역에 대한 비전을 받았다. 이후 그는 크리스천들이 믿음을 갖고 들어가야 할 이 땅의 7대 영역, 소위 '일곱 개의 산Seven Mountains'에 대해서 자주 이야기했다. 국제 CCC를 창립한 빌 브라이트 박사(Bill Bright, 1921-2003)도 동일한 주장을 펼쳤다. 하나님은 이 두 걸출한 크리스천 지도자들에게 같은 비전을 주신 것이다.

커닝햄 목사와 빌 브라이트 박사가 제시하는 7대 영역은 가족, 종교, 교육, 문화, 미디어, 경제, 정부다(최근에는 여기에 과학을 추가해 8대 영역이라고 부르기도 한다). 복음은 교회에만 머무는 것이 아니라 이 7대 영역 속으로 들어가야 하며, 그래야 진정한 열방의 제자화가 이뤄진다는 것이다. 커닝햄 목사에 따르면 이 7대 영역은 우리가 거하는 삶의 처소이며 선교지다. 하나님을 만난 크리스천 모두가 이 영역들의 선교사다. 그래서 크리스천들은 각 영역을 복음으로 정복해야 한다. 물이 바다를 덮음같이 각 영역에서 하나님의 영광이 드러나도록 해야 한다. 커닝햄 목사는 기독교인들이 '보이는' 교회에 집착해서는 안 된다고 강조한다.

7대 영역을 정복하기 위해서는 신자들이 더는 교회 안에만 머물지 말고 세상 속으로 과감히 뛰어들어야 한다. 가정, 경제, 정부, 미디어 등 각 분야에서 '하나님의 대사로 사는 사람들로 인한 변혁'이 일어나야 한다는 것이다. 커닝햄 목사는 신자들이 복음으로 세상을 변화시키는 촉매제가 되어야 함에도 교회 내에만 머무름으로써 하나님이 원하시는 진정한 변혁의 사명을 감당하지 못하고 있다고 지적했다. 세상 속에서 '일어나 빛을 비추는' 삶을 살아야 할 책임이 신자들에게 있다는 설명이다.

"교회는 온 땅에 퍼진 일곱 가지 영역 가운데 하나일 뿐입니다. 교회는 빌딩이나 그룹이 아닙니다. 교회는 모든 사람들이지요. 크리스천은 매 순간 모자를 바꿔 씁니다. 한 명의 신자들은 매 순간 교회와 직장, 공공장소, 미디어 영역 등을 지나칩니다. 각 장소마다 다른 모자를 쓰는 것 같지만 정신은 동일합니다. 모자 속 머리에는 기독교 정신으로 가득 차 있는 것이지요. 그래서 교회뿐 아니라 어디를 가든, 하나님의 주권이 그곳에 임하도록 해야 합니다.

그런데 지금 우리의 교회는 성도들을 교회에만 묶어두려 합니다. '보이는 교회'의 충성스런 일꾼으로 한정하고 있습니다. 교회는 '우리만의

로렌 커닝햄

리그전'을 치러서는 안 됩니다. '교회 게토화 현상'을 타파해야 합니다. 세상으로 나가야 합니다. 제자훈련의 참된 결과는 훈련된 신자들이 세상으로 나가는 것입니다. 마음을 새롭게 한 수많은 크리스천들이 세상의 각 영역에서 그들의 정체성을 드러내는 것이야말로 부흥의 현상입니다."

커닝햄 목사는 하나님은 '주일만의 하나님'이 아니라 월요일부터 토요일까지 '모든 요일의 하나님'이라고 강조했다. 그는 크리스천들이 교회를 뛰어넘어 세상의 영역 속으로 들어갈 때에 교회의 부흥이 올 것이라고 말했다. 사탄의 전략은 크리스천들로 하여금 교회 내에만 머물면서 세상을 두려워하게 만드는 것이라고 덧붙였다. 그는 거듭 '모든 사람들이 목회자요, 사역자'라고 언급했다. 사역을 교회에 한정시키는 것은 다른 6대 영역을 잃게 하고 결국은 교회 영역까지 약화시키는 결과를 초래한다는 것이 그의 주장이다.

"우리는 교회 건물의 벽을 넘어 세상을 바라봐야 합니다. 목회자들은 교인들이 주일날 교회 안에 있을 때의 행실만 생각해서는 안 됩니다. 그들이 평일에 무엇을 하고 있는지 알아야 하며 이 땅에서 무엇을 해야 하는지를 제시해줘야 합니다. 사실 우리 모두는 성직자들입니다. 우리는 어디로 가든지 사람들로 하여금 주 예수 그리스도를 알게 하고 그들이 기름부음을 받도록 해야 합니다. 영적 일은 목사님만 한다고 생각해선 안 됩니다. 우리 모두 하나님 안에서 거룩한 존재입니다. 우리는 우리 자신과 우리가 거하는 곳을 거룩하게 해야 할 사명을 지니고 있는 성직자들입니다. 여러분이 하나님의 가슴 깊은 사랑을 깨닫고 그분을 따르기 시작한다면 반드시 약자를 향해 손을 뻗게 될 것입니다. 그들의 삶의 변화를 위해 무언가를 할 것입니다. 사랑이 그렇게 하라고 강권하니까요. 그것이 세상 속 성직자의 태도입니다. 우리의 이슈와 준거 기준은 오직 주님뿐입니다. 매일 하나님께 물어야 합니다. '주님, 답은 무엇입니까?'라고요. 그러면 주 예수 그리스도께서 답을 제시해주실 것입니다. 그 답대로 나가면 됩니다."

　그에 따르면 부흥은 변화까지 이어져야 한다. 부흥은 개인적인 차원을 뛰어넘는다. 개인의 부흥이 그 개인이 거하는 마을과 도시, 국가를 변화시키지 않는다면 아직 부흥이 아니라고 했다.
　"우리는 부흥을 소망해야 합니다. 부흥은 반드시 변화를 수반합니다. 부흥한 모든 곳에는 공통점이 있습니다. 부흥 이후에 결코 전과 같지 않았다는 것입니다. 부흥과 그로 인한 변화가 너무나 강력해서 누구도 과거로 돌아가려 하지 않습니다. 우리는 거기까지 나아가야 합니다. 그러나 크리스천들은 너무나 일찍 부흥의 작업을 그만둡니다. 전도에만 그칩니다. 그것이 부흥이라면서요. 물론 그것도 좋습니다. 용어를 정확히 합시다. 그것은 개인의 부흥입니다. 부흥된 각자는 주 예수 그리스도가 누구시며, 오늘 그분이 어떻게 우리 인생에서 일하고 계시는지를 전해야 합니다. 이것이 사회 속에서 몇 배로 증진되었을 때에 전 사회적 각성이 일어납니다. 한 개인을 뛰어넘어 사회 속 모든 사람들에게 스며들어 그들의 삶을 변화시킵니다. 이것이야말로 우리가 예수 그리스도를 믿을 때 경험할 수 있는 가장 짜릿한 것입니다. 기억하십시오. 우리는

　　　　　　　　　　　　　　　　로렌 커닝햄

세상에 파견된 하나님의 성직자들입니다."

커닝햄 목사의 이야기를 들으면서 '거룩한 세속성Holy Worldliness'이란 용어를 생각해보았다. 변화하는 세상 속에서 변함없는 복음을 전해야 하는 것은 이 시대 크리스천들의 책무다. 많은 신자들이 교회와 세상이라는 이분법 속에서 살고 있다. 세상과 교회를 구분하는 극심한 이분법적 사고로는 '생육하고, 번성하며, 땅에 충만하라'는 하나님의 문화명령을 도저히 수행할 수 없다. 오지 여행가이자 NGO 활동가인 한비야는 "지도 밖으로 행군하라"라는 멋진 말을 던졌다. 나는 그 말을 패러디하고 싶다.

"신자들은 교회 밖으로 행군하라!"

토미 테니는 말했다.

"부흥이란 하나님의 말씀이 교회의 벽을 뚫고 나가 세상에서 폭발하는 것이다."

교회 내에만 머무르는 일종의 '교회 게토화' 현상의 반작용으로 적극적으로 세상 속에 들어갈 경우에도 문제는 있다. 세상 문화에 수용되어 버리는 것이다. 세상에 뛰어든다고 무조건 동화同化되는 것은 아니다. 세상에 들어가되, 그 안에서 복음의 생명력을 갖고 나아가야 한다. '거룩한 세속성'은 세상 속에서 빛을 비춰야 할 크리스천이 갖춰야 할 명제다. 과거 독일의 본 회퍼 목사와 영국의 존 스토트(John Stott, 1921-2011: 세계적인 복음주의 운동의 거장), 신학자 알렉 비들러(Alex Vidler, 1899-1991) 등이 미세한 용어상 차이는 있지만 비슷한 이야기를 했다. 그리스도인은 하나님의 부름을 받은 거룩한 자들이지만 동시에 세상으로 보냄 받은 사람들이라는 것이다.

"너희는 이 세대를 본받지 말고 오직 마음을 새롭게 함으로 변화를 받아 하나님의 선하시고 기뻐하시고 온전하신 뜻이 무엇인지 분별하도록 하라"(롬 12:2).

커닝햄 목사는 로마서 12장 2절에 나온 '마음을 새롭게 하는 것'에 대해서 강조한다.

"우리는 주 예수 그리스도로 인한 변화를 받아야 합니다. 변화는 마음을 새롭게 할 뿐 아니라 행동도 새롭게 하고, 나아가 사회까지도 새롭게 합니다. 하나님께서는 한국에 새로운 변화가 일어나기를 기다리고 계십니다. 저는 어렴풋이 한국뿐 아니라 이 열방의 변화를 위해서 부르심을 받았다는 생각을 합니다. 교회는 하나님의 쓰임을 받기 위해 마음을 새롭게 함으로써 변화되어야 합니다. 변화할 때에, 하나님의 선하시고 기뻐하시고 온전하신 뜻을 알 수 있습니다. 변화된 교회는 국가를 새롭게 합니다."

그는 변화를 위해서는 변화의 주체가 되시는 성령님을 향한 타는 목마름이 있어야 한다고 강조했다.

"성령 하나님은 우리 삶의 변화를 보기 원하십니다. 우리의 구원을 위해, 변화를 위해 예수 그리스도께서 십자가에서 돌아가셨습니다. 십자가의 믿음에 한 가지 요소가 더 필요합니다. 바로 하나님의 손을 여는 성령님을 향한 굶주림입니다. 이 굶주림은 갈망하는 기도로 표현됩니다. 하나님께서는 그분의 백성을 만나기를 고대하십니다. 우리 인생에 찾아오시는 성령님과의 선한 협력을 통해서 변화가 이뤄집니다. 성령님

로렌 커닝햄

을 고대하십시오. 그분은 변함이 없으십니다. 이 땅에 부흥을 주셨던 성령님은 지금 이 순간에도 우리 인생에, 우리 교회에, 이 나라에 부흥을 주실 수 있습니다."

커닝햄 목사는 자신이 가장 염두에 두는 것 가운데 하나가 하나님의 말씀을 실생활에 적용하는 것이라고 언급했다. 그것은 교육을 통해서 이뤄진다. 그는 마음을 새롭게 하는 것이야말로 기독교 교육의 기초라고 말했다.

"1974년에 하나님은 우리YWAM에게 교육의 사명을 주셨습니다. 저는 교육은 나무와 같다고 생각합니다. 나무는 뿌리와 몸통, 잎과 열매 등으로 이뤄집니다. 가장 중요한 것이 뿌리지요. 기독교 교육, 아니 모든 교육의 뿌리는 하나님에 대한 믿음입니다. 레몬의 뿌리를 지닌 나무에서 사과 열매가 열릴 수 없습니다. 뿌리에 확고한 기독교 정신이 있어야 그 정신이 줄기를 타고 올라가며 뿌리와 일치하는 DNA를 지닌 열매를 맺습니다. 줄기는 가치라고 할 수 있습니다. 가치는 믿음과 똑같지 않습니다. 그러나 분명한 점은 그 가치는 뿌리인 믿음에서 올라온다는 것입니다. 따라서 기독교 교육의 근본은 뿌리를 확고히 하는 것입니다. 하나님과의 철저한 대면, 그것을 통한 믿음만이 이 물질적이고 상대적인 세상에서 기독교 교육이 펼쳐지게 하는 힘입니다."

내가 물었다.

"가치는 가변적인 것이 아닙니까?"

"물론 가치는 시대와 환경에 따라 변합니다. 크리스천들도 이 변화하는 세상에서 '이제 가치가 달라지고 있어. 세상과 깊은 연관성을 가져야 해'라고 말합니다. 물론 세상의 변화에 능동적으로 대처해야 합니다. 그러나 그 전에 확고한 믿음의 뿌리를 가져야 합니다. 그래야 이 세상에서 '마음을 새롭게' 하며 세상을 변혁transfomation시킬 수 있는 주역이 될 수 있습니다. 기독교 교육과 문화는 이 사회에서 2등급이 되어서는 안 됩니다. 1등급이 되어야 영향을 미칠 수 있습니다. 그러려면 먼저 '기본으로 돌아가야' 합니다. '백 투 더 루트Back to the root'가 선행되어야 하는 것이지요."

전쟁은 이미 시작되었다

커닝햄 목사는 크리스천들은 이미 이 땅에서 전쟁을 치르고 있다고 말했다. "전쟁은 시작되었다!"는 것이 그의 주장이었다. 전쟁에서 승리하기 위해서는 믿음의 뿌리를 강화시켜야 한다는 것이다. 그러고 보니 요즘 한국에서는 커닝햄 목사가 주창한 7대 영역에서 기독교 가치관을 펼쳐야 한다는 주장이 확산되고 있다. 각 교회와 교단에서 용어는 다소 다르지만 세상 속에서 하나님이 하나님 되심을 실증해야 한다는 주장을 펼치고 있다. 확실히 커닝햄 목사는 믿음의 선두주자forerunner였다.

커닝햄 목사는 하나님의 음성을 듣는대로 순종하는 것으로 유명하다. 절대적 순종은 믿음 없이는 이뤄질 수 없다. 순종하기 위해서는 지침을 주시는 분을 알아야 하며, 만나야 한다. 그 앎과 만남이 없이는 순종할 수 없다. 동시에 무조건적인 의지적 순종을 해나갈 때에 믿음이 자라나갈 수 있다.

로렌 커닝햄

예수 그리스도가 누구시며
그분이 우리 인생에서 어떻게 역사하셨는지를
중단 없이 전해야 합니다. 그리고 그 예수의 정신이
이 사회 모든 분야에 스며들게 해야 합니다.

그는 믿음은 하나님이 우리에게 주시는 지침을 그대로 순종하는 것이라고 설명한다. 순종할 때 하나님이 함께하심을 체험하며 결국 그것은 축복으로 연결된다는 것이 그의 지론이다. 지금 YWAM의 사역은 전도와 훈련, 구제의 3가지를 기본으로 하고 있으며 모든 것의 기초는 하나님 음성에 대한 순종이다. 커닝햄 목사는 "복음을 듣고 제자화 되어야 할 사람이 존재하고 굶주린 이웃들이 있는 한 우리의 임무는 끝나지 않을 것"이라고 언급했다.

"시간이 지나도 그런 열정이 계속 타오를 수 있느냐는 질문을 많이 받습니다. 더욱 타오르고 있습니다. 아마 죽는 날까지 '더 타오를 것'입니다. 그 열정이 하나님으로부터 온 것이기 때문입니다. 그 사실을 제가 알고 있기 때문입니다. 하나님이 비전을 주십니다. 하나님이 그 비전을 이뤄주십니다. 하나님이 함께하십니다. 다시 한 번 말합니다. 하나님이 함께하십니다. 이것이 우리의 소망이요, 자랑이자 우리의 존립 근거입니다. 그 하나님의 손길이 물이 바다를 덮음같이 온 땅에 미치고 있습니다."

그가 목회자들을 만날 때마다 말하는 것이 '권리 포기'다.

"하나님으로부터 올 상급을 생각하면 개인의 권리를 포기하는 것은 결코 어렵지 않다고 생각할 수 있습니다만, 실제 삶에서 권리를 포기하는 것은 언제나 힘거운 투쟁이 아닐 수 없습니다. 그러나 하나님의 역사는 포기할 때 임한다는 것을 명심해야 합니다."

그는 특별히 지도자들은 권리 포기를 통한 겸손을 가져야 한다고 강조했다.

로렌 커닝햄

"진정한 리더십은 '종의 리더십'입니다. 겸손한 종의 지도력을 가진 사람이야말로 진정한 지도자로 큰일을 할 수 있습니다. 지도자들에게는 포용력이 있어야 합니다. 영적 포용력이 필요합니다. 모든 사람들 가운데 예수님을 따르는 부분이 하나라도 있다면 그 점을 따라가야 합니다. 서로의 약점을 보완하고 강점을 따르는 크리스천들이 많을 때 조직은 강해지는 법입니다."

그는 이단을 정죄하는 문제에 대해서는 아주 신중해야 한다고 말했다. 무엇보다도 크리스천은 '예수 그리스도가 우리의 주인이라는 확실한 기초를 가지고 있어야 한다'고 전제한다. 그러면서 '그러나 제한된 인간이 모든 것을 판단할 수는 없다'며 이단을 정죄하는데 신중을 기할 것을 당부했다.

"예수님이 최후의 만찬에서 제자들 중 한 명이 자신을 팔 것이라고 말씀하셨을 때 제자 중 누구도 '그 사람이 바로 가룻 유다입니다'라고 지적하지 못했습니다. 우리의 눈을 하나님께 고정하고 진리의 판단은 하나님께 맡기는 것이 필요합니다."

커닝햄 목사를 만나면 품격이 느껴진다. 그는 본질에 대해서는 철저하되 비본질적인 측면에서는 포용력을 지닌 너그럽고 넉넉한 크리스천 지도자였다. 그로부터 다름과 닮음에 대한 인식, 그리고 다름의 포용에 대해서 많은 것을 배울 수 있었다.

어린 시절 선생님이 "바른손" 하면 오른손을 올렸던 기억이 난다. 철이 들면서 '왜 오른손만 바른손일까' 라는 생각을 했다.

더 있다

'오른손이 바른손이라면 왼손은 올바르지 못한 손이라는 말인가.'

일본특파원으로 일하던 시절, 핸들이 오른쪽에 있는 차를 몰면서 몇 달 동안 당황했던 기억이 있다. 왼쪽 핸들에 익숙해 있던 나는 몇 번이고 반대편에서 오는 차와 부딪칠 뻔 했다. 그러나 시간이 흐르고 나니 오른편 핸들의 차가 그렇게 편할 수 없었다. 오히려 한국에 잠시 돌아와 왼쪽 핸들의 차를 운전할 때 불편함을 느낄 정도였다.

또 안경을 처음 썼을 때 바라본 하늘은 얼마나 맑았는지, 지금까지 막을 치고 살았다는 느낌이었다. 처음 비행기를 타고 구름 위로 올라가 전혀 다른 세계를 바라봤을 때, 내가 보고 경험했던 세계만이 아닌 또 다른 세계가 있다는 사실을 실감했다. 그렇다. 고정관념은 무서운 것이다. 오른손이 바른 손으로 인식되는 시절, 왼손잡이들은 남모를 고통을 겪었을 것이다. 그러나 오른손잡이, 왼손잡이는 옳고 그름의 문제가 아니라 다름의 문제, 습관의 문제일 뿐이다. 다름의 문제와 습관의 문제를 가지고 남을 정죄할 수는 없다.

성 어거스틴(Saint Augustine, 354-430)은 말했다.

"획일성 속에 다양성을, 다양성 속에 통일성을, 이 모든 것 위에 사랑을…."

커닝햄은 다른 교파와의 불일치 문제에 대해 이렇게 말했다.

"이단이 아닌 한 대부분의 교파들의 97퍼센트 정도는 동일한 생각을 하고 있으며 2,3퍼센트 정도가 비슷하거나 다를 뿐이에요. 2,3퍼센트의 다른 점 때문에 등을 돌리는 것은 정말 어리석은 일이 아닐까요?"

로렌 커닝햄

우리를 한번 돌아보자. 한국교회 내에 고정관념에 따른 정죄가 얼마나 많았는지를. 주님은 함부로 판단하지 말라고 하셨지만 우리는 자신의 색깔에 맞춰 얼마나 많은 사람을 재단했는지 생각해봐야 한다. 스스로의 기준에 따른 판단이 서로를 올바르게 척량하는 '잣대'가 아니라 조금의 차이만 보이면 난도질해버리는 '검객의 칼'이 된 기억들이 얼마나 많은가.

수많은 사안에서 '다름'의 문제가 '옳고 그름'의 문제로 비약됨으로써 서로의 교류가 단절된 경우가 한국교회 내에서 비일비재했다. 비단 보수와 진보와의 문제만이 아니라 복음주의와 은사주의 그리고 개교회個敎會 내에서 얼마나 많은 오만과 편견이 있었는가. 이제 편견을 넘어서야 할 때다. 오른손과 왼손이 서로 바른손이 될 수 있다는 인식하에 연합과 일치를 이뤄나가야 한다. 지금 한국교회 내에는 화해가 필요하다. 믿음의 선구자인 커닝햄이 강조하는 너그러움과 화해의 정신을 한국교회는 되씹어보아야 한다.

한국교회여, 한국교회여!

커닝햄 목사는 최근 수년 동안 "이제 역사적으로 한국의 시대가 왔다"면서 "이런 중차대한 시대에 한국교회는 남북통일과 세계선교의 키key 역할을 감당해야 한다"고 강조해왔다. 그는 '한국의 시대가 도래한 이유'로 세계 10대 경제 강국 진입, UN 사무총장 등 국제적 리더십의 배출, 스포츠와 문화 분야의 두각 등을 꼽았다. 이밖에 유대인들보다 전 세계에 더 많이 흩어진 한인 디아스포라의 존재, 세계 2위의 선교사 파송국가로의 부상 등도 이유로 제시했다.

"내가 처음 방한했던 1971년만 해도 한국에서 교회를 찾아보기 힘들었고 차도 별로 없었습니다. 그러나 지금은 전 세계인이 우러러볼 정도로 한국은 성장했습니다. 이같은 '기적'이 가능했던 것은 나라와 민족을 위해 불철주야 기도한 성도들이 있었기 때문이지요. 하나님께서는 지금 분명 한민족을 사용하고 계십니다. 이때에 한국의 크리스천들은 '과연 한국교회의 소명은 무엇인가'에 대해서 깊이 생각해야 합니다."

커닝햄 목사는 "한국교회는 남북통일과 중국 선교, 세계복음화의 중추적 역할을 감당해야 하는 소명을 갖고 있다"고 언급했다. 특히 통일과 관련, "하나님께서는 수 년 내에 '남북한의 통일'이라는 선물을 한민족에게 주시려 하고 있다"면서 "그러나 문제는 지금 하나님께서 어마어마한 변화를 주고 계시는데 한국교회는 전혀 준비를 하지 않고 있다는 것"이라고 말했다.

그는 통일을 위한 준비에서 가장 중요한 분야로 교육을 꼽았다. 외국인인 그의 남북통일에 대한 열정과 구구절절한 통일 준비 방법은 한국의 크리스천들을 고개 숙이게 하기에 충분했다.

"통일이 될 때, 예수로 무장된 교육이 북한의 각 동네를 휩쓸 수 있도록 남한의 젊은이들을 준비시켜야 합니다. 한국교회는 북한의 유치원부터 대학까지 모든 교육을 감당할 수 있도록 철저히 준비해야 합니다. 지금 북한 주민들에게 성경을 나눠줄 준비를 하고 있습니까? 북한 사투리는 또 얼마나 공부하고 있습니까? 정직한 비즈니스 모델을 제시할 준비는 돼 있습니까?"

커닝햄 목사는 한국이 세계 2위의 선교사 파송국가가 된 점도 높이 평가했다. 그는 예수전도단은 선교단체로서는 처음으로 제주도에 아시아선교센터를 세웠다면서 그만큼 한국의 선교 가능성을 높게 봤기 때문이라고 밝혔다. 그는 거듭 "이제 한국이야말로 복음을 전하기 위해 해가 지지 않는 나라가 됐다"며 "앞으로도 번영이 지속될지 여부는 한국교회가 어떻게 반응하느냐에 달려 있다"고 말했다. 한국인들에게 부어주신 복음의 축복을 전 세계로 유통시켜야 하는 영적 의무가 한국의 크리스천들과 교회에 있다고 강조했다.

커닝햄 목사는 말했다.

"한 나라가 성경을 향해 돌아선다면 지속적인 발전을 경험하게 되고 과학과 경제, 교육 등 모든 분야에 있어 영적으로 무장된 리더들이 세상에 쏟아져 나올 것입니다. 성경은 나라와 민족을 바꾸는 능력이 있으니까요. 하나님께서는 우리가 이 땅을 경영하길 원하십니다. 우리는 그분의 뜻대로 살 수 있습니다. 복음에는 세상을 바꾸는 능력이 있다는 사실을 명심해야 합니다. 흔히들 개인이 주님 앞에 온전히 서는 것을 부흥으로 생각합니다. 맞습니다. 그러나 개인적인 부흥만이 전부는 아닙니다. 개인적 차원을 뛰어넘어 도시와 마을까지 변화시키지 않는다면 아직 우리가 염원하는 부흥은 아닙니다. 예수 그리스도가 누구시며 그분이 우리 인생에서 어떻게 역사하셨는지를 중단 없이 전해야 합니다. 그리고 그 예수의 정신이 이 사회 모든 분야에 스며들게 해야 합니다. 그것이 부흥입니다. 다시 이 땅에 부흥의 물결이 넘칠 수 있도록 기도합시다."

한국교회의 무한한 잠재력을 이야기했지만 따끔한 경고도 했다. 그의 경고는 모든 한국 크리스천들이 새겨들어야 할 내용이었다.

"지금 한국교회 상황은 30여 년 전의 미국교회와 같습니다. 교회의 가장 큰 적은 핍박이 아니라 부요함입니다. 번영은 교회의 가장 큰 시험입니다. 이 시험을 통과해야 합니다. 시험을 잘 통과하기 위해서는 모든 열방에 가서 복음을 전해야 합니다. 우리가 풍요를 누리는 유일한 이유는 바로 복음을 전하기 위함입니다. 예수님의 지상명령을 준행하는 것은 우리 부요함의 비결입니다. 하나님 말씀에 순종하십시오. 안전 지역에서 나오십시오. 우리 자녀들을 불신과 냉소 가득한 무신론의 희생자가 되지 않게 하십시오. 그들을 7대 영역의 선교사로 보내십시오. 이 시대 복음의 영웅이 나와야 합니다. 그러면 교회가 건고히 설 것입니다."

그에게 '인생에서 가장 중요한 것'을 물었다. '관계relationship'라는 답이 돌아왔다.

"하나님과의 관계를 깊게 하십시오. 삼각형을 생각해보세요. 꼭짓점은 하나님입니다. 밑변 양쪽에 나와 타인이 있습니다. 당신이 하나님과 가까워질수록 타인과 밀접해질 것입니다. 하나님을 알고, 사랑하는 것. 그것이 인생의 열쇠입니다."

그의 이 말이 귀에 남는다.

"우리가 풍요를 누리는 유일한 이유는 복음을 전하기 위함입니다. 시험을 잘 통과하기 위해서는 모든 열방에 가서 복음을 전해야 합니다."

로렌 커닝햄

—

이 세상 사고방식을 갖고는 하나님의 뜻을 알 수도, 행할 수도 없습니다. 하나님의 아들이 아니라 종처럼 살게 됩니다. 우리는 종이 아니라 자녀입니다.

—

Ki Cheol Son

손기철

1957년생. 미국 조지아대학교에서 박사 학위를 받았다. 건국대학교 생명환경과학대학 교수를 거쳐 부총장을 지냈으며, 현재 농축대학원장으로 재직 중이다. 헤븐리 터치 미니스트리(HTM) 대표이다. 또 한국창조과학회 이사이자 온누리교회 장로이다. 저서로 《알고 싶어요 성령님》 《고맙습니다 성령님》 《왕의 기도》 《기름부으심》 《치유기도》 등이 있다.

—
그분은 우리를 통해
이 세상을 다스리기 원하십니다
—

네이버의 인물 정보에 '손기철'이란 이름을 입력해보았다.

소속: 건국대학교
학력: 조지아대학교대학원 박사
경력: 건국대학교 서울캠퍼스 생명환경과학대학 부총장
　　　온누리교회 장로
　　　한국원예치료협회 회장
　　　건국대학교 환경과학과 교수

이 정보는 틀리지 않았다. 그는 학계에서 인정받는 생명 및 환경과학
자이며 일반 교수들이 선망하는 테뉴어정년 보장 교수다. 그러나 네이버

의 인물 정보란은 완벽하지 않았다. 손기철이란 이름에 '치유사역자'라는 경력이 첨가되지 않는다면 그에 대한 정보는 완전하지 않게 된다.

손 부총장은 현재 한국에서 가장 많은 사람들이 몰리는 치유사역자다. 매주 월요일마다 성남의 선한목자교회에서 그가 인도하는 치유집회에는 평균 3000여 명이 참석한다. 그중 1000여 명이 각종 질병을 앓고 있는 환자들이다. 국내에 매주 지속적으로 3000여 명이 몰리는 특별집회는 찾아보기 힘들다. 집회에서 치유된 환자들도 수없이 많다.

하지만 손 부총장을 치유사역자로만 한정한다면 그의 진정한 '정체'를 이해할 수 없다. 온누리교회 장로인 그는 '하나님나라가 이 땅에 이미 도래했음을 알리는 사람'이다. '하나님나라'라는 큰 주제에서 볼 때 치유집회는 하나님나라의 복음을 전하는 하나의 방편에 불과하다. 그는 《고맙습니다 성령님》, 《왕의 기도》, 《치유기도》 등을 쓴 베스트셀러 저자이기도 하다.

치유사역자로서 그는 보통 사람이 상상하기 힘든 일정을 소화한다. 그럼에도 그는 교수와 학장, 대학원장을 거쳐 종합대학의 부총장이 되기도 했다(현재는 농축대학원장). 학문에만 매진한 사람도 힘든 과정을 그는 사역을 병행하면서 하고 있는 것이다.

처음 손 부총장의 치유사역에 관대했던 한국 교계 일부에서는 최근 들어 그의 사역을 여러 각도로 '검증'하고 있다. 본격적인 검증 절차에 들어간 느낌이다. 일부 교단에서는 그가 주창하는 '왕의 기도'에 대해서 의심의 눈초리를 보내고 있다. 사실 치유사역뿐만 아니라 우리 사회의 모든 사항에 대해서 신학적 성찰과 검증이 필요하다. 그것이 건강성을 유지하는 길이다.

그럼에도 때론 신학적 검증이란 작업이 잣대가 되는 것이 아니라 '검객의 칼'이 되어 섣부르게 싹을 베어버리는 결과를 낳기도 한다.

왜 하필 저입니까?

냉철한 이성의 과학도이자 대학교수가 자칫 주류 기독교계에서 비판받을 수도 있는 치유사역을 펼치며 하나님나라의 복음을 전하고 있는 이유는 그를 바라보는 모든 이들이 궁금하게 여길만한 내용이다.

나 또한 손 장로(크리스천 입장에서는 손 부총장보다는 손 장로라는 말이 더 친근하다고 생각해 이하 '손 장로'로 지칭하려 한다)를 만날 때마다 생각했다.

"국내외에서 인정받는 생명과학자가 왜 치유사역을 하게 됐을까?"

환호는커녕 비난까지 받고 있는 가운데 '그는 왜? Why he?' 그것이 나의 의문이었다. 그는 치유사역을 펼치지 않아도 충분히 존경받으며 잘 살 수 있는 인물이 아닌가? 나는 '그가 혹시 우리가 보지 못했던 것을 보았기 때문이 아닐까?'라는 의문을 가지게 되었다.

성경을 보면 어떤 사람들은 보았지만 다른 많은 사람들은 보지 못했던 것들이 있다. 여호와의 행적을 분명히 본 사람들이 있다. 하나님을 갈망하는 사람, 하나님께 굶주린 사람들에게만 보이는 하나님의 길이 있다. 모세가 보았지만 그와 함께 출애굽을 감행한 수많은 사람들이 보

더 있다

지 못한 것이 있다. 시므온이 안아보고, 안나가 확신 있게 전한 그 아기 메시아의 실체를 보지 못했던 무수한 동시대의 사람들이 있었다. 확실히 '먼저 본 사람들', '다수가 보지 못한 것을 본 사람들'이 있다. 그들을 무시해버리면 유익이 없다. 그들을 존중할 때 더 많은 유익이 온다. 지극히 실용주의적인, 이기적인 관점에서라도 그들에게 주의를 기울여야 하는 것이다.

지금 한국 기독교에는 이전과는 '다른 소리'들이 필요하다. 같은 소리만 외쳐서는 내리막으로 치닫는 한국 기독교의 길을 거꾸로 돌릴 수 없기 때문이다. 그래서 우리가 보지 못했던 것, 손 장로와 같은 사람들이 보았던 것에 한국 기독교를 향한 나름의 답이 있다고 생각한다.

손 장로는 앞서 소개한 미국 베델교회 빌 존슨 목사에 대해서 호의적인 반응을 보인다. 손 장로는 치유사역으로 들어가기 전 하나님 임재를 사모하며 먼저 그 임재를 경험했다고 여겨지는 많은 이들을 찾아보았다. 거기서 배우기도 하고, 반면교사反面教師 삼아 교훈을 얻기도 했다. 그는 치유사역을 본격적으로 펼칠 무렵에 빌 존슨 목사의 책을 보고 자신의 생각과 너무나 비슷해 감사하기도 하며 놀라기도 했다고 한다. 물론 거기에 완전히 함몰된 것은 아니지만 베델교회 사역에 대한 존중이 있었다는 것이다.

"개인적으로는 빌 존슨 목사님이 성령사역자 가운데 균형이 잘 잡힌 분이라고 생각합니다. 사실 성령사역자 가운데에는 말씀의 깊이나 신학적 균형이 결여된 분이 적지 않습니다. 말씀은 조금 전한 뒤에 은사적인

손기철

측면을 지나치게 부각시키는 경향도 큽니다. 그에 비해 존슨 목사님은 메시지가 탁월하고 깊이가 있습니다. 또한 제가 지향하는 비전과 아주 유사합니다. 그분의 책을 처음 접하고 큰 충격을 받았습니다. 제가 오랫동안 꿈꾸며 생각했던 것과 동일한 마음을 갖고 사역하는 분이었습니다. 깊은 기도와 묵상 가운데에서 말씀을 푸는 능력이 탁월했습니다. 그리고 '더 깊은 하나님의 임재'를 추구하는 열정이 특출했고요."

나는 손 장로가 대표로 있는 헤븐리 터치 미니스트리(Heavenly Touch Ministry, 이하 HTM) 사무실에서 그와 두 차례에 걸쳐 깊은 인터뷰를 했다.

나는 '와이 히Why he?'라는 물음을 가졌는데 손 장로는 마찬가지로 '와이 미Why me?'를 늘 생각했다고 말했다. 두 번째 그와 깊은 인터뷰를 가진 뒤에 내가 '와이 유?Why you?'라는 물음을 던지자 그는 "왜 저냐고요?"라고 되물으며 잠시 생각을 한다 여겨졌는데, 곧 그의 눈시울이 붉어지며 눈물이 맺혔다.

"제가 '와이 미?'를 왜 생각하지 않았겠어요. 수없이 묻고 또 물었습니다. '하나님 왜 저입니까? 지금 이 시대, 수많은 사람 가운데 왜 제가 해야 하느냐고요'라면서 말입니다. 전부터 하나님을 사랑하고자 하는 열정은 있었습니다. '그 열정만으로 하나님께서 나를 부르셨을까'도 생각해봅니다. 제 자신을 보면 잘나지도 못했고, 과거를 보면 정말로 쓰임 받을 수 없는 사람이거든요. 그런데 왜 저냐고요? 하나님의 주권적 선택이라고 밖에는 말할 수 없습니다."

그는 수없이 치유사역의 현장에서 탈출하려고 했다. 거기 머물다간 지금까지 과학자로 이뤘던 모든 것이 사라질 것만 같았다. 또한 치유사역에 대한 소명을 확인하고 모임이 활성화되면서부터는 학교로부터 탈출하려 했다. 사역 모드와 세상 모드 사이에서 고민해야만 했다. 치유사역에 집중하기 위해 학교를 떠나려 할 때마다 교수에서 학장, 대학원장, 부총장이 됐다. 하나님은 사역과 학교 일을 병행하기 원하셨다. 이제 그는 고민하지 않는다.

"하나님은 제가 말로만 하나님나라의 복음을 전하는 것이 아니라 직업의 현장에서 먼저 킹덤 빌더(Kingdom Builder, 하나님나라를 이 땅에 세우는 사람)가 되라고 하시는 것 같았습니다. 그러면서 '너가 힘든 것 잘 안다. 그렇지만 내가 너와 함께하지 않느냐…' 라고 말씀하셨습니다."

나는 손 장로가 일신의 욕심과 사람들의 환호 때문에 치유사역을 펼치고 있다고 생각하지 않는다. 여러모로 그는 치유사역의 새로운 가능성을 한국교회에 보여주고 있다. 그는 기존의 치유사역자와는 다르다. 겸손하고 격조 있다. 치유사역자들에게 흔히 제기되는 재정 문제나 지나친 우상화도 아직 없다. 이미 온누리교회에서 수없는 검증도 거쳤다. 그는 분명 하나님께 쓰임받고 있는 중이다! 무언가 새로운 패러다임을 한국교회에 제공할 수 있는, 생각해보면 한국교회의 귀중한 자산이다.

어떤 사람들은 이렇게 말할 수도 있다.

"맞아요. 좋습니다. 그러나 교회사를 보면 처음에는 신선하게 시작했다가 나중에 타락의 길로 떨어진 무수한 영적 운동들이 있었습니다. 손 장로 사역도 그러지 말라는 보장이 어디 있습니까?"

물론 그러지 말라는 보장은 없다. 하지만 장래 타락할 것을 두려워하

손기철

며 지금의 생생한 사역을 중단해야 할 이유는 더더욱 없지 않을까. 일체의 모든 것에는 생장곡선이 있다. 흥망성쇠가 있는 것이다. 생각해보면 이 땅의 모든 교회 역시 끝없이 부침을 겪었다. 교회 사가史家들은 30년 이상 부흥을 누렸던 교회를 찾아보기 힘들다고 말한다. 미국의 수정교회는 파산했으며, 한국교회가 환호했던 새들백교회와 윌로우크릭교회의 열기도 과거보다는 훨씬 시들해졌다.

그럼, 교회들이 반드시 쇠락하기 때문에 지금 교회를 그만둬야 하는가? 그렇지 않다. 하나님께서 쓰실 때까지 쓰임받는 것이다. 그러다가 하나님이 "여기까지!"라고 말씀하시면 손 털고 일어나면 된다. 그러나 그때까지의 '쓰임'에 대해서는 인정하고 평가해야 한다.

손 장로는 현재 한국교회에서 쓰임받고 있다고 생각한다. 그는 신학자나 목회자가 아니다. 그래서 신학적 문제는 신학자와 목회자로부터 비판과 도움을 받아야 한다. 손 장로는 그 점을 간과하지도, 거부하지도 않는다.

나는 한국교회에 심각하게 결여되어 있는 것이 '존중'이라고 생각한다. 우리에겐 '존중의 문화'가 너무나 부족했다. 이제 사랑이란 관점에서 존중했으면 한다. 한국교회 각 교단에서 손 장로와 그의 사역을 사랑과 존중이라는 관점에서 볼 때에 무언가 한국교회에 유익이 있을 것이다. 손 장로 역시 비판자들의 충고를 존중해야 한다. 그는 그럴 마음이 충분히 있어 보였다. 그는 '많은 조언들을 언제나 받아들일 자세를 취하고 있으며, 이해할 수 있는 충고와 지적은 수정하고 있다'고 했다.

즉각적인 논쟁의 자리에 나가지 않은 것은 그런 논쟁이 선한 결론을 내는 경우를 거의 보지 못했기 때문이라고 했다.

"하나님은 제게 세 번 비전을 보여주셨습니다. 치유사역과 하나님나라, 그리고 그 하나님의 나라를 교회를 통해서 이루라는 것입니다. 하나님나라 없는 교회, 교회 없는 하나님나라'는 있을 수 없다는 것이 저의 지론입니다."

손 장로와의 모든 대화 속에 흐르는 주제는 '하나님나라'와 '하나님나라의 복음'이었다. 그는 이 땅의 그리스도인들이 어쩌면 반쪽짜리 복음을 갖고 살고 있는지 모른다고 말했다.

"예수님이 전한 복음은 하나님나라의 복음(Good News about Kingdom of God)입니다. 하나님의 나라는 하나님이 주권을 갖고 통치하시는 나라입니다. 하나님은 한 번도 그 나라를 포기한 적이 없으십니다. 예수님은 잃어버린 하나님나라가 이 땅에 도래했다는 것을 알려주기 위해서 이 땅에 오셨습니다. 그분의 공생애 첫 메시지의 주제가 바로 하나님의 나라였습니다. 누가복음 4장 43절에도 예수님은 "다른 동네들에서도 하나님의 나라 복음을 전하여야 하리니"라고 말씀하시면서 자신은 그 일, 즉 하나님나라의 복음을 전하는 일을 위해 보내심을 받았다고 확실하게 언급하십니다.

분명히 기억해야 할 사항은 죽은 뒤에 가는 그 나라만이 아니라 바로 우리가 살고 있는 이 세계 역시 하나님나라라는 사실입니다. 그것을 알아야 합니다. 이 땅에서 타락한 인간이 살 수밖에 없는 제한된 삶이 아니라, 예수 그리스도로 인해 타락 이전의 완전한 삶을 살 수 있다는 것입니다. 신자가 예수님을 믿고 그 자아를 십자가에 못 박을 때에 그리스도의 영이 그 안에 들어갑니다. 바로 내 안에 오신 예수님의 영의 인도함을 받는 삶이 하나님나라의 삶입니다."

그에 따르면 이 땅에는 두 종류의 크리스천이 있다. 하나님나라의 삶을 사는 신자와 종교 활동을 하는 사람이다. 이 땅에서 하나님나라의 삶을 사는 신자는 '킹덤 멘탈리티(하나님나라의 사고방식)'를 지녔다. 성령의 인도함을 받는다. 세상 가치를 뛰어넘는 기적의 삶을 산다. 내 안에 있는 그리스도가 나를 통해 나타나는 삶, 즉 예수님의 영광을 이 땅에 드러내는 도구로 산다. 하늘에서 땅을 바라보며 하늘의 뜻이 이 땅에 이뤄지기를 기도한다. 세상에서 '하나님의 대사'로 살면서 그 나라의 도래를 알리는 데 진력한다. 가나안 정복자적 개념으로 교회를 본다.

그에 비해 종교인은 세상의 관점 그대로 신앙생활을 한다. 내 안에 있는 그리스도만으로 만족한다. 내 안의 그리스도가 나를 통해 이 땅에 나타나는 데에는 관심이 없다. 땅에서 하늘을 바라보며 간구한다. 관심이 교회에 국한된다.

손 장로는 자신의 소명, HTM의 사역 목적이 이 땅에 하나님나라가 임했음을 알리고 신자들로 하여금 하나님나라의 삶을 살게 하는 것이라고 강조했다. 그 일을 위해서 성도와 목회자, 교회를 섬기는 것이라고 설명했다.

"정말 중요한 사실은 이 세상 사고방식을 갖고는 하나님의 뜻을 알 수도, 행할 수도 없다는 것입니다. 로마서 12장 2절 말씀처럼 마음을 새롭게 해야 합니다. 마음을 새롭게 한다는 것은 킹덤 멘탈리티, 즉 하나님나라 백성의 정신을 갖는 것입니다. 하나님께서 이 땅을 바라보는 관점을 우리도 가져야 합니다."

손 장로는 한국교회가 구원 중심 복음에서 하나님나라 중심 복음으로 옮겨야 한다고 주장했다.

"우리는 복음을, 하나님나라를 너무 내세적으로 보고 있습니다. 그것이 문제입니다. 하나님나라를 죽은 뒤에 가야 할 어떤 곳으로 생각합니다. 정말 잘못 알고 있는 것입니다. 예수님이 전한 복음은 하나님나라의 복음입니다. 하나님의 나라는 하나님이 주권을 갖고 통치하는 나라입니다. 예수님은 잃어버린 하나님나라가 이 땅에 도래했음을 알려주기 위해 이 땅에 오셨습니다. 죽은 뒤에 가는 그 나라만이 아니라 바로 우리가 살고 있는 이 세계 역시 하나님나라라는 사실을 알아야 합니다. 내세가 없다는 것이 아닙니다. 현세와 내세가 균형을 잡아야 하는데 우리는 이 현세에서 하나님나라를 도외시한 교회생활을 너무 많이 하고 있다는 것이지요."

그는 우리에게 익숙한 요한복음 3장 16절을 언급하면서 다음 구절인 17절을 주목해야 한다고 말했다.

"하나님이 세상을 이처럼 사랑하사 독생자를 주셨으니 이는 그를 믿는 자마다 멸망하지 않고 영생을 얻게 하려 하심이라 하나님이 그 아들을 세상에 보내신 것은 세상을 심판하려 하심이 아니요 그로 말미암아 세상이 구원을 받게 하려 하심이라"(요 3:16,17).

분명히 기억해야 할 사항은
죽은 뒤에 가는 그 나라만이 아니라
바로 우리가 살고 있는 이 세계 역시
하나님나라라는 사실입니다.

손 장로는 세상을 구원하기 위해서 독생자를 우리에게 주신 하나님의 마음을 알아야 한다고 강조했다. 그에 따르면 우리는 신앙을 개인적 차원으로 축소, 하나님과 우리와의 관계로만 보려 한다. 요한복음 3장 17절까지 나가지 않고 16절에만 머물러 있음으로 인해 교회 내에서 하나님과의 관계를 통해 영생을 누리는 관점으로만 신앙을 축소해서 본다는 것이다. 그러나 예수님이 이 땅에 오신 목적은 우리에게 영생을 주고 난 후, 우리를 통해 세상을 구원토록 하기 위함이다.

그는 삼위일체를 시인하고 믿는 것보다 더 중요한 것은 삼위일체 하나님과 교제하는 것이라고 말했다. 성부와 성자, 성령 하나님과 온전히 교제하는 것이 진정한 신앙의 균형이라는 것이다.

그럼 구원을 받았다는 것은 어떤 상태를 말하는가.

"구원받은 자는 자신의 정체성을 확실하게 아는 사람입니다. 바로 자신이 하나님으로부터 나왔다는 사실을 아는 것이지요. 어떤 사람이 구원받았다면 그는 타락 이전의 상태로 돌아가 하나님의 자녀로서 하나님의 뜻을 이 땅에 이루는 자로 살게 됩니다. 그렇게 하지 않고서는 건지지 못합니다. 그리스도의 영이 우리를 통하여 하나님의 형상을 나타내고자 하기 때문입니다. 이 말은 결국 세상의 나는 죽었다는 의미입니다. 구원받은 신자는 스스로는 죽고, 대신 그 안의 예수 그리스도가 나타나는 사람입니다."

그는 현세에 도래한 하나님나라와 미래에 가게 될 하나님나라가 균형을 잡아야 한다고 말했다. 여기서 중요한 것이 교회다. 교회를 통해서

손기철

성도들이 현세에서 하나님나라의 삶을 살도록 하는 것이 바로 하나님의 뜻이라는 것이다.

"하나님이 우리에게 교회를 주신 이유를 알아야 합니다. 그분이 교회를 허락하신 것은 교회를 통해 세상을 하나님나라로 바꾸기 위함입니다. 단지 우리로 하여금 교회 내에서 신앙생활하고 우리만 천국 가라고 교회를 주신 것은 아닙니다. 하나님이 주신 교회는 노아의 방주가 아닙니다. 그런데 우리는 마치 교회를 노아 방주처럼 생각합니다. 그러다보니 주님을 우리의 주님으로만 착각하고 있습니다. 그러나 주 예수 그리스도는 우리만의 주님이 아니라 온 인류의 구주이십니다. 그래서 하나님의 통치는 교회에만 머무르는 것이 아니라 온 피조세계로 확대되는 것입니다. 우리는 교회에 들어가 예배드리며 성도들과 교제하며 양육을 받습니다.

그런데 우리가 기름부음을 받고 진짜 싸움해야 할 곳, 변화시켜야 할 곳은 이 세상입니다. 우리의 일터입니다. 오늘날 너무나 많은 사람들이 '내 안에 있는 그리스도'만으로 만족하고 있습니다. 그러나 예수님이 원하시는 것은 내 안에 있는 그리스도가 나를 통해서 세상에 나타나는 것입니다. 그것이 그분의 소원입니다. 그분은 우리를 통해서 친히 이 세상을 통치하고 다스리기를 원하십니다. 그것이 바로 하나님나라이기 때문입니다."

손 장로가 말하는 킹덤 멘탈리티를 지닌 신자, 즉 하늘에서 땅을 바라보는 신자는 먼저 움직인다. 움직일 때에 하나님이 말씀하시며 그 길의 방향을 바꿔주신다는 사실을 알기 때문이다.

자신이 하나님의 자녀이며 주의 뜻을 이 땅에서 이루는 자라는 확고한 정체성이 있는 자만이 주 안에서 짜릿한 모험의 삶을 살 수 있다. 이런 정체성이 없는 신자들은 늘 "주님, 말씀하시고 보여만 주시면 따르겠나이다"라고 말하지만 정작 한 걸음도 내딛지 못하며 아무 일도 못한다. 어렵게 시도하더라도 늘 불안해하며 의심한다. 범사에 강건할 수가 없게 된다.

"사도행전 16장을 보면 사도 바울이 소아시아로 전도하러 갈 때 성령이 막았습니다. 바울이 기도하지 않는 사람인가요? 하나님의 뜻을 모르는 사람인가요? 그렇지 않습니다. 그는 기도의 사람이며 하나님의 뜻을 누구보다도 잘 아는 사람이었습니다. 그럼에도 불구하고 그가 소아시아로 복음을 전하기 위해 나갈 때마다 성령이 그 길을 막았습니다. 중요한 것은 바울이 하나님의 뜻을 행하려고 나갈 때에야 비로소 하나님이 '그 길이 아니다'라고 알려주신 것입니다. 꿈으로 보여주셔서 바울로 하여금 유럽으로 건너갈 수 있게 해주신 것이지요. 우리는 하나님의 뜻을 행하는 일 없이 기도만 합니다. 그러면서 '보여주시고 말씀만 해주시면 반드시 순종하겠습니다'라고 말합니다.

그런데 하늘에서 땅을 바라보는 자는 먼저 움직입니다. 움직일 때 하나님이 말씀하십니다. 그 길과 방향을 바꿔주십니다. 예를 들어 멈춰 있는 차의 핸들은 돌리기 어렵잖아요. 시동을 걸지 않으면 차를 못 움직입니다. 일단 시동을 걸고 차가 움직이면 핸들을 쉽게 바꿀 수 있습니다. 하나님의 인도함을 받는 것도 그러합니다. 움직이면 알려주십니다. 그

손기철

런데 우리는 '나는 하나님의 자녀이며 주의 뜻을 이루는 자'라는 확신이 없고 내재한 성령의 계시가 없기에 움직이지 않습니다. 그렇기 때문에 아무것도 못합니다. 설사 한다고 해도 늘 불안하고 의심스럽습니다. 그런 사람들은 될 듯하다가도 결국은 안 되는 인생을 삽니다."

예수님의 기도를 따라하다

킹덤 멘탈리티를 지닌 사람은 왕의 기도를 드릴 수 있다. 왕의 기도는 하나님의 뜻을 이 땅에 이루는 기도다. 주님과 사도들이 했던 기도이며 이 땅에서 왕 노릇 해야 하는 우리가 드려야 하는 기도라고 손 장로는 강조한다. 왕의 기도를 드릴 때에 세상 가치를 뛰어넘는 기적과 치유가 일어난다. 육신의 삶을 살던 사람이 영의 사람으로 변해가는 과정에서 하나님의 영광과 접속되는 순간, 치유를 경험하게 된다.

'왕의 기도'에 대해서는 자세한 대화가 필요했다.

그는 미국의 유학생 교회에서 처음 신앙생활을 시작했다. 유학생 교회였기에 다양한 교단적 배경을 가진 사람들이 모인 교회였다. 서로 신앙 이야기를 나누는데 많은 사람들이 "전에 우리 교회에서는…" 하면서 각자의 주장을 폈다. 몇 시간 토론을 해도 결론이 나지 않았다. 그래서 그는 성경에서는 어떻게 이야기하고 있는지 궁금해서 성경을 깊이 연구하고 묵상했다. 성경에는 기사와 표적의 놀라운 일들로 가득 채워져 있었다. 대부분 이 땅에서는 불가능한 일들이었다.

그의 마음속에 한 가지 생각이 떠올랐다.

'예수님은 우리의 모본이 되신 분이다. 그분이 행하셨고 제자들 역시 그대로 행했다면 예수님을 믿는 나 역시 할 수 있는 것 아닌가?'

성경에도 그렇게 쓰여 있었다. 그러나 아무런 일도 일어나지 않았다. 그래서 성경을 더 자세히 보았다. 불가능한 일이 가능하게 되려면 뭔가 특별한 기술이 있을 것 같은데 아무것도 없었다. 예수님은 사람들이 모이면 일단 그들을 환대하셨다. 그들에게 하나님나라의 일들을 이야기해 주셨다. 그리고 나선 병든 자를 고치셨다. 그분께 나아온 자들 치고 병이 치료되지 않은 사람은 아무도 없었다. 그게 끝이었다. 그것이 놀라웠다. 그분은 제자들에게 '내가 한 것을 너희들 모두 보았지? 너희도 가서 하나님나라를 전하고 병든 자를 고쳐라'고 하셨다.

손 장로는 당시 예수님과 제자들이 했던 그 어떤 것, 이를테면 모두가 어떤 특별한 기술을 가졌다든지 하는 것들을 찾으려 했지만 아무것도 없었다. 단지 예수님이 하나님나라를 말씀하시고 병든 자들을 치유하는 것을 보여주시면서 '너희들도 그대로 해라' 라고 말씀하신 것만 나와 있었다. 도저히 말도 안 되는 이야기였다. 그래서 도대체 예수님이 어떻게 기도했는지를 살펴보았다. 그분의 기도를 보니 한번도 "아버지, 제발 이 일 좀 해결해주세요" 라는 식으로 간구하지 않으셨음을 알 수 있었다. 그저 명령하고 꾸짖고 쫓아내셨다.

손 장로는 생각했다.

'과연 그것은 예수님만이 하실 수 있는 것인가? 그분은 그 일을 제자들에게도 동일하게 하라고 하셨는데….'

돌아보니 같이 신앙생활을 하는 사람들은 이 같은 예수님의 사역은

손기철

기사와 이적이지 기도가 아니라고 생각하는 듯했다. 그런데 손 장로는 그것이야말로 예수님의 기도의 정수精髓라고 생각했다. 바로 그것은 '하나님의 뜻을 이 땅에 이루는 기도'였다. 그 기도는 주님은 물론 제자들이 행했던 기도였다. 그 기도는 또한 이 땅에서 왕노릇 해야 하는 우리가 행해야 하는 기도였다. 손 장로는 그것이 '왕의 기도'라는 것을 알게 됐다.

그는 그 왕의 기도를 늘 마음에 품었다. 물론 시도도 했다. 주위에서는 '성경에 대해서 배운 것도 없는 사람이 자기가 예수님이라도 되는 것처럼 명령하고 꾸짖으면서 기도하고 있는가' 하는 눈총을 주기도 했다. 그래도 그는 왕의 기도를 언제나 생각하며 실행했다. 한국에 돌아와 치유사역을 시작하면서부터는 본격적으로 기도하기 시작했다.

마침내 그렇게 기도해도 아무런 일도 일어나지 않던 일들이 일어나기 시작했다. 점점 더 그런 일들이 일상이 되었다. 그것을 정리해놓은 책이 《왕의 기도》다.

정리하면 왕의 기도는 이 땅에 하나님나라를 이루는 데 필요한 절대적 기도다. 하나님의 뜻을 이 땅에 이루는 기도로 예수님은 물론 사도들도 행했다. 이 기도는 이 땅에서 영적전쟁을 치르는 신자에게 절실하다. 다만 인간의 사고방식, 즉 멘탈리티가 변하지 않고는 도저히 할 수 없다. 땅에서 하늘을 바라보는 사람은 할 수 없다. 대신 하늘에서 아버지하나님의 마음을 갖고 이 땅을 바라보면서 해야 한다.

치유는 본질적으로 하나님의 뜻에 따라 이뤄진다. 그 뜻을 예수 그리

더 있다

스도를 대신해서 내가 아뢰는 것이다. 내 안에 계신 그리스도를 대신하되, 나의 말이 아니라 하나님이 주신 말씀을 선포하는 기도를 드리는 것이다. 그래서 그 말씀이 이 땅에 실제로 이뤄지게 하는 기도가 왕의 기도다. 그 기도는 천국 백성들이 하는 기도다.

결국 왕의 기도는 하나님의 나라를 이 땅에 이루는 기도다.

"하나님은 그분의 뜻을 포기하신 적이 한 번도 없습니다. 이 땅과 그의 나라를 포기하지 않으셨다고요. 그 나라를 다시금 회복하기 위해서 메시아가 이 땅에 오셨습니다. 그런데 우리는 그 나라를 공간적으로만 생각했습니다. 그러나 하나님의 통치와 주권, 다스림이 있는 나라는 어디든 그의 나라입니다. 그분이 친히 오셔서 다스리시는 나라입니다. 예수님은 바로 그 일을 하시기 위해 이 땅에 오셨습니다. 우리는 하나님나라의 관점에서 그 뜻을 이루기 위한 언약의 말씀을 붙들어야 합니다.

그런데 많은 신자들이 하나님나라와 뜻에는 관심을 두지 않고 자신의 축복과 형통, 더 나은 삶을 위해서만 그의 말씀을 붙들고 있습니다. 그러면서 '주여, 당신이 그렇게 말씀하셨으니 내가 믿습니다. 그러니까 그 말씀 그대로 내 삶에 이뤄지게 하옵소서'라고 외칩니다. 그렇게 외치는 기도에 하나님나라의 개념이 들어가면 모든 것이 변합니다. 이제는 이 땅에서 하나님의 약속을 붙들고 기도하는 것이 아니라 하나님나라에서 주의 뜻을 붙들고 이 땅에 선포하는 자가 됩니다. 엄청난 관점의 차이가 있습니다."

나는 손 장로에게 "그러면 어떤 믿음이 기적을 일으키는가"라고 물었다. 그는 한마디로 믿음은 지적 동의가 아니라고 말했다. 믿음은 안 믿기는 것을 의지적 노력으로 "믿습니다" 하면서 받아들이는 것이 아니다. 그것은 인간의 육신적이고 감정적인 믿음일 뿐으로 예수님과 하나님이 말씀하시는 믿음이 아니다. 진정한 믿음은 지적으로 동의할 뿐 아니라 그 믿음의 대상에 자신 전부를 던져 넣는다.

외줄타기 명인이 나이아가라 폭포 위를 외줄을 타고 건넌다. 모두가 그 사람이 건넌다는 사실을 믿는다. 그것은 지적 동의다. 그러나 '그 사람 등에 올라타 폭포 위 외줄을 건널 수 있는가'라는 질문에 바로 "예"라고 하지 못하면 믿음이 있는 것이 아니다.

믿음은 저절로 믿어지는 것이다. 내 안에 계신 그리스도의 영에 의해 그 말씀이 진리라는 사실이 계시되었을 때 그 말씀이 믿어지는 것이다. 그래서 진정한 믿음은 성령의 인도함 없이는 나올 수 없다. 성령 없는 믿음은 하나님의 믿음이 아니라 인간적인 믿음이다. 한계가 있다. 진정한 믿음은 내 머리의 사고와 이성으로는 이해되지 않지만 내 심령은 동의하는 것이다. 그때 인간적 사고체계로는 설명이 어려운 삼위일체가 은혜로 믿어진다.

"처음 하나님을 믿었을 때에 도저히 내 머리로는 이해가 안 되고 가짜 같았지만 내 심령에서는 알 수 없는 눈물이 나오면서 믿어졌습니다. 그 것은 전적으로 하나님의 선물입니다. 오늘날 너무나 많은 사람들이 자기의 노력으로 구원을 얻으려 합니다. 그 깊숙한 밑바닥에는 자기애自己愛가 있습니다. 그런 사람들에게는 열심이 있습니다. 그래서 교회 내 중직을 맡습니다. 그러나 그 안에는 그리스도가 없습니다. 일이 잘 풀릴 때에는 아무도 모르다가 환란과 고난이 닥치면 나타납니다. 환란의 때에 십자가 도道의 능력이 나타나는지 여부에 따라 믿음이 있는 자의 표가 분명히 드러납니다. 한 인간의 마지막에 나타나는 신앙이 진짜입니다. 마지막 모습을 보고서 우리는 그 사람이 구원을 받았는지 알 수 있습니다."

손 장로는 우리는 종이 아니라 '하나님의 자녀'라는 사실을 강조했다. '천지를 지으신 하나님이 바로 나의 아버지'라는 사실을 인식할 때에 모든 것이 달라진다고 말했다.

"이 세상 사고방식을 갖고는 하나님의 뜻을 알 수도, 행할 수도 없습니다. 하나님의 아들이 아니라 종처럼 살게 됩니다. 우리는 종이 아니라 자녀입니다. 종이 아니라고요! 우리는 구원 복음에만 초점을 맞춘 신앙생활을 해왔기에 구원을 이뤄가는 하나님나라의 삶을 경험하지 못했습니다. 그래서 '내가 하나님을 위해서 할 수 있는 일이 무엇일까'를 증명하는 데 최선을 다하는 삶을 살아갑니다. 종이 그렇게 힘들게 살잖아요. 그런데 하나님은 우리의 그 노력을 하나도 평가해주시지 않습니다. 하나님은 당신 스스로가 자신의 일을 행하기 원하십니다. 바로 나를 통해서 말입니다. 이럴 경우 일에 대한 관점도 달라집니다. 일을 통해 하나님께 영광 돌리는 것이 아니라 하나님 자신을 나타내기 위해서 우리에게 일을 주셨다는 사실을 깨닫게 됩니다. 그때에야 이 땅의 모든 일들이 하나님을 위한 거룩한 일, 즉 성직聖職이 될 수 있는 것입니다."

손기철

제자도를 넘어 자녀도

손 장로의 이야기 가운데 한 가지 정리해야 할 것이 있었다. 그것은 제자도와 자녀의 도에 관한 것이었다. 앞의 이야기와 다소 중복되는 경향도 있지만 다시 한 번 그의 이야기를 쉽게 풀이해본다.

그는 '예수님의 제자'라는 말보다는 '하나님의 자녀'라는 말이 훨씬 더 강력하고 좋지 않으냐고 반문했다. 확실히 그렇다. 두말없이 제자보다는 자녀가 더 친근한 관계다.

"기독교 복음은 나같이 부패하고 타락한 자에게 하나님이 친히 찾아오셔서 자녀로 삼아주신 것입니다. 요한복음 1장 12절에 나온 대로 '영접하는 자, 곧 그 이름을 믿는 자들에게는 하나님의 자녀가 되는 권세'를 주셨습니다. 우리는 하나님의 자녀입니다. 제자훈련으로 인한 수많은 좋은 결과물들이 있습니다. 허나 실제로 그 제자훈련을 받은 사람들의 영향력이 기대보다 크지 않다는 데 현실적인 어려움이 있습니다. 물론 훌륭한 크리스천들이 많이 계시지요. 그럼에도 이 사회 속에서 제자도를 지닌, 제자훈련을 받은 사람들의 영향력이 크다고 말할 수는 없다고 합니다. 왜 그럴까요?"

교회와 성도들의 사회적 영향력이 작다고 비판하면 사람들이 진정한 예수 그리스도의 제자가 아닌, 인간의 제자가 되었기 때문이라는 식으로 이야기한다. 인간의 제자가 아니라 예수님의 제자가 되면 모두 달라질 것이라는 이야기는 얼핏 그럴듯해 보이지만 문제가 있다고 손 장로는 지적한다.

"예수님은 나를 하나님 자녀로 만들기 위해서 십자가에서 돌아가셨

습니다. 그럼에도 우리는 처음 믿음을 받아들일 때에 '나는 하나님의
자녀입니다'라고 고백해놓고 실제 삶은 종처럼 살면서 그 종 상태에서
벗어나려고 제자훈련을 받고 있는 것이 현실입니다."

근본적으로 우리가 하나님의 자녀가 되고 난 다음에 다시 예수님의 제
자가 된다는 것은 논리적으로도 어처구니없는 이야기라는 것이다. 크리
스천의 사회적 영향력이 적은 것은 제대로 가르치는 참다운 선생이 없어
서이지 우리가 예수님의 제자가 안 돼서 그런 것이 아니라는 말이다.

손 장로에 의하면 제자는 선생이라는 상대방을 염두에 둔 개념이다.
육신을 지닌 인격과 인격이 존재할 때만이 스승과 제자라는 관계가 성
립된다. 예수님은 이 땅에서 육신을 갖고 계실 때에 열두 제자를 택하셨
다. 그 당시의 많은 사람들이 예수님을 선생으로 섬길 수는 있었지만 제
자는 열두 명뿐이었다. 예수님의 제자들에게도 제자가 있었으나 그들이
'예수의 제자'는 아니었다.

"우리가 육신의 몸으로 예수 그리스도를 믿는 것에는 한계가 있습니
다. 베드로는 인격 대 인격으로 예수님의 제자가 되어 그분을 선생으로
따랐습니다. 그 순간 '예수님의 제자' 베드로의 따름은 진심이었지요.
그러나 그 결과는 무엇입니까? 결국 닭이 두 번 울기 전에 세 번이나 예
수님을 부인하는 관계밖에 되지 않았거든요.

내가 예수 그리스도의 죽으심에 연합할 때, 그리스도의 영이 내게 옵
니다. 그래서 이제는 내 삶이 아니라 그리스도의 삶을 살게 됩니다. 그
런데 어떻게 예수님과 스승, 제자의 관계를 맺을 수 있습니까? 이미 우

손기철

리는 제자의 단계를 훨씬 뛰어넘은 존재들입니다. 우리는 자녀라고요, 자녀. 그 주 예수 그리스도가 우리 안에 들어오셨다는 것은 이제 우리가 하나님의 자녀가 됐다는 사실을 말합니다. 예수님이 우리 가족이 됐다는 겁니다."

손 장로는 우리가 진정 배워야 하는 것은 예수님께서 지상에서 사역하실 때의 '선생과 제자의 관계'가 아니라 예수님이 승천하신 후, 보혜사 성령이 우리 안에 들어온 이후의 아버지와 자녀와의 관계라고 강조했다.

정리하자면 이렇다. 그분의 영이 우리 안에 들어오셨다. 내 안에 들어오신 예수 그리스도를 통해 나와 하나님은 아버지와 자녀의 관계가 되었다. 우리가 배워야 하는 것은 하나님과 나와의 자녀 관계, 즉 자녀 의식이다. 그래서 우리는 제자훈련을 뛰어넘는 자녀훈련을 해야 한다. 우리가 선생으로 만나야 하는 사람은 바로 실제 삶 속에서 하나님의 자녀로서의 삶을 사는 사람이다. 그런 사람을 스승으로 만나야 하며 그 스승으로부터 나도 하나님의 자녀임을 깨달아 실제 삶에 나타내어야 한다.

"중요한 것은 그 선생도, 우리도, 모두 다 하나님의 자녀이고 예수님의 가족이라는 것이지요. 이 관계를 배우고 나서야 진정으로 세상을 하나님나라로 바꿀 수 있습니다. 우리가 자녀되는 것은 포기하고 예수님의 제자가 되겠다고 하는 것은 어떤 면에서는 예수님의 죽으심은 인정하지만 부활, 승천하신 예수님, 우리 안에 오신 예수님은 부정하는 신앙생활을 하는 것과 같습니다. 십자가에 달려 돌아가신 이후의 예수님의 모습이 중요합니다. 우리는 이원론적으로 '십자가 아니면 성령'이라고 하지만 어떻게 십자가와 성령을 나눌 수 있겠습니까? 예수님의 죽으심과 부활은 동전의 양면처럼 하나입니다. 어떻게 자녀 된 우리가 예수님의 죽음에만 동참할 수 있겠습니까."

결국 예수 그리스도를 믿고 그분이 내 안에 들어오셨다면 나의 삶은 없어진 것이다. 나는 죽고 주 예수 그리스도가 내 안에서 사는 것이다. 내 안에 계신 그리스도의 삶을 사는 것, 그것이 바로 이 땅에 도래한 하나님나라의 삶을 사는 것이라는 설명이다.

손 장로는 우리가 하나님의 자녀라는 그 자녀의식을 온전하게 알 때에야 비로소 누가복음 15장에 나온 돌아온 탕자의 비유를 확실하게 이해할 수 있다고 말했다. 그러할 때에 돌아온 아들에게 새 신발과 새 가락지, 새 옷을 준 아버지의 마음, "애야. 내 것은 모두 네 것이다"라는 말의 뜻을 깨달을 수 있다는 것이다.

그런 확고한 자녀의식을 지닌 사람들은 이 세상에 대한 주인의식과 책임의식을 갖는다. 이 땅을 다스릴 권리와 책임을 자각한다. 이 땅을 바라보며 "이게 바로 우리 아버지 건데…. 우리 아버지가 나한테 모두 맡긴 건데…"라고 할 수 있다. 그럴 때 더럽고 악한 것에게 빼앗긴 이 땅을 탈환하고자 하는 거룩한 분노를 갖게 된다. 이제 주인으로서, 주 예수 그리스도의 이름으로 잃어버린 하나님의 나라를 회복시킬 왕의 자녀로서의 멘탈리티를 다시금 갖게 되는 것이다.

"지금 가장 큰 문제는 이런 자녀의식이 우리에게 없다는 것입니다.

손기철

그래서 결국 이전과 같이 세상에서 교회로 들어가고, 죽고 난 다음에는 이 세상이 아닌 하늘 어디에 있는 천당으로 간다는 관념밖에 없는 것입니다. 그러나 이미 이 땅에 도래한 하나님나라에서 자녀의식을 갖고 사는 사람들은 당당하게 세상을 차지하려 합니다. '아버지께서 나를 세상에 보내신 것같이 나도 그들을 세상에 보내었고'라는 요한복음 17장에서 예수님이 하신 말씀을 이루게 됩니다. 자녀의식을 지닌 자, 자아가 죽은 자만이 세상을 진정으로 사랑할 수 있습니다.

그 자녀 의식이 없는 기독교 신자가 세상을 사랑할 때 이 세상은 육신과 안목, 이생의 자랑으로 가득 찬 세상이 될 수밖에 없습니다. 자녀 의식을 갖고 세상을 사랑하는 사람만이 세상을 변화시킬 수 있습니다. 그럴 때 하나님이 세상을 '이처럼' 사랑하사 독생자를 주셨다는 말이 이해됩니다."

손 장로의 이야기를 들으면서 나는 '자녀도子女道'란 말을 생각했다. 제자도와 자녀도. 그는 제자훈련을 부정하는 것이 아니었다. 제자훈련의 중요성과 효용성을 인정했다. 그러면서 지금의 제자훈련에서 한 걸음 더 나아가자고 주장했다.

손 장로는 자녀도를 장착해서 주인의식을 갖고 이 땅에 하나님의 나라를 이뤄가는 사람을 킹덤 빌더라고 했다. 그는 이런 자녀의식을 가질 때라야 성도들이 왜 세상 속에 들어가서 빛과 소금의 역할을 해야 하는지가 명확해진다고 말했다. 그러할 때 이 세상 모든 직업이 하나님의 신성한 일이 되며 '성자聖者가 된 청소부'를 이해할 수 있게 된다고 했다.

더 있다

치유는 복음 전파의 결과

그는 크리스천이 스스로 물어야 할 질문은 "내가 과연 진짜로 예수님을 만났는가" 하는 것이라고 말했다. 성도들은 물론 목회자와 선교사, 사역자들이 겸손하게 자문해야 한다는 것이다.

"엄청나게 비싼 벤츠가 있다고 칩시다. 수많은 옵션을 단 차입니다. 그런데 기름이 없다면 어떻게 되겠습니까. 벤츠는 무용지물이 됩니다. 아무리 타이틀(목사, 선교사, 장로 등)이 좋아도, 고난도의 믿음 방정식을 알고 열심히 기도해도 기름, 즉 하나님의 생명이 없으면 아무것도 아닙니다. 예수님을 만나지 않았다면 아무리 교회에 열심히 나가도 종교인에 불과합니다."

손 장로는 월요말씀치유집회의 목적은 치유가 아니라 하나님나라의 복음을 전하는 것이라고 거듭 강조했다. 진심으로 하나님나라의 복음을 전하면 치유는 은혜로 따라오는 것이란다. 치유는 하나님나라의 백성이 누리는 많은 은혜 가운데 하나라는 것이다.

손 장로를 비난하는 사람들 가운데는 그가 치유기도를 했음에도 낫지 않은 사람들을 믿음이 없는 자로 여기고 있다고 주장한다. 그러나 손 장로와 이야기를 나누면서 그것은 오해에서 비롯된 것임을 알게 됐다.

"분명히 말합니다. 치유는 하나님나라 복음 전파의 결과입니다. 치유만 따로 있는 것은 아니라고요. 저는 믿으면 다 되고, 믿지 않으면 안 된다고 말한 적이 한 번도 없습니다. 무엇보다도 우선시되어야 하는 것은 하나님과의 바른 관계입니다. 그 관계는 일어난 현상만을 가지고 판단할 수 없습니다. 치유되고, 안 되고는 하나님의 신비에 속한 영역이라는 생각입니다."

그는 성령의 계시에 의해서 예수 그리스도가 누구인지를 고백하는 모임이 바로 교회라고 말했다. 진정한 교회는 하나님의 백성이다. 그 백성은 인간의 지식이 아니라 살아 계신 성령님에 의해 하나님의 비밀인 예수 그리스도가 누구인지를 아는 사람들이다. 이런 교회의 모습이 회복되어질 때 진정한 부흥이 임한다.

그는 자신과 HTM의 비전은 교회와 목회자, 성도들을 철저히 섬기는 것이라고 말했다. 특히 이 땅의 모든 목회자들이 양들을 위해 기도할 때, 회복과 치유의 역사가 일어나는 것이 꿈이라고 언급했다. 그는 대화 가운데 목회자들에 대한 깊은 존경과 애정을 여러 번 표했다.

"저는 하나님이 사람을 쓰신다면 먼저 목사님들을 쓰신다고 생각합니다. 목사님들보다 더 준비되고, 교회와 성도를 사랑하는 사람이 있을까요? 그 귀한 목사님들을 통해서 이 땅에 도래한 하나님나라의 복음이 펼쳐지기를 소망하고 기도하고 있습니다. 가끔 성도들 중에서 자신이 은사를 받았다고 하면서 목사님의 권위 아래서 벗어나 안수하고 기도하는 일을 통해 교회의 질서가 무너지고 어지럽게 되는 일이 있습니다. 은사는 성령님이 주시는 것으로 교회를 세우기 위한 것입니다. 교회의 감독과 치리에 따르지 않고 자랑하거나 함부로 드러내어 사역하는 경우는 문제가 있습니다. 교회에서 은사에 대한 올바른 이해를 교육하고 지침을 주어야 한다고 생각합니다."

성공이 무엇인지를 물었다.

"사는 날 동안 내 안에 계신 하나님이 나를 통해 나타나시도록 하는 것입니다. 매일 성공해가고 있습니다. 나는 오늘보다 내일, 내일보다 모레 더 성공할 것입니다. 왜냐하면 시간이 지날수록 좀 더 그분을 알아가고 있기 때문입니다. 하나님을 알아갈수록 점점 하나님이 나를 통해 더 나타나시기 때문입니다."

묘비명으로 준비해둔 말이 있냐고 물었다. 그는 잠시 생각한 뒤에 대답했다.

"하나님과 동행하며 하나님의 뜻을 이 땅에 이뤄갔던 자, 여기 잠들다."

손기철

주님을 바라보고 살다보면 내가 하지 말아야 하는 것
이 내 안에 계신 주님과의 사이에서 먼저 정리가 됩니
다. 다른 사람 생각할 필요가 없습니다. 그러니까 죄가
안 지어지는 것이고, 원수도 사랑하게 되는 것이며, 항
상 기뻐하게 되는 것이지요.

Ki Sung Yoo

유기성

1957년생. 감리교신학대학교를 졸업한 후 부산제일교회
와 안산광림교회 담임목사를 역임했다. 현재 성남의 선
한목자교회 담임목사로 사역하고 있으며, KOSTA(해외유
학생수련회) 국제이사, 한미준(한국 교회 미래를 준비하는 모임) 회
원이다. 저서로 《나는 죽고 예수로 사는 사람》, 《네가 나
를 사랑하느냐》, 《영성일기》 등이 있다.

—
하루 종일
예수님과 함께하세요
—

새 찬송가 288장(통합 204장) 〈예수를 나의 구주 삼고〉를 불러본다.

예수를 나의 구주 삼고 성령과 피로써 거듭나니
이 세상에서 내 영혼이 하늘의 영광 누리도다(1절)
온전히 주께 맡긴 내 영 사랑의 음성을 듣는 중에
천사들 왕래하는 것과 하늘의 영광 보리로다(2절)
주 안에 기쁨 누림으로 마음의 풍랑이 잔잔하니
세상과 나는 간 곳 없고 구속한 주만 보이도다(3절)
이것이 나의 간증이요 이것이 나의 찬송일세
나 사는 동안 끊임없이 구주를 찬송하리로다(후렴)

'이 세상에서 내 영혼이 하늘의 영광을 누리는 것', '천사들 왕래하는 것과 하늘의 영광을 보는 것', '세상과 나는 간 곳 없고 구속한 주만 보이는 것'.

이는 황홀한 크리스천의 삶이다. 어떻게 이런 삶을 누릴 수 있는가. 오직 주 예수 그리스도와 동행하는 사람만이 누릴 수 있을 것이다. 이 찬송가 가사를 지은 패니 크로스비(Fanny Crosby, 1820-1915)는 태어난 지 6주 만에 실명失明, 평생 빛을 보지 못하고 살았다. 그러나 그녀의 마음속에는 언제나 밝은 빛이 가득했다. 주 예수 그리스도와 동행했기 때문이다. 그녀는 실명이라는 어려운 환경을 신앙의 힘으로 극복하면서 세상의 밝은 면만을 보려고 했다. 늘 감사하면서 그 마음을 시詩로 기록, 6000여 개의 찬송가 가사를 남겼다. 생전에 그녀는 말했다.

"하나님께서 특별한 은혜를 베푸셔서 내일 내 눈을 뜨게 해주신다 해도 나는 거절하겠어요. 만일 눈을 떠서 이 세상의 아름다운 것을 보고 나면 하나님을 찬양하는 일을 중단할지도 모르니까요."

〈예수를 나의 구주 삼고〉의 작곡자는 크로스비의 절친한 친구인 조셉 크냅 부인이다. 크냅 부인이 어느 날 이 곡을 크로스비 앞에서 연주하고 질문했다.

"패니, 이 곡조가 무엇을 말하는지 알겠어?"

크로스비는 즉각 대답했다.

"물론이지. 그것은 예수로 나의 구주 삼고(Blessed Assurance, Jesus is Mine)를 말하고 있지."

패니 크로스비는 95세를 일기로 이 땅을 떠났다. 평생 세상의 아름다

유기성

움을 보지 못한 불행한 여인이었으나 한편으로는 주 예수 그리스도와 평생 동행했던 행복한 여인이었다. 그녀와 동시대에 태어나 밝은 세상을 보면서 성공적이고 행복한 삶을 살았던 무수한 여성들이 있었을 것이다. 지금은 맹인이었던 패니 크로스비도 두 눈 멀쩡했던 아름답던 여성들도 모두 이 땅에 없다! 다 지나갔다. 남는 것은 무엇인가? 오직 하나. 주 예수 그리스도와 동행했던 것뿐이다. 지금 우리는 〈예수를 나의 구주 삼고〉를 부르며 패니 크로스비를 생각한다. 누가 성공자인가?

예수님은 주인인가? 손님인가?

선한목자교회 유기성 목사를 만나면서 내내 패니 크로스비의 〈예수를 나의 구주 삼고〉를 생각했다.

우리는 모두 길 위에 있는 존재이고, 아직도 갈 길이 멀기에 한 인물에 대한 과도한 평가는 무리가 있고 위험하기도 하다. 그러나 나는 유 목사를 만나면서 그가 패니 크로스비와 같이 평생 주 예수 그리스도와 동행하기를 염원하는 목회자라는 생각을 하게 됐다. 적어도 내가 보기에 그는 오직 그 외에는 인생의 목적이 없는 것처럼 보였다.

나는 또한 유 목사가 '존중의 문화'를 삶과 목회 가운데 펼치고 있다는 생각을 했다. 그가 담임하는 선한목자교회가 얼마나 크고 훌륭한 교회인지의 여부에 대해선 큰 관심이 없다. 그보다 훨씬 더 크고 더 훌륭한 사역을 펼치는 교회를 많이 보았기에. 대신 나는 유 목사의 하나님과 동행하려는 그 절절한 신앙 여정과 이 땅에 존재하는 다양한 영적 세계에 대한 존중의 마음에 끌렸다. 그것이 지금 극심한 어려움을 겪고 있는 한국교회에 큰 유익을 끼칠 것이라 생각했다.

오랫동안 나는 '세상과 나는 간 곳 없고, 구속한 주만 보인다'고 진심으로 고백하는 사람들을 만나기 소망했다. 내 스스로가 '구속한 주는 간 곳 없고, 세상만 보이는' 삶을 살았기에 그 반작용으로 24시간 하나님만 바라보는 '도사 같은 크리스천'을 보기 원했던 것 같다. 고백하건데 그런 사람들은 찾기 어려웠다! 그러나 유 목사는 특별했다.

혹자는 이렇게 말할지 모른다.

"다 특별한 순간이 있었어요. 그러나 끝까지 가지 못하지요."

맥 빠지게 하는 소리가 아닐 수 없다. 나를 좌절시키는 사탄의 소리가 있다면 아마도 그 같은 말일 것이다. 그런 말을 들을 때 나는 스스로 다짐한다.

'지금 특별한 것이 있다면 그것을 그대로 존중하자.'

앞으로 변할 수 있기에 현재의 역사를 외면하는 것이야말로 얼마나 어리석은 일인가. 공리적인 측면에서도 결코 유익하지 않다. 적어도 지금 내게 있어 유 목사의 이야기는 특별했다. 그것이 내가 현재 목회의 길을 가고 있는, 앞으로도 얼마든지 변할 여지가 있는 한 인간, 유기성 목사를 소개하는 이유다.

유 목사는 올해 56세. 그는 글쓰기를 업으로 하는 작가가 아니다. 그러나 2008년에 나온 《나는 죽고 예수로 사는 사람》이 베스트셀러가 되면서 기독출판계에서 작가로서도 그를 주목하기 시작했다. 2012년 5월

유기성

에는 《네가 나를 사랑하느냐》를 출간했다. 장로회신학대학교 신학대학원 사경회에서 설교한 내용을 쉽게 푼 것이다. 하루 24시간 주님과 동행하는 그리스도인을 꿈꾸는 그의 염원이 담긴 책이다.

국민일보의 한 코너인 '저자와의 만남'을 위해 7월 초, 그를 만났다. 물론 그 이전에도 만나 인터뷰한 적이 있다. 유 목사는 전형적인 선비형 목회자다. 외모에서 '목사의 모습'이 보인다. 말도 조근조근 한다. 그러나 메시지는 단호했다. 그는 내게 말했다.

"요즘 아침에 일어나서부터 저녁 잠자리에 들 때까지 24시간 예수님과 동행하면서 그분만 바라보는 일에 집중하고 있습니다."

그와 더불어 선한목자교회 성도들도 예수님과 동행하는 여정을 기록하는 '영성일기'를 쓰고 있다고 했다. 일기를 쓰면서 자신은 물론 교인들과 교회에 놀라운 일들이 일어나고 있다는 것이었다.

'예수님과의 동행'은 로렌스 형제(Brother Lawrence, 1611-1691)나 프랭크 루박(Frank C. Laubach, 1884-1970), 사막 교부들, 대천덕 신부 등 수많은 믿음의 선배들이 추구했던 명제다. 그들뿐 아니라 크리스천 가운데 예수님의 임재를 느끼며 그분과 동행하고자 하는 열망이 없는 사람은 찾기 힘들다. 그러나 문제는 '어떻게'다. 그와의 대화 가운데 가장 와 닿은 말은 '눈이 뜨여야 한다'는 것이었다. 유 목사는 예수님이 목적이 되어 예수님 한 분으로만 충분한 인생을 살기 위해서는 눈이 뜨여야 한다고 했다. 자연히 어떻게 해야 눈이 뜨일 수 있는지를 묻지 않을 수 없었다.

"주님의 임재하심은 말만이 아닙니다. '예수님이 나와 함께하신다'고 그저 교리나 지식으로 알 문제가 아니라고요. 우리 주님은 살아계시고 우리 안에 들어와 우리와 함께 계시는 분입니다. 그 예수님을 분명히 알면 그때부터 우리의 사역뿐 아니라 삶 전체가 바뀝니다. 우리는 물어야 합니다. '예수님이 진짜 주인인가. 아니면 귀한 손님이실 뿐인가' 라고 말입니다. 예수님이 정말 내 삶의 주님이 되시면 물이 포도주가 되는 기적이 우리 인생에서도 일어납니다."

그에 따르면 신자의 눈이 뜨였다는 것은 예수님의 생명으로 사는 자가 되었다는 의미다. 예수 생명으로 살기 위해서는 죽어야 한다. '나는 죽고, 예수만 살아야' 한다. 세례를 받았다는 것은 '나의 죽음'을 받아들인다는 뜻이다. 세례 받을 때 우리는 이미 자아의 장례를 치른 것이다. 죽음의 세례식이 거행되고 자신의 죽음을 받아들일 때 비로소 예수님의 생명으로 사는 자가 된다.

"우리는 예수 안에서 삽니다. 예수님이 우리 안에 오셨습니다. 그런데 왜 그것을 경험하지 못할까요. 나의 죽음이 분명하지 않기 때문입니다. 예수 생명의 역사는 그냥 나타나지 않습니다. 나의 죽음이 분명해야만 비로소 주님의 생명이 드러납니다. 중요한 것은 '내가 죽어야 하는 것'이 아닙니다. 나의 노력이 아니지요. '내가 예수님과 함께 이미 죽었음을 믿는 것'입니다. 우리의 할 일은 믿는 것입니다. '내가 죽었다'는 그 고백을 평생에 한 번도 제대로 하지 못하고 사는 신자와 사역자들이 많습니다. 먼저 믿음으로 '나는 죽었다'는 사실을 취하십시오. 그래야 비로소 경험하게 됩니다."

유 목사는 내가 죽지 않은 상태에서 목회하고, 주의 일을 하려 한다면 결코 하나님의 영광이 드러날 수 없다고 단언했다.

유기성

"많은 분들이 열심히 목회를 하다가 마지막에 가서 무너지는 이유를 이제 조금은 알겠습니다. 목회를 잘 마무리하는 것과 그렇지 못하는 차이를요. 목회에 온 힘을 쏟고, 재미있게 하며, 거기에 사명감을 느낄수록 목회를 내려놓을 때 힘들어집니다. 거기에 자신들의 모든 것을 쏟았으니까요. 그러나 정말 예수 그리스도를 인격적으로 아는 눈이 뜨이게 되면 목회에 대한 모든 관점이 달라집니다. 자신이 무엇을 위해 목회했는지에 대한 지엄한 사실은 오직 '주님 앞에 서는 날'에 알게 됩니다. 평생 하나님을 위해 일했다 하더라도 내가 죽고, 예수로 사는 것이 분명하지 않으면 모든 노력이 헛수고가 됩니다. 그날, 주님이 '나는 한 번도 너를 써본 일이 없다'고 하실지 모릅니다."

제주도에서의 한 달

2008년 《나는 죽고 예수로 사는 사람》이 나온 이후 그는 건강 때문에 모든 것을 내려놓고 한 달간 제주도 서귀포 인근 어촌마을에 방을 얻어 아내와 머문 적이 있다. 그곳에서 아무런 계획을 하지 않고 예수님만 생각하며 살아보기로 결심했다. '주님이 지금 나와 함께 계신다'는 임재의 식 속에서 살면서 그 노력과 과정을 매일 기록으로 남겼다. 그렇게 한 달을 지낸 결과는 놀라웠다.

"그 안식월의 경험이 제 삶에서 중요한 전기轉機가 되었습니다. 건강이 극히 나빠졌을 때 교회에서 한 달 떠날 시간을 주셨습니다. 그런데 '한 달 쉰다고 무슨 변화가 있을까'라는 생각이 들었습니다. 그냥 쉬고만 돌아온다면 쉬나 안 쉬나 마찬가지라고 여겨졌지요. 그런데 제가 평생 동안 정말 해보고 싶은 것이 하나 있었습니다. 아침 눈뜰 때부터 잠자리에 들 때까지 예수님과 함께 살아보는 것이었습니다. 돌아보니 실제로 하루 종일 예수님과 함께 살아본 적이 없었습니다. 안식월 동안 예수님하고만 살아보자고 결심했습니다. 그리고 그렇게 살았습니다. 하나님이 마음에 계획을 주시면 하고, 그렇지 않으면 책이나 성경을 읽었습니다.

그 한 달을 보내면서 주님과의 관계에서 뭐랄까, 눈이 뜨였습니다. '주님과 매일 관계를 가지며 사는 것이 이런 거구나'라는 자각이 왔습니다. 제겐 엄청난 것이었습니다. 예수님과의 관계 자체가 제게 목적이 됐습니다. 목회는 주님이 지금 이 일을 하게 하시니까 하는 것입니다. 물론 혼신의 힘을 다해 열심히 하지요.

그러나 주님이 언젠가 '이제 너의 목회는 끝났다'고 해도 아무 문제될 게 없습니다. 제게는 주님과의 관계가 가장 중요하니까요. 목회를 하든, 다른 일을 하든, 그 모든 것은 제게 별 문제가 없습니다. 그때 생각했습니다. '주님과의 관계에서 분명한 기쁨을 경험하지 못하는 분들은 목회에서 상당한 어려움을 겪을 수 있겠구나'라고요. 내 마음이 사역에 있었는지, 주님께 있었는지는 끝날 때 가서야 압니다. 주님과의 관계가 기쁨이 되지 않으면 어떤 일을 해도 공허할 수밖에 없습니다. 여하튼 주님과의 관계가 인생에서 가장 소중하다는 사실을 깨달았습니다."

유 목사는 하나님의 임재의식을 특히 강조했다. 그 임재의식이 있으면 삶의 목적이 달라진다고 했다. 삶의 목적이 달라질 때, '세상과 나는

유기성

간 곳 없고, 구속한 주만 보이는' 삶을 살 수 있다는 것이다. 목회자로서 는 오직 그때, 자신이 전한 말씀에 부합되는 일상의 삶을 영위할 수 있다는 설명이다.

"주님과 동행한다고 생각하면 어떻게 죄를 지을 수 있겠습니까. 죄 짓는 것이 더 어렵습니다. 하나님의 임재 속에서 살게 되면 삶의 목적이 달라집니다. 사역에 연연할 필요가 없습니다. 진짜 기쁨의 원인을 찾았 기에 사람으로부터 기쁨을 얻고자 하는 욕구가 거의 없어집니다."

그의 이야기를 들으며 생각해보았다.

'나는 지금 기쁜가? 내게 있어 진짜 기쁨의 원인은 무엇인가?'

그것은 몇 날 며칠을 두고서라도 깊이 생각해야 할 주제였다.

유 목사는 예수 그리스도와의 관계에 눈이 뜨이고 그 관계가 심화되 는 것을 영어 공부에 비유했다.

"많은 사람들이 예수 그리스도를 믿고 영접하고 나서도 힘들게 삽니 다. 주님과 관계에서 눈이 열리지 않았기 때문입니다. 우리는 오래 신앙 생활했어도 예수님과의 관계에서 어떻게 깊어져야 하는지, 주님과의 관 계에서 어떻게 눈을 떠야 하는지 잘 모릅니다. 대부분은 부흥회 등 특별 집회에서 성령 체험을 해야만 그리되는 줄 압니다. 그런 점에서만 갈급 합니다. 그러나 에베소서에는 복음이 심령 속 생명을 눈뜨게 하며 성령 께서 내 마음에 계시다고 나와 있습니다. 마음의 문을 열고 그 복음을 받아들이면 마치 영어 공부하는 사람에게 처음에는 전혀 안 들리던 영 어가 점차 들리는 것 같은 경험을 하게 됩니다. 이것을 전하는 것이 저 의 남은 사명 같습니다."

설교자로서 '말씀 따로, 삶 따로'의 문제에 대해서도 깊은 이야기를 했다. 하나님은 그에게 '실제로 네가 전하는 말씀과 네 삶 사이에 아무리 작은 차이가 있더라도 그것을 절대로 작게 여겨서는 안 된다'는 말씀을 주셨다. 그러니까 전하는 대로 살지도 못하면서 전하거나, 실제로 살지 못하는 것을 성경에 나와 있다고 전해서는 안 되며 그렇게 삶과 전함의 사이에서 일어나는 작은 차이들을 결코 작게 여겨서는 안 된다는 것이었다. 그것은 너무나 강한 말씀이었다.

"2008년 책이 나온 이후에 저는 갑자기 유명한 목사가 되었습니다. 도처에서 설교 요청이 들어왔습니다. 설교를 아무리 많이 하고, 그 설교가 탁월하다 해도 본질적 질문 하나만 받으면 가슴이 막혔습니다. '너는 그 말씀대로 살고 있니?'라는 주님의 나직한 질문입니다. '네가 정말 살아내고 있는 그것을 전하고 있니?'라는 그분의 음성에 무너질 수밖에 없었습니다. 솔직히 굉장히 힘들었습니다. '설교를 하지 말라는 것인가? 어떻게 사람이 말씀대로 살 수 있겠는가. 복음의 정수는 나는 죽고 예수로 사는 것이라지만 내가 그렇게 온전하다고 할 수 있는가?'라는 자문이 들었습니다.

고민이 됐을 때 하나님이 답을 주셨습니다. 나는 죽고 예수로 사는 십자가 복음을 깨달은 다음에 오는 중요한 사실은 '주님을 24시간 바라보고 사는 것'이라는 답입니다. 죽는 것이 워낙 강한 메시지다보니 바라보고 사는 것에 대한 감각이 명확하지 않았던 것 같습니다. 초점이 '나는 죽었다'에 있었던 것이지요. 나는 죽었다고 했는데도 여전히 나의 옛 성품은 그대로 있고, 생활은 변하지 않았다는 사람들과도 상담을 많이 했

유기성

습니다. 제가 깨우친 것은 '주님이 나와 함께 계시다는 것을 아는 눈이 열리면 죽고 말고 할 것도 없다'는 사실이었습니다. 주님이 나와 함께 계시다는 그 사실에 대한 눈이 뜨이면 말씀을 전한대로 살지 않을 수가 없습니다. 말씀대로 사는 것은 나의 의지가 아니라 눈이 뜨이는 것과 분명하게 연관되어 있었습니다."

시간이 흐르면서 주님과만 시간을 가지는 것이 자신에게 가장 훈련되지 않은 부분이란 사실을 알았다. 아침에 일어나면서 기도했다.

"오늘도 함께해주시니 감사합니다, 예수님."

그때부터 주님과의 시간을 보냈다. 항상 주님이 자신에게 하라고 하는 일에 대해서 귀를 기울였다. 마음에 어떤 생각이 떠오르면 즉각적으로 주님께 귀를 기울였다. 그리고 아내와도 이야기했다.

"지금 하나님이 어떤 마음 주셨어요. 오늘 하나님이 이렇게 하라고 하시는 것 같아요."

특별한 마음이 없으면 올레길을 걷기도 하고 책을 보기도 했다. 그러나 항상 '주님이 나와 함께 계신다'는 마음으로 살았다. 밥을 먹을 때도, 길을 걸을 때에도 주님을 생각하면서 한 주를 지내다보니 점차 주님이 자신에게 원하는 것이 분명하게 느껴졌다. 처음에는 '생각하려' 했지만 시간이 지나면서 주님이 '생각나게' 해주셨다. 결론적으로 주님과의 관계가 자연스러워졌다.

한 달 후 교회로 돌아왔다. 과거와 마찬가지로 해야 할 일은 산더미였지만 하나님과의 동행의식을 버리지 않으니 제주도의 생활과 다를 바 없었다.

주님의 임재를 한번 정확하게 느낀 사람은
주님의 임재 없이 산다는 것이
얼마나 답답하고 힘든 일인지를 압니다.
그래서 언제나 주님의 임재 속에서
살기를 갈망하게 됩니다.

무엇보다 한 달 동안 주님과 동행한 내용을 일기로 쓴 것이 너무나 중요했다. 생각만 하지 않고 글로 쓰니 하나님과의 동행의식이 더욱 명확해졌다. 돌아와서 성도들에게 도전했다. 영성일기를 쓰는 것이 교회 내 중요 사역이 됐다. 변화된 삶의 고백들이 나오기 시작했다.

"영성일기를 쓰면서 그동안 왜 주님과의 관계에서 진보가 없었는가를 생각해보았습니다. 지속하지 않았기 때문이었습니다. 짧은 기간 동안 하다가 바쁘면 중단하다보니 주님과의 관계가 그 상태로 맴돌았습니다. 교회생활이 길어질수록 지식은 많아지는데 실제 주님과의 교제는 항상 어설픈 상태에서 벗어나지 못했던 것이지요. 많은 사역자들에게도 주님과의 교제는 항상 그런 상태였습니다.

그런데 한 달만이라도 주님과 더불어 살면 그 다음에는 주님과 관계를 지속하지 않고선 살기가 어려워집니다. 주님의 임재를 한번 정확하게 느낀 사람은 주님의 임재 없이 산다는 것이 얼마나 답답하고 힘든 일인지를 압니다. 그래서 언제나 주님의 임재 속에서 살기를 갈망하게 됩니다. 임재 가운데 살게 되면 삶의 목적이 달라지니 사역에 연연할 필요가 없어집니다. 주님이 하라고 하면 열심히 하지만, 주님이 아니라고 하신다면 언제든지 손을 뗄 수 있게 됩니다. 사람으로부터 기쁨을 얻고자 하는 욕구는 거의 사라지게 됩니다. 사역자로서 이보다 더 좋은 것은 없지요."

그는 요즘 찬송가에 나오는 가사들이 생생하게 경험된다고 했다. 부러웠고 도전이 되었다.

"과거에는 영감 있는 찬송가를 부르더라도 그것이 나의 찬송은 아니었습니다. 가사는 훌륭하지만 나와는 상관없다고 여겼지요. 그런데 바뀌었어요. 그 가사들이 살아서 생생하게 다가옵니다."

아무튼 그는 '눈이 뜨인 것' 같았다. 나는 다시 집요히 물었다.

"크리스천이라면 누구나 눈이 뜨이기 원합니다. 어떻게 하면 눈이 뜨입니까? 비늘을 어떻게 벗길 수 있느냐고요?"

유 목사는 주님과의 관계에서 눈이 안 떠지는 두 가지 중요한 이유가 있다고 말했다. 첫째는 예수님의 십자가가 뭘 말하고 있는지에 대한 감각이 명확하지 않기 때문이다. 그에 따르면 로마서 6장 3절에서 바울이 예수님의 십자가를 말할 때에 '예수와 함께 죽고, 함께 산다'고 했다. 신자들은 세례를 받을 때 예수님과 연합한다. 그래서 예수와 연합해 함께 죽으면, 함께 부활할 수 있다. 바울의 정의에 유 목사는 자세히 부연 설명했다.

"예수와 함께 죽고 그와 함께 사는 문제는 제게 있어서 굉장히 중요했습니다. 그런데 많은 분들이 그 내용을 실제로 안 받아들이고 있었습니다. 자신이 예수와 함께 죽었다는 고백을 한 번도 못해보고 예수 믿고, 사역하는 분들이 많았습니다. 내가 십자가 복음을 받아들일 때 나의 옛 사람은 이미 십자가에서 죽은 것입니다. 그리고 예수님이 내 안에 들어오셔서 생명이 되셨습니다. 나는 생명이 바뀐 존재입니다. 그 복음을 자신에게 정확하게 적용하는 것이 아주 중요합니다. 우리는 예수님의 복음을 듣지만 '나는 죽었다'는 표현을 명확하게 하지 않습니다. 사도 바울은 그 진리를 명확히 받아들였습니다. 우리는 그 점에서 부족합니다. 그것이 우리 눈을 뜨지 못하게 하는 첫 번째 장애물입니다.

유기성

예수 그리스도와 십자가 복음은 바울에게나, 저에게나 동일합니다. 갈라디아서 2장 20절이 바로 나의 고백이라는 것을 받아들이지 못하면 내 옛사람의 죽음이 분명치 않게 됩니다. 당연히 예수님이 내 안에 사시는 것이 분명치 않게 되지요. 예수님의 죽음에 연합하지 않게 되니 예수 부활에도 참예할 수 없지요. 그런 상태에서 신자가 되었다고 하고 사역자의 길로도 갑니다. 불행하게 되는 것이지요.

저는 저 자신과 교우들에게 분명하게 도전합니다. '나는 죽었다' 는 것을 고백하라고요. 시험을 만났을 때, 정말 하나님이 역사하셔야 할 시간이 왔을 때 '주님 저는 죽었습니다' 라고 고백해보세요. 내가 죽었다는 사실이 정말 믿어지고 받아들여지면 놀라운 일이 벌어집니다. 주님이 나에게 무엇을 원하고 계시는지는 내가 죽고 나서야 보입니다. 내가 죽었다는 것을 받아들이지 않으니 주님 말씀이 명확하지 않습니다. 죽는 것은 실제 상황입니다. 죽었다고 생각하면 문제였던 것들이 더는 문제가 아닙니다. 우리 인생을 주님이 인도하시지 않는 것이 아닙니다. 인도를 못하신 것입니다. 내가 죽었다는 사실을 명확하게 하지 않으니까요."

그가 말한 눈이 뜨이지 않는 두 번째 이유는 주님이 나와 함께 계시다는 것이 실제가 되지 못하기 때문이다. 주님을 영접했다면 그 다음에는 주님을 바라봐야 한다. 그 바라봄이 실제가 되는 것, 그것이 신앙생활이다. 하루 종일 예수님 생각이 나야 한다. 히브리서 12장 2절에 '믿음의 주요, 또 온전하게 하시는 이인 예수를 바라보자' 라고 했는데 그 예수를 바라봄이 없다는 것이 문제다. 그는 요한계시록 3장 20절을 언급하며 예수님을 믿는 것은 그분과 함께 식사를 하는 것이라고 했다.

"말 그대로 예수님과 함께 식사하는 것이 믿음생활입니다. 믿음의 대상이신 예수님과의 친밀함이 있어야 합니다. 생각해보세요. 주님이 나와 함께 식사를 하십니다. 얼마나 친밀한 관계입니까? 그 주님과의 친밀함이 없기에 항상 예수 그리스도와 산다고 하면서도 주님에 대한 갈급함이 있는 것이지요.

영성일기 쓰기는 24시간 주님을 바라보는 것을 기록으로 남기는 작업입니다. 제가 처음 영성일기를 쓸 때에 참으로 놀란 것은 제가 너무나 주님을 바라보지 않고 산다는 점이었습니다. 저는 설교문을 작성할 때에 늘 컴퓨터를 켜놓습니다. 컴퓨터를 켠 다음에 제일 먼저 인터넷 뉴스를 봅니다. 설교문을 작성하다가 잠시 식사를 하러 다녀온 뒤에 다시 앉아서 인터넷 뉴스를 봅니다. 마치 내가 없으면 이 세상에 끔찍한 일이 벌어지는 것처럼, 30분이나 한 시간 간격으로 인터넷 뉴스를 봅니다. 어느 날 자세히 살펴보니 제가 하루에 24번 인터넷 뉴스를 접속하더라고요. 이게 도대체 무엇을 말하는 것일까요? 그게 바로 제가 갖고 있는 마음의 상태입니다. 예수를 영접했다고 하지만, 늘 설교를 준비하고 큐티를 하지만 실제 내 마음은 완전히 세상 소식으로 채워져 있는 것입니다. 그러니 주님의 임재하심을 당연히 모르고 살 수 밖에요. 그래서 인터넷 뉴스를 보지 않겠다고 결단했습니다.

목회자가 세상 돌아가는 것도 알아야 하지만 훈련 기간에는 결단이 필요합니다. 제가 인터넷 뉴스를 보지 않아도 세상은 바뀌는 것이 하나도 없습니다. 아무튼 그런 것이 제 마음에 꽉 차 있음으로 인해서 예수님이 내 마음에 들어올 여지가 없는 상태가 더욱 심각한 것입니다. 그렇

유기성

게 하다보니 비로소 주님이 들어올 여지가 생겼습니다. 영성일기를 쓰고 한 일주일쯤 되자, 아침에 일어나니 바로 주님이 생각나더라고요. 그것은 엄청난 변화였습니다. 그 변화가 제 삶 전체를 바꾸기 시작했습니다. 나와 함께 계시는 주님이 개념이 아니라 실제가 되고 있었습니다."

그는 모든 이들에게 이 두 가지를 이야기하고 싶다고 했다. 먼저 예수님은 내 생명으로 오셨다. 예수 그리스도와 동행하기 위해서는 십자가 복음을 깨달아야 한다. 나는 죽고 예수로 살게 하시려고 주님이 십자가에 죽으셨다는 사실을 받아들여야 한다. 다음으로는 정직하게 예수님을 바라보는 훈련을 해야 한다. 처음에는 워낙 우리가 예수님을 바라보지 않고 살았기에 의지적 노력이 필요하다. 다른 것 생각하지 않고, 다른 것 보지 않고 항상 예수님을 바라보기 위해서 일단 노력해야 한다. 그 다음은 주님이 하신다. 생각나게 하신다. 그때부터는 말씀대로 사는 일이 어렵지 않게 된다는 것이었다.

"주님을 바라보고 살다보면 내가 하지 말아야 하는 것이 내 안에 계신 주님과의 사이에서 먼저 정리가 됩니다. 다른 사람 생각할 필요가 없습니다. 그러니까 죄가 안 지어지는 것이고, 원수도 사랑하게 되는 것이며, 항상 기뻐하게 되는 것이지요. 그것을 '해야 된다'고 하는 것이 아닙니다. 저절로 '되어가는' 것입니다. 예수님과 동행하는 것, 하나님과 함께 가는 것은 이미 우리에게 주어졌습니다. 우리 한국 기독교가 어려워진 것은 기본적으로 주님과 동행하는 것에 대한 훈련을 어디서도 제대로 받지 못했기 때문입니다. 전도 받아 교회 오고 난 다음, 실제로 예수님과 함께 사는 훈련을 하지 못했습니다. 그런데 영성일기를 쓰는 구체적인 행위를 통해서 그 훈련이 되더라는 것입니다."

유 목사의 말을 통해서 이 시대에 심각히 퍼져 있는 '예수결핍장애 (JDD, Jesus Deficit Disorder)'를 생각할 수 있었다. 미국에서 가장 주목받는 교회미래학자로 드류대 석좌교수인 레너드 스위트(Leonard Sweet)는 오늘날 교회가 앓고 있는 심각한 질병은 교회에 예수가 없는 것이라면서 우리는 '예수결핍장애'를 겪고 있다고 지적했다. 그는 예수결핍장애를 치유하기 위해서는 하나님을 맛보고 느껴야 한다고 했다. 더불어 자신은 기독교 세계관이란 말을 좋아하지 않는다며 이렇게 말했다.

"기독교인이 가져야 할 세계관은 없다. 우리에게 필요한 것은 '라이프(Life, 생명)'지 '뷰(View, 관점)'가 아니다."

그는 '예수를 믿는다'고 할 때에 '믿는다Believe'란 단어에서 'e'만 빼면 'Be+Live(생명이 되어라)'가 된다고 했다. 예수를 믿는 이는 생명이 되어야 하며 그 생명에 내가 푹 빠져야 한다는 설명이다.

유 목사의 이야기와 스위트의 말이 오버랩 되면서 영성일기를 쓰는 것이 예수결핍장애를 극복하기 위한 좋은 방법이 되겠다는 생각을 했다.

그에게 목회가 무엇인지 물었다.

"목회자가 해야 할 일은 간단합니다. 예수님이 진짜 교회의 주인이 되도록 하는 것입니다. 예수님의 마음을 성도들이 알도록 하는 것이지요. 그래서 자신이 아니라 예수 그리스도를 위해 사는 복음의 눈이 완전히 열리도록 도와주고 항상 예수님만 바라보고 살도록 하는 것입니다. 그래서 주님이 원하시는 것을 우리 공동체가 하도록 교회를 세워가는 것이 목회입니다."

예수님이 원하시는 일을 그대로 성도들에게 전하는 것이 목회자의 일이라는 그의 이야기를 들으며 나는 '하늘의 회의'를 생각해보았다. 지금 하늘에서 이 땅을 바라보며 천상의 회의를 하고 있다. 그 회의 결과가 있을 것이다. 하늘에서는 그 회의 결과를 수행할 사람들을 찾고 있다. 천상 회의 결과를 그대로 준행하기 위해서는 하늘의 마음을 알아야 한다. 이 땅에서 하늘을 바라보는 것이 아니라 하늘에서 이 땅을 바라보는 관점 변화가 필요하다. 천상 회의 결과를 알기 위해서는 우리의 믿음이 아니라 하나님의 믿음The Faith of God이 필요할 것이다.

지금 이 시대에 우리는 천상 회의 결과를 제대로 듣기 원한다. 목회자는 하늘의 일을 이 땅의 사람들에게 전하는 미디엄Medium이다. 그런데 지금 미디엄의 역할이 왜곡되어 제 기능을 하지 못한다. 그러다보니 사람들은 절망적인 마음으로 미디엄 없이 하늘과의 접속을 시도한다. 오늘도 열리고 있을 하늘의 회의 결과를 누가 알려줄 것인가?

유 목사는 말했다.

"하나님이 이스라엘 백성들에게 여리고성을 일곱 번 돌라고 말씀하셨습니다. 그런데 만일 지금 시대에 우리 중 누군가에게 그런 지시를 하셨다면 과연 알아들을 수 있을까요? 우리 상식으로는 말도 안 되는 지시를 누군가가 '이것이 주님이 주시는 말씀입니다'라고 하면 그 말에 따라 기도하며 주님의 뜻을 구할 수 있을까요? 솔직히 우리는 그 점에 대해서 너무나 준비가 안 되어 있습니다. 우리는 주님의 이름으로 우리 마음대로 하고 있습니다. 목사도 장로도 주님의 이름으로 자기 마음대로 합니다. 그래서 주님이 전달하려는 것을 그대로 받는 훈련이 안 되어 있습니다. 목사가 해야 할 일은 그것을 철저히 하는 것입니다. 언제 어느 때나 항상 주 예수 그리스도만 바라보자고 해야 합니다. 만일 그렇게 되면 한국교회의 모든 문제들, 윤리적 타락이나 교파 문제, 큰 교회와 작은 교회 문제, 재정 문제 등이 놀랍게 풀어질 것입니다.

솔직히 교회 지도자들에게 주님의 마음을 품는 것이 부족합니다. 저도 마찬가지고요. 그러다보니 내가 생각하기에 옳은 기도만 합니다. 사사시대처럼 각각 자기 소견에 옳은 대로만 하는 것이지요. 일부러 나쁘게 한다는 사람은 아무도 없습니다. 그러나 결과적으로는 문제가 발생합니다. 하나님의 뜻이 아니라 자기 소견대로 하니까요. 이 시대에는 정말 주님이 원하는 것을 함께 깨닫고 분별하는 것이 필요합니다. 목회는 그것을 깨닫게 하는 것입니다. 목회는 목회자 자신이 어떤 비전을 이루는 과정이 아닙니다. 주님이 원하시는 대로 교회가 움직일 수 있도록 교회를 훈련시키고 구비하는 것입니다."

그 다음 말이 가슴을 친다.

"주님은 답을 갖고 계십니다."

그렇다. 우리는 주님이 답을 이미 갖고 계시다는 사실을 잊고 산다. 그래서 '주님의 이름으로, 우리 마음대로' 한다.

인생에서 가장 소중한 것이 무엇인지도 물었다. 그는 가장 소중한 것은 지금은 잘 보기 어렵다면서 거꾸로 가서 보아야 한다고 했다.

유기성

"하나님 앞에 갔을 때 거기서 내 인생을 다시 보는 상상을 해보세요. 그러면 내가 지금 중요하게 여기는 상당히 많은 것들이 중요하지 않을 겁니다. 돈이나 건강, 평판 등은 주님 앞에 가서 보면 아무것도 아닐 것이에요. 그러니까 거꾸로 하나님 앞에 갔을 때 내가 보아서 가장 중요한 것이 무엇일까를 늘 생각해야 할 것 같습니다.

개인적으로는 여기 있는 동안 늘 주님과 동행하다가 그 느낌 그대로 주님 앞에 서는 것이 중요하다고 생각합니다. 주님 앞에 서는 것이 전혀 어색하지 않게 말입니다. 여기서 늘 주님과 함께했으니까요. 제게는 그것이 가장 중요합니다. 주님 앞에 섰을 때 너무 당황스러운 것은 안 될 일입니다. 사실 그럴 수도 없을 것 같아요. 이 땅에서 늘 주님이 내 마음에 계셨는데 어떻게 그분 앞에 섰을 때 당황스러울 수 있겠어요?

성경에는 주님의 재림이 도적같이 임한다지만 도적같이 임한 주님을 만나는 사람은 큰일 날 사람입니다. 요점은 이 땅에서 주님을 알아야 한다는 것입니다. 이따금 내게 있어 무엇이 가장 중요한가 생각해봅니다. 큰 교회 담임이나 많은 설교, 훌륭한 책 등은 중요하지 않은 것 같고요. 주님 앞에 섰을 때, 그분과 실제 눈을 마주했을 때 전혀 어색하지 않게 사는 것이 가장 중요합니다."

그는 "어떤 사람으로 기억되기 원하느냐?"라는 질문에 예수원을 창립한 대천덕 신부처럼 기억되면 좋겠다고 했다. 한 번도 예수원에 가보지 못했고 만나지도 못했지만 대 신부는 언제나 자신의 마음속에서 살아 있는 멘토라고 했다.

"대 신부님은 연로하셔서 돌아가실 때까지 어떤 추함도 없었습니다.

그 분은 자신을 위해서 살지 않으셨어요. 주님이 주시는 마음을 끊임없이 전하려 하셨고 그렇게 살다 돌아가셨어요. 재인 사모님도 마찬가지고요. 정말 두 분은 주님과 가까우셨던 것 같습니다. 저는 대 신부님처럼 기억되면 좋겠어요. 사람들은 대 신부님을 보고 주님과 동행하는 것이 관념이 아니라 실제로 가능하다는 것을 알았어요. 나이가 들어도 노욕에 사로잡히지 않았고 평생 아름답게 사셨습니다. 그 분을 생각하면서 저의 노년에 기대를 갖게 됐습니다. 예수님을 깊이 알면 다른 욕심을 부리지 않고 살 수 있게 된다는 것을 보여주셨습니다. 믿음의 대상에 대한 확고한 의식이 있으면 이 땅의 금송아지에 연연해하지 않을 수 있습니다."

'대천덕 신부처럼', '대 신부는 자신을 위해 살지 않으셨다'는 말, 그리고 '어떤 사람이 평생 주님과 동행하며 하늘로 돌아갈 때까지 깨끗하게 살 수 있다는 희망을 주신 분'이라는 말이 남았다.

어떻게 하면 자신을 위해 살지 않을 수 있을까.

어떻게 하면 평생 주님과 동행할 수 있을까.

품으려 하면 모두가 꽃이다

선한목자교회에서 치유사역을 펼치는 손기철 장로에 대한 이야기를 나눴다. 한국교회 정서상 손 장로와 같은 치유사역자를 위해서 교회 공간을 정기적으로 내어주기는 결코 쉽지 않다. 그러나 선한목자교회는 손 장로에게 사역의 장을 제공했고 지금까지 별 문제없이 지내왔다. 유 목사는 은사사역에 대한 수용성이 강했다.

유기성

"성경에는 은사사역에 대한 많은 이야기가 있습니다. 사역자마다 스타일이 다른데 저는 성령에는 민감하지만 손 장로님과 같은 그런 치유와 기적의 은사는 없습니다. 만일 우리 교회 부교역자나 장로님 중에 은사자가 있다면 그 분이 사역하도록 했을 것입니다. 또한 '은사가 있는 것'과 '은사사역으로 나가는 것'은 전혀 다른, 사명의 문제입니다. 교회가 건강하게 나아가려면 말씀사역과 함께 성령의 은사사역이 필요합니다. 그런 기본 인식을 갖고 있는 가운데 손 장로님 측으로부터 제안이 왔습니다. 저는 절묘하게 하나님이 인도해주셨다고 생각합니다. 하나님이 교회를 건강하게 하기 위해 주신 놀라운 축복이라고 생각했죠.

서로 조심해야 할 것, 분별해야 할 점들을 점검한 후에 교회에서 사역이 펼쳐지게 됐습니다. 저는 이것이 아주 중요한 일이라고 생각합니다. 우리는 모든 것을 가지고 사역할 수 없습니다. 사역자마다 하나님이 특별하게 주신 강점이 있습니다. 그러나 동시에 내게 부족한 점이 있게 마련입니다. 그것을 인정해야 합니다. 그래서 내가 부족한 것을 지니고 있는 사람, 나와 다른 쪽에 있는 사람을 함께 품어야 하나가 될 수 있습니다."

유 목사는 손 장로의 문제는 한국교회가 지닌 한계이기도 하고 극복 과제이기도 하다고 말했다. 보수적 입장에서는 손 장로와 같이 성령의 은사사역하는 사람들을 수용하기가 어려운 점도 있을 것이라고 덧붙였다.

"소위 은사사역과 관련해서 미국 등에서 일어나는 일들 가운데 일부는 저로서도 감당이 안 되는 부분이 있습니다. 그러나 성령의 역사는 어떤 역사가 실제로 일어나기 전에는 재단하기 어렵습니다. 지나고 난 다음 그렇게 된 일이 성령님의 감동이고 역사인지 알 수 있습니다. 그래서 연합이 필요합니다. 그 성령사역을 교회라는 장에서 점검도 하고 지나치게 나가는 부분이 있으면 그것이 정말 성령의 역사인지 논의도 해보고, 그게 아니라면 다시 방향 수정도 하는 등의 노력이 있어야 하는 것이지요. 그래야 건강하게 됩니다. 그러기 위해서는 교회가 열린 마음으로 성령사역을 받아들이며 실제 그 사역을 하는 분들도 늘 점검을 받아야 합니다.

지금 우리 관계가 정확하게 그렇습니다. 손 장로님은 당신 사역을 교회가 점검해달라고 부탁합니다. 우리는 그 분이 하나님의 기름부음 가운데 사역을 하신다고 믿고 있습니다. 사실 한국교회에서 육신이 병들어 고통당하는 분들이 너무나 많습니다. 분명 치유사역은 필요합니다. 그래서 받아들였지요. 대신 몇 가지 점검을 했습니다. 손 장로님에게는 은사사역을 하기 전에 항상 십자가 복음을 전해달라고 부탁했습니다. 그리고 우리 교회 부 목사가 집회마다 참석해서 말씀과 전체 흐름 가운데 특별한 문제가 없는지를 점검하고 있습니다.

그동안 놀라운 일도 있었고 어떤 부분은 수긍이 잘 안 되는 부분도 있었습니다. '주님이 오늘 어떤 사람을 고치라'고 했다는데 그게 어떻게 수긍이 되겠어요. 그러나 과정을 잘 보아서 특별히 문제되는 부분이 없으면 품고 나가야 합니다. 그렇게 한국교회가 해주어야 안전하게 성령사역을 할 수 있습니다. 점검을 안 받으려 한다든지, '우리가 하는 것은 확실히 하나님의 일'이라고 한다면 문제될 소지가 많습니다."

유 목사는 장소 제안이 왔을 때 하나님이 선한목자교회에서 그 사역을

유기성

품으로라고 하는 뜻이 있다고 생각했다. 사실 선한목자교회야말로 손 장로의 사역을 받아들일 수 있는 여건이 갖춰져 있었다. 전임 목회자 시절에 이미 그런 형태의 성령사역에 대해 장로와 교인들이 예비 교육이 되어 있었다. 또한 선한목자교회가 소속된 감리교단은 다양한 형태의 사역을 폭넓게 품는 것에 대해 자랑스럽게 생각하는 전통이 있다. 여러 정황이 들어맞았던 것이다.

한국교회 내에서는 성령사역, 특히 치유사역 자체를 문제시하는 사람들이 적지 않다. 이들로부터 "선한목자교회가 손 장로와 같은 방향이냐"는 질문도 많이 받았다.

"그런 질문에 일일이 대답하는 것은 불필요하다고 생각했습니다. 워낙 오래 논쟁되고 있는 부분이니까요. 우리는 그저 교회가 손 장로님의 사역을 품지 못하면 교회 울타리를 벗어나 사역하게 될 가능성이 큰데 그러면 한국교회 전체에 훨씬 손해라는 생각을 했을 뿐입니다."

유 목사는 존중의 목회자였다. 사역자에게 필요한 덕목 가운데 하나가 존중이다. 존중은 한국교회에 결여된 키워드다. 서로 세워주며 격려하는 점에 약하다. 국사편찬위원장을 역임했던 이만열 박사가 한 말을 직접 들은 적이 있다.

"서구에서는 한 사람이 나무 위로 올라가면 사다리를 놓아주는데 한국 사람들은 올라가는 사람의 팬티를 벗겨버린다."

이래서야 무슨 발전이 있겠는가. 은사사역이 지닌 가장 큰 문제는 은사가 강할수록 끝은 안 좋아진다는 점이다. 많은 이들이 그 점을 우려하고 있다. 그러나 이제는 우려만 하지 말고 왜 그렇게 됐는지를 면밀하게 연구해야 한다. 그래서 은사사역하는 분들은 항상 전체 교회 앞에서 자기 사역을 점검받아야 하며 교회는 폭넓은 자세로 품어야 한다. 성령이 역사한다는 것을 정말로 믿으며 그런 사역을 격려해야 한다. 문제가 생긴다고 생각되면 서로 점검해 빨리 조정해야 한다. 그것이 유익하다.

유 목사는 한국교회가 영적 역동성을 잃어버려서는 안 된다고 말했다. 베려고 생각하면 이 세상에 풀이 아닌 것이 없다. 그러나 품으려 생각하면 꽃이 아닌 것이 없다. 마음과 관점의 차이다. 이것도 배척, 저것도 배척하면 한국교회는 영적으로 메말라버릴 수밖에 없다. 그리고 은사사역자들은 자기와 교회의 점검 없이 점점 더 과도하게 나갈 가능성이 크다.

한번은 선한목자교회에서 전도로 유명한 부산 세계로교회 손현보 목사를 초청, 임원 훈련을 한 적이 있다. 사전에 손 목사의 책을 전 교인이 읽게 하고 교회 임원들로 하여금 세계로교회를 탐방하게 했다. 이후 손 목사 초청 부흥회도 했다. 부흥회를 마친 후 한 교인이 유 목사에게 비난성 질문을 했다.

"손 목사님의 책을 읽고 세계로교회도 가보니 우리 교회와 너무나 스타일이 다르다는 것을 알게 됐습니다. 우리 교회가 왜 그 교회를 벤치마킹해야 하는지 이해가 되지 않았습니다."

유 목사가 바로 답했다.

"바로 그 점 때문에 그 분을 우리 교회에 초빙한 것입니다. 제가 손현보 목사님과 똑같다면 그냥 제가 하지요. 그러나 손 목사님에게 엄청난

유기성

강점이 있고 그 강점은 우리 교회에 필요한 것입니다. 그것을 배워야 교회의 균형이 잡힙니다."

유 목사는 이후 교인들 사이에서 더는 그런 이야기가 나오지 않았다면서 한국교회도 그런 식으로 나가야 한다고 말했다.

"복음과 예수 십자가를 부인한다면 문제지만 다름이 목회 스타일, 신학적 방향이라는 점에서의 차이라면 빨리 나와 다른 쪽을 받아들여 균형을 맞춰야 합니다. 성경을 보면 주님이 쟁점이 되는 말씀도 자주 하신 것을 알 수 있습니다. 주님이 어느 한쪽만 편들지 않으셨다면 이는 둘다 균형을 맞춰야 한다는 뜻입니다. 칼빈과 요한 웨슬레 간에는 신학적 차이가 있습니다. 성경적 근거도 있고요. 그러면 서로 배척해야 합니까? 아닙니다. 서로를 받아들이며 점검해서 균형을 잡아야 합니다. '내가 옳다, 네가 그르다' 하면서 싸우는 것이 아니라 내가 부족한 점을 과감히 받아들이면 배울 점이 많습니다. 그래야 결국 뭔가 하나가 남게 됩니다. 지금도 저는 균형있게 모든 것을 공부하고 싶지만 제게는 그럴 시간이 없는 것 같습니다. 이미 저는 정리할 단계로 들어왔어요. 하나님이 제게 주신 것을 하나라도 제대로 남겨야 할 때입니다. 제게 없다고 해서 그냥 가면 안 됩니다. 다른 은사를 갖고 있는 분들을 적극적으로 세워주다보면 교회가 균형을 맞추게 됩니다."

유 목사의 이야기는 지극히 상식적이고 구구절절 옳았다. 내가 아닌 다른 사람이 인터뷰했다고 하더라도 거의 전부를 수긍했을 것이다. 그러나 그 상식적인 것이 배척당할 수 있는 게 우리가 사는 세상이다. 아무튼 지금 우리에게는 그 어느 때보다 존중과 배려가 필요하다.

유 목사와 많은 이야기를 나눴다. 그를 통해서 '하나님과의 동행'에 대한 강한 열망이 생겼다. '눈이 뜨여서' 내 자신을 깊은 바다로 던지고 싶어졌다. 믿음의 본질을 향해 뚜벅뚜벅 가야 한다는 다짐을 하고 대천덕 신부처럼 살고 싶은 소망도 갖게 됐다. 내게 없는 것을 지닌 사람들에 대한 존중의 자세를 배웠다. 그와 만난 이후 아침에 일어나서부터 주 예수 그리스도를 찾으려 했다. 모든 것이 유익했다.

"행복하십니까?"

유 목사와의 인터뷰를 시작하면서 던진 질문이었다.

"과거에는 '행복한 척' 하면서 살았던 것 같아요. 목회자로서 그래야만 된다고 생각했고요. 그런데 사실 수없이 벗어나고 싶었습니다. 갈등도 했고요. 주님과의 관계가 분명치 않을 때에 목회적 위기가 옵니다. 가끔 대형 교회를 담임하는 목사님들을 만나 솔직한 이야기를 들을 때가 있습니다. 사역자라면 누구라도 부러워할 분들 가운데에는 '이제는 정말 쉬고 싶어. 작은 교회를 목회하면서 시간적 여유를 갖고 자전거도 타고. 그런데 이제는 내 마음대로 하지 못하는 상태에 왔어'라고 토로하는 분들이 있습니다. 행복하지 않지요. 주님과의 관계가 올바르지 않으면 그럴 수도 있다고 생각합니다. 저 역시 마찬가지였습니다. 그러나 이제 예수님에 대해 눈이 뜨이면서, 그분과 동행하면서 자신 있게 말할 수 있습니다. 행복합니다. 정말 행복합니다. 오직 그분 때문에."

유기성

돈을 사랑하면서 남을 사랑하는 것은 결코 양립될 수 없습니다. 결단코 돈을 사랑하면 남을 사랑할 수 없습니다. 모든 사람들이 하나님께 '나의 마음을 고쳐주십시오'라고 기도해야 합니다. 신앙과 생활은 결코 나눠질 수 없습니다.

Reuben Archer Torrey III

대천덕

1918년생. 중국 산동성 지난에서 장로교 선교사의 아들로
태어났다. 미국 데이비슨대학에서 사회학과 교육학을, 프
린스턴신학교에서 신학을 공부했고, 건축노동자와 선원 등
으로 일하기도 했다. 1946년에 사제 서품을 받고 12년간
목회했다. 성 미가엘 신학원의 재건을 위해 1957년 한국
으로 돌아왔다. 1965년 강원도 태백에 '예수원'을 세우고
2002년 타계할 때까지 그곳에서 살았다. 저서로 《대천덕
자서전》《대천덕 신부가 말하는 토지와 경제정의》《산골짜
기에서 온 편지》등이 있다.

먼저 그의 나라와
정의를 구하십시오

2012년 4월 10일 서울 합정동 양화진 외국인 선교사 묘원 내 선교 기념관 2층에 마련된 고 현재인(미국명 Jane Grey Torrey) 사모의 빈소에 갔다. 현 사모는 4월 6일 92세를 일기로 이 땅을 떠났다. 남편인 예수원 설립자 대천덕 신부가 하늘로 간 지 10년 만에 그녀도 남편 곁으로 간 것이다.

빈소에 가니 예수원의 민경찬 형제가 문상객을 맞고 있었다. 그는 30년 가까이 예수원에서 생활했다. 나는 그가 예수원 목장에 있을 때 몇 차례 만났다. 지금 그는 다섯 명의 자녀를 둔 행복한 가장이다. 안애단 신부, 주예레미야 신부 등 예수원에서 긴 세월을 보낸 분들의 모습도 보였다. 영정 속 현 사모는 평안해 보였다. 문상을 마치고 앉아서 대 신부와 현 사모, 예수원의 모습을 담은 영상을 보았다. 청춘과 중년, 장년, 노년의 두 분 모습이 빛바랜 사진들과 함께 지나갔다.

그 가운데 현 사모가 미국 코네티컷주 자택에서 예수원 식구들에게 마지막으로 보낸 인사의 말이 깊게 다가왔다. 뇌종양에 걸린 그녀는 항암 치료 때문인 듯 가발을 쓰고 있었지만 말기암 환자 같지 않은 평온한 모습이었다.

"여러분은 저의 기쁨의 이유입니다. 여러분 모두를 친구와 가족으로 둔 것이 너무 큰 행운입니다. 그리고 우리 모두는 하나님의 길 안에 있습니다."

'하나님의 길 안'이란 말이 강력하게 다가왔다. 울림이 있었다. 그렇다. 우리 모두는 하나님의 길 안에 있다. 대천덕 신부와 현재인 사모, 그리고 예수원의 모든 식구들, 이 땅의 그리스도인들, 모든 사람들은 하나도 예외없이 하나님의 길 안에 있다. 삶과 죽음, 고통과 기쁨 모두 하나님의 길 안에! 그 길을 걷는 자, 행복하리라. 그래서 대 신부와 현 사모는 행복한 인생길을 걸어간 하나님의 사람이었다.

푸른 눈의 선교사

대천덕 신부. 본명이 루벤 아처 토레이Reuben Archer Torrey III인 그는 1918년 중국 산둥성山東省 지남濟南에서 출생했다. 독실한 크리스천 집안이었다. 할아버지 토레이 1세(Reuben Archer Torrey, 1856-1928)는 복음전도자 무디 목사Dwight Moody와 함께 사역하며 미국에서 성령운동을 주도한 목회자였고, 아버지 루벤 토레이 2세(R. A. Torrey, Jr. 1887-1980) 역시 중국 선교사로 사역하다 한국전쟁 후 대전에 정착, 장애인과 고아 재활사업에 헌신했다. 덕분에 대 신부는 마펫 선교사가 평양에 세운 외국인학교에서 어린 시절을 보냈다. 산둥성과 평양외국인학교에서 고등학교 과정을 이수했고 무디성경학교와 프린스턴신학대학원, 하버드대학교, 영국 성 어거스틴중앙신학대학원에서 수학했다. 1946년 성공회 사제 서품을 받아 12년간 목회 활동을 했다. 사회주의에 심취해 건축 노동자와 선원노동조합 활동도 펼쳤다. 1957년 성공회 미카엘신학원 재건립을 위해 한국에 건너왔고, 1965년 강원도 태백시 하사미리현 하사미동에 영성공동체 예수원을 설립했다. 2002년 8월 6일 84세를 일기로 이 땅을 떠났다.

한 사람의 인생을 이렇게 간단히 쓸 수 있다니….

그러나 대 신부가 펼친 사역들은 결코 간단하지 않다. 그는 강원도 오지에 머물렀지만 그의 정신은 한국 전역에 미쳤다. 예수원에서 발원한 맑은 영성은 한국교회의 오늘을 있게 한 근원 가운데 하나다. 선한목자교회 유기성 목사뿐 아니라 이땅의 수많은 사람들이 '대천덕 신부처럼' 살고 싶어 했다. 한국교회가 혼탁해질수록 사람들은 예수원의 영성을 그리워하고 있다.

나는 청년 시절 한국선교훈련원GMTC 원장인 변진석 목사로부터 예수원에 대한 이야기를 들었고 교회 청년부원들과 함께 현지를 방문한 적이 있다. 그 안에서 하나님의 뜻을 구하던 시절이 그립다. 신문사에 들어와서도 취재를 위해서 여러 차례 예수원을 찾았다. 1997년에는 국민일보 창간 8주년 특별 인터뷰를 위해 대 신부와 장시간 이야기했다. 신앙 명사들의 라이프 스토리를 시리즈로 내보내는 〈역경의 열매〉 대천덕 신부 편은 내가 정리했다. 덕분에 여러 날 그를 가깝게 대할 수 있는 기회를 얻었다.

당시 역경의 열매는 9회에 걸쳐 연재됐다. 모두가 생전의 대 신부가 직접 말한 생생한 이야기였다. 짧다면 짧지만 대 신부와 현 사모를 이해할 수 있는 귀중한 자료라고 생각한다. 〈역경의 열매〉와 직접 나눴던 인터뷰들을 기초로 대 신부 부부의 삶과 인생, 정신을 재조명해본다.

그들의 삶과 그들이 평생 고민하며 실천하려 했던 내용들이 오늘 우리에게 귀중한 교훈이 될 것을 믿는다. 당시 그는 80을 목전에 두었고 나는 30대 중반이었다. 이제 그가 떠난 지도 10년이 넘었고 나는 50대가 되었다. 세월이 빠르다. 그러나 대 신부 부부와 만났던 그때, 그 순간이 너무나 생생하다. 내가 그럴진대 그와 인생을 함께한 사람들은 오죽하랴. 언제나 그들의 마음속에는 예수원과 대 신부 부부가 자리 잡고 있을 것이다.

1957년 대 신부는 40세 나이에 아내 제인, 큰아들 벤(당시 7세)과 함께 한국에 건너왔다. 당시 한국은 6·25의 상흔이 아물지 않은 때였고 따라서 한국인들의 생활은 고난의 연속이었다. 그러나 미카엘신학원(현 성공회대 전신) 재건립을 위해서 한국에 건너왔을 당시 그는 한국에서 강한 활력을 느꼈다. 국가 전체가 재건설로 북적거렸다. 그것은 설렘과 약간의 두려움으로 한국을 밟은 이방인에게 긍정적인 모습으로 다가왔다.

대 신부는 지난 인생을 되돌아볼 때 하나님은 모든 문제의 열쇠를 가지고 계셨으며 당신의 계획에 따라 한 치의 어긋남이 없이 우리를 인도

대천덕

하신다고 말했다. 그가 보기에 대부분의 선교사들은 비교적 빠른 시간에 선교지로 나갈 부르심을 받았다. 신학교에 다닐 때 해외선교에 대한 소명을 갖게 되는 것이 일반적이었다. 선교사의 가정에서 태어난 그 역시 하루라도 빨리 선교지에 나갈 생각이었으나 하나님은 1946년 성공회 사제 서품을 받은 뒤 12년 동안 목회를 하도록 그를 인도하셨다.

사실 대 신부는 어린 시절을 중국에서 보냈기 때문에 일반 미국인들의 문화적인 관점과는 다소 동떨어진 생각을 갖고 있었다. 따라서 첫 번째 목회지에서의 목회는 많은 어려움을 겪을 수밖에 없었고 결국 그는 일반적인 목회와는 다른, 노동자들을 대상으로 하는 교회를 담임하게 됐다. 그것은 대 신부의 관심과 일치된 교회였고 따라서 교회는 날로 부흥했다.

나름대로 목회에 재미와 의미를 느끼던 중 갑자기 그는 한국으로 오라는 초청을 받았다. 목회 12년째의 일이었다. 해외선교에 대한 열망들이 점차 현실적인 목회생활 속에서 희미해지던 때에 그것은 충격으로 다가왔다. 그와 현 사모는 그 초청이 바로 하나님의 부르심인 것을 깨달았다.

당시 성공회 한국 담당 주교였던 존 댈리 신부는 대 신부가 대학에서 교육학을 전공했고 또한 12년 동안 목회활동을 한 것을 감안해 한국의 신학교 재건의 적임자로 그를 지목했다. 그는 선교 현지에 빨리 나오고 싶었지만 하나님은 12년 동안의 목회활동을 통해서 미지의 세계였던 한국과 그를 연결시키셨던 것이다.

그는 한국으로 건너올 때 신학교 사역 외에 분명 한국에서 자신이 할 일이 있을 것이라고 생각했다. 기도 가운데 그는 하나님께 자신이 얼마나 신학교에서 사역해야 하는지 물었다. 7년이라는 응답이 왔다. "사람이 마음으로 자기의 길을 계획할지라도 그의 걸음을 인도하시는 이는 여호와"라는 잠언 16장 말씀처럼 자신이 아무리 인간적인 생각으로 발버둥쳐도 하나님의 장대한 계획대로 움직일 수밖에 없다는 사실을 새삼 깨달았다.

처음 한국에 와서 그는 언어 공부에 집중했다. 선교사에게 가장 부담되는 항목 중 하나는 현지 언어 습득이다. 사실 한국에 온 많은 서양선교사들은 각종 형용사가 발달한 한국어를 배우는데 적잖은 어려움을 겪었다. 대 신부는 한국에 와서 하나님이 자신을 선교 도구로 쓰시기 위해서 오래전부터 준비시키셨다는 사실을 깨닫고 그분께 영광을 돌렸다. 다른 서구 선교사들에 비해 대 신부는 한국어를 비교적 쉽게 배웠는데 거기에는 비결이 있었다.

그는 프린스턴신학대학원 시절 중앙아시아로 선교를 떠날 작정으로 터키어를 공부했다. 고대 실크로드였던 이 지역은 동서양을 연결시켜주는 교통의 요지로, 복음이 전파될 경우 파급 효과가 상대적으로 클 것으로 생각했기 때문이다. 그러나 이 지역이 공산화됨에 따라 선교의 길이 막혀버렸다. 그때 그는 이를 하나님이 잠시 중앙아시아 선교를 보류하고 기다리라고 하신 의미로 생각했다. 공산화가 장기화됨에 따라 결국 대 신부는 중앙아시아에 가지 못했다. 그때 대 신부는 자신의 생각과 하나님의 생각은 다를 수 있다는 체험을 했다.

대천덕

한국에 건너와 한국어 공부를 하면서 하나님이 왜 자신에게 터키어 공부를 하게 하셨는지를 깨닫고 무릎을 쳤다. 주지하다시피 한국어와 터키어는 똑같은 우랄·알타이어족에 속한다. 따라서 터키어를 공부한 그에게 한국어가 다른 언어보다 쉬웠음은 당연했다. 중앙아시아 선교의 길이 막혀 대학 시절 터키어를 공부한 시간은 낭비였다고 생각하며 후회했는데 그것은 결코 허비가 아니라 한국어 습득을 위한 준비 기간이었던 것이다.

더구나 그는 중국 선교사였던 아버지를 따라 어린 시절을 중국에서 지냈다. 따라서 서양인들이 동양을 공부할 때 가장 난감해하는 한자에 익숙해 있었다. 한국어를 공부할 때 대 신부는 한국어 억양을 잘 표현하기만 하면 됐다. 다소 어색하기는 하지만 그는 대부분의 설교와 강연을 한국어로 했다. 그것은 하나님의 선물이었다.

그는 자신이 비록 중앙아시아에 가지 못했으나 공산주의가 몰락돼 문이 열린 중앙아시아 지역의 선교에 한국 크리스천들이 많은 관심을 갖기 바란다고 말했다. 중앙아시아는 한국 선교사들이 비교 우위를 가질 수 있는 지역이다. 이 지역은 언어 습득이 용이한 데다 한국과 비슷한 문화적 정서를 가지고 있어서 세계 어느 지역보다 한국 선교사들이 활동하기에 편하고 효과적이다. 그의 뜻대로 지금 중앙아시아에는 수많은 한국인 선교사들이 가서 복음을 전하고 있다. 아무튼 대 신부는 한국어 공부를 통해 "하나님을 사랑하는 자 곧 그의 뜻대로 부르심을 입은 자들에게는 모든 것이 합력하여 선을 이루느니라(롬 8:28)"라는 말씀은 일점일획 틀림이 없다는 사실을 새삼 깨달았다.

텐트 하나 들고 떠난 길

신학교 재건 작업을 하면서 교수를 모집하고 동시에 한국어를 습득하는 것은 결코 쉬운 일이 아니었다. 현 사모는 남편 대신 신학교 건설을 감독하기 위해서 언어 공부를 포기해야만 했다. 대 신부는 언어 공부를 하면서 신학교 근처에 개척교회를 시작했다. 신학교 사역과 개척교회를 시작했을 때부터 하나님이 그에게 말한 기간인 7년이 늘 생각났다. 신학교를 재건한 뒤 6년이 지났을 때 대 신부는 캐나다에서 열린 세계성공회회의에 성공회 한국 담당 주교와 함께 참석하게 됐다. 캐나다에 머물던 어느 날 아침, 주교는 그에게 전화를 걸어 아침회의 이전에 숙소로 오도록 요청했다.

그가 주교가 머물던 숙소로 걸어갈 때 갑자기 하나님이 명확하게 명령하셨다.

"신학교를 떠나라!"

그는 망치로 얻어맞은 것처럼 충격에 빠졌다. 즉시 되물었다.

"하나님, 제게 7년을 명하지 않으셨습니까. 지금은 6년째에 불과합니다."

그러나 하나님의 명령은 단호했다.

"나와 다투려고 하지 마라. 신학교를 떠나라!"

거역할 수 없는 명령에 그는 다시 말했다.

"무릇 남편은 아내와 상의하기 전까지 직업을 그만둘 수 없습니다. 나는 한국에 아내와 아이가 있고 결정을 내리기 전 그들과 상의해야 합니다."

대천덕

하나님은 다시 명하셨다.

"그 여인은 내가 책임지겠다. 떠나라!"

하나님과 그의 대화 사건은 주교의 방으로 들어가 의자에 앉을 때까지 짧은 순간에 일어난 일이었다. 그는 의자에 앉자마자 주교에게 말했다.

"신학교에서 떠나려 합니다. 하나님은 제가 평신도 사역을 하기 원하십니다."

'평신도 사역'이라는 두 번째 문장은 갑자기 내뱉어진 말이었다. 심지어 마음에도 없던 문장이었다. 그것은 하나님으로부터 온 지혜의 말씀이었다.

주교는 큰 충격을 받은 듯하더니 곧 미소를 지으며 말했다.

"좋아요, 아처. 그러나 지금은 학기 중이니 이번 학기가 끝날 때까지 1년만 더 머무를 수 없나요?"

그때 하나님은 빙긋 웃으며 속삭이셨다.

"거봐라. 정확히 7년이지!"

그는 주교에게 자신이 아내와 상의하기 전까지 누구에게도 말하지 말아 줄 것을 요청했다. 한국으로 돌아와 그는 가을 학기 수업으로 분주했다. 어느 날 현 사모가 남편에게 물었다.

"신학교를 사임하려 하세요?"

이번에는 대 신부가 놀랐다. 대답은 못하고 그저 머뭇거리기만 했다.

"아처, 언제 그 생각을 갖게 됐지요?"

그는 노트를 뒤져 정확한 일시를 말했다. 그녀는 잠시 생각하더니 말했다.

더 있다

"그렇군요. 하나님이 똑같은 사실을 내게 말씀하신 바로 그날이에요."

그때 하나님이 속삭였다.

"아처, 거봐라. 내가 책임진다고 하지 않았니?"

그해가 지나고 대 신부 부부는 하나님이 인도하신다는 확실한 믿음을 갖고 예수원 공동체를 준비하기 시작했다. 그것이 하나님이 원하시는 일인가에 대한 한 올의 의심도 없었다. 그 같은 하나님에 대한 확신은 그들이 이 땅을 떠나기까지 숱한 역경과 고난을 이기게 한 원동력이었다.

그들이 처음 예수원 공동체를 건립하려고 계획했을 때 과연 누가 자신들과 함께 가는 모험을 할지 전혀 예상하지 못했다. 대 신부는 커다란 군대용 텐트를 한 개 사고 지인들에게 선언했다.

"우리는 강원도로 갑니다! 거기서 중보기도의 집을 시작하려 합니다."

그러자 놀랍게도 12명이 함께 가겠다고 자원했다. 그들은 대 신부가 신학교 근처에 개척한 교회의 신자이거나 신학교 건설에 참여했던 노동자들이었다. 이들과 강원도 태백 하사미리의 왜나무골로 함께 갔을 때 그는 12명을 보내주신 하나님의 뜻을 알고 그분을 찬양했다. 왜나무골에서 먼저 집을 짓고 농사를 지어야 했는데 12명 중 정확히 6명이 건설 노동자였고 6명은 농부였다. 하나님은 결코 그와 가족들을 거친 산골짜기에 혼자 내버려두시지 않고 훌륭한 동역자들을 주셨던 것이다.

대천덕

집을 지으면서 12명 중 제일 젊은 청년이 예수원 공동체를 자신의 필생의 사업으로 생각하며 헌신하겠다고 다짐했다. 그때 대 신부는 열정적인 그에게 "아직 공동체의 모든 것을 이해하기에는 어리니 심사숙고하라"고 권면했다. 몇 달이 지난 후 아직 텐트생활을 할 때 그 청년은 대신부에게 예수원을 떠나겠다고 말했다. 섭섭하기는 했지만 놀라지는 않았다. 그의 처음 약속을 상기시키자 그는 "그래요. 하지만 공동체생활이 이렇게 어려울 줄은 몰랐어요"라고 대답했다. 그는 별다른 언급 없이 그를 축복하고 떠나보냈다. 그 순간 앞으로 얼마나 많은 사람들이 이곳을 떠날까 생각하니 가슴이 아팠다고 한다. 어쩌면 자신과 가족들 외에는 이 골짜기에 아무도 남지 않을 것이라고도 생각했다.

그러나 그 청년이 시야에서 사라질 때 놀랍게도 또 다른 한 사람이 언덕을 올라오는 것이 보였다.

"신부님! 일하러 왔어요."

하나님을 찬양하지 않을 수 없었다. 이 같은 패턴은 지속되었다. 한 사람이 떠나면 또 다른 사람이 찾아왔다. 12명으로 시작한 예수원에 지금은 30여 명의 어린이를 제외한 60여 명의 어른들이 생활하고 매년 1만 명 가까운 사람들이 위로를 얻고 기도하러 찾아오고 있다.

예수원은 '신학의 실험실'이었다. 그것은 빈틈없는 하나님의 작품이었다. 거기서 그들은 매 순간 하나님이 보여주시는 기적을 체험했다. 대신부는 매일 '기적일기'를 썼다. 아침마다 "하나님 오늘 기적 하나를 보여주십시오"라고 기도하곤 했다. 아무 대책 없이 강원도 산골짜기에 왔지만 먹을 것이 없어서 굶은 적이 없었다. 먹을 것이 떨어지면 정확히 필요한 만큼 공급됐다. 대 신부 생전에 예수원의 재정자립도는 55퍼센트 정도이고, 나머지 45퍼센트는 하나님의 기적에 의해서 채워진다고 했다.

사실 예수원은 목가적인 분위기 속에서 사랑의 언어만이 교환되는 에덴동산이 아니었다. 예수원 가족들은 물론 매년 찾아오는 1만여 명의 손님들 모두 나름대로의 문제를 가지고 있었다. 이들은 침묵 가운데, 때로는 산속에서의 뜨거운 기도를 통해 주님의 음성을 듣고 문제를 해결해나갔다. 민족의 장래와 세계의 안위, 오지에 나가 있는 선교사들의 사역 등을 위해서 기도하는 예수원의 삶은 치열했다.

65년 가을이 지나가면서 대 신부 일행은 서리가 내리기 전 텐트 생활을 청산하고 집에 들어갈 수 있을 것으로 생각했다. 그러나 서리는 물론 첫눈이 내릴 때까지 집을 완성하지 못했다. 결국 11월 말에서야 건축이 끝났다. 강원도 산골짜기에 그럴듯한 온돌집이 탄생한 것이다. 나무를 태우는 커다란 난로 주위에 모여 앉아 그들은 기도했고 성령 안에서의 코이노니아教제를 나눴다. 처음 함께 생활했던 가족들 가운데는 초신자들도 많아 때로는 격렬한 논쟁이 벌어지기도 했다. 난로 주위에서의 대화는 귀중한 신앙 수업이었다. 산골짜기에서의 수업을 통해 예수원 사람들은 성숙해갔다. '신학의 실험실'로 예수원 공동체를 운영하겠다는 생각이 점차 현실이 되고 있었다.

12월 말에 두 번째 온돌방이 완성되었고 황지에 머물던 현 사모와 아들 벤 등이 합류했다. 이어 몇 명의 자매들이 예수원에 찾아와 가사家事

대천덕

를 거들었다. 그런 가운데 텐트에 불이 붙어 어려움을 겪기도 했다. 이런저런 사건을 겪으면서 예수원은 점차 모습을 갖춰나갔다.

"예수원 건립 과정을 되돌아보면 하나님은 우리가 어리석어 실수할 때에도 내버려두시지 않고 모든 필요를 충족시켜 주시는 인정 많은 분이라는 사실을 깨닫게 됩니다. 초창기에 음식이 없어 호박만 몇 날 며칠을 먹다 호박마저 떨어져 낙심해 있을 때 쌀을 지고 올라오는 사람을 발견하고 환호한 적이 있었습니다. 우리는 매일의 삶에서 하나님이 자신의 뜻대로 살려는 사람들을 결코 버려두지 않으신다는 것을 체험했습니다."

매순간 하나님을 체험하는 예수원에서의 삶. 그것은 그들의 아름다운 로망이었다.

대 신부와 현 사모는 1948년 8월 결혼했다. 그녀의 가족은 당시 대 신부가 사역하던 교회에 출석했다. 둘은 7년간 하나님의 뜻을 기다린 후 함께 살기를 결정했다. 대 신부는 생전에 이렇게 말했다.

"요즘 젊은이들은 쉽게 만나 쉽게 헤어지는데 크리스천이라면 결혼이라는 인생의 커다란 문제를 놓고 하나님의 뜻을 찾는 작업이 필요합니다. 지난 시절을 되돌아볼 때 결혼은 사랑의 종착역이 아니라 새로운 사랑을 위한 시발점이었습니다. 하나님의 뜻 안에서 결혼한 우리는 반세기를 함께 살았지만 아직도 뜨겁게 사랑하고 있습니다."

처음 만났을 때 대 신부가 보기에 그녀는 영화 〈바람과 함께 사라지다〉의 스칼렛 오하라와 같이 아름다웠고 정결한 영혼을 가지고 있었다.

샬럿시 퀸즈대에 다닐 때는 메이퀸으로 뽑힐 정도로 미모의 소유자였다. 또한 현 사모는 한국으로 건너오기 전 미국 전역의 40여 개 주에서 60여 회의 전시회를 할 정도로 역량있는 화가였다. 그러나 그녀는 선교사인 남편을 만나고 화가로서 성공하려던 꿈을 버리고 미지의 땅 한국으로 건너오는 모험을 기쁘게 감행했다.

생전의 대 신부는 선교사의 아내로서 많은 어려움을 겪으면서 불평 한 번 하지 않은 그녀를 평생의 동역자로 주신 하나님께 감사한다고 말했다. 그녀는 내조자로서뿐 아니라 예수원 식구 및 방문자들의 상담자로서 스스로의 선교사역을 담당해나갔다. 처음 한국에 와서 신학교를 건설할 때 현 사모는 남편 대신 건설 현장을 총지휘했다. 대 신부가 한국어 공부에 집중하기 위해서 건설 현장을 맡을 사람이 필요했는데 현 사모는 자신의 언어 공부를 뒤로 미루고 학교 건설 현장에 뛰어들었던 것이다. 그녀가 얼마나 성심껏 인부들을 대했는지는 나중에 예수원 공동체를 시작할 때 건설 현장의 노동자 중 6명이 이들과 함께 강원도로 간 것으로도 잘 나타난다.

예수원의 어느 한 구석 그녀의 손길이 미치지 않은 데가 없었다. 산골에서 그녀는 그림을 그렸다. 화려한 화랑에 전시되지는 않았지만 그녀의 그림은 예수원을 더욱 풍성하게 만들었다. 현 사모는 늘 꿈으로만 생각했던 예수원이 실제로 이루어진 데 경이를 느낀다고 말했다. 그리고 다시 태어나도 똑같은 삶을 살 것이라고 고백했다.

그녀는 남편을 'Idol Breaker 우상을 깨뜨리는 사람'라고 불렀다. 두 사람은 함께 우상을 파괴하며 지내왔다. 하나님 안에서 꿈을 공유하는 부부였다. 그래서 둘은 완벽한 동역자였다.

생전의 대 신부는 새벽 5시면 일어났다. 기상하면 먼저 그날 하루를 인도받기 위해 기도했다. 6시부터는 예수원 식구들과 공동예배를 드렸다. 현 사모가 만든 토스트로 아침을 하고 사무실에서 일을 했다. 설교 준비와 편지 쓰기, 글 정리가 주요한 업무였다. 1시간씩 오수午睡를 하는 것은 변함없는 습관이었다. 나이가 들면서 2시간씩 자는 때도 있었다. 오후 4시면 어김없이 현 사모와 차를 마셨다(오후에 차를 마시는 습관은 대 신부 가문의 전통으로 중국 선교사였던 부친 루벤 토레이 목사도 오후 4시에 차를 마셨다고 한다). 커피와 홍차를 무척 좋아했으나 말년에는 맥박과 심장에 무리가 갈까봐 유자차를 즐겨 마셨다. 조그만 거실에는 '임마누엘'의 중국어인 '以馬內利'라고 쓰인 액자와 재인 사모가 그린 인물화와 풍경화가 걸려 있었다. 차를 마시는 시간이 대 신부에게는 하루 중 제일 여유로운 시간이었다. 차 향기 속에서 재인 사모와 도란도란 이야기도 나누고 방문객들과 상담도 했다.

예수원의 정해진 일과를 마치고 저녁 9시부터 10시까지 개인중보기도시간을 가졌다. 그의 기도 파일에는 사람들의 사진과 기도제목들로 그득했다. 개인의 신변 기도로부터 세계평화에 이르기까지 그의 기도제목은 다양했다. 이 땅을 떠나기 전에는 특히 한국교회 갱신을 위한 기도를 주로 드렸다.

잠자리에 들기 전 조금이라도 독서를 했다. 미국에서 발간되는 〈월드 WORLD〉란 잡지를 즐겨 읽었다. 시사주간지 〈타임TIME〉과 같은 사실 보도에 기독교적인 가치관을 구현하고 있어 마음에 든다고 했다. 나에게

"국민일보가 월드와 같이 되기를 바란다"라고 당부하기도 했다. 한국 잡지는 말이 어려워서 읽기가 쉽지 않다고 했다.

65년 예수원을 설립한 이후 별세하기까지 대 신부의 일과는 별로 변하지 않았다. 생전의 현 사모를 비롯해 그를 가까이서 보아온 예수원 사람들은 대 신부가 변함이 없는 사람이라고 말했다. 성령과 코이노니아, 토지 문제 등 그가 일생을 걸고 씨름해온 3대 주제도 변하지 않았다. 대 신부의 삶은 변함이 없었다.

80세 때 가진 특별 인터뷰에서 그는 새 출발을 말했다. 정리해야 할 나이에 새로움을 밝힌 것이다. 모세가 80세부터 이스라엘 백성들을 이끌고 광야생활을 했던 것처럼 자신도 80세를 맞아 새로운 출발을 하겠다는 것이었다. 당시 그는 지병이었던 심장병을 앓고 있었다. 그러나 오랫동안 자신을 괴롭혔던 심장병도 안식년 동안 미국에서 수술 받아 많이 회복됐다고 하면서 모세처럼 120세까지 살 수 있을 것 같다며 빙그레 웃었다. 새 출발은 아마 저술 작업이 될 것이라고도 말했다.

대 신부는 그 인터뷰를 한 지 4년 후에 이 땅을 떠났다. 120세를 살지도, 많은 책을 쓰지도 못했다. 그러나 그의 정신은 그를 따랐던 수많은 사람들에게 남았다. 세월이 흘러도 그는 사라지지 않았다. 그리움은 시간이 지나도 변함이 없었다.

복음은 항상 저 낮은 곳으로

신학적으로 대 신부는 성령운동가라고 볼 수 있다. 성령에 대한 대 신

대천덕

부의 생각은 갈라디아서 5장 16-24절 말씀으로 요약할 수 있다. 그는 늘 성령을 좇아 행동해 육체의 욕심을 이루지 않도록 해야 한다고 말했다.

성령에 대한 강조는 위대한 성령운동가였던 할아버지 루벤 토레이 1세의 영향을 많이 받은 듯하다. 대 신부는 성령의 외적 역사와 내적 역사를 동시에 중시했다. 동양사상에서 음陰과 양陽이 모두 중요하듯 기적으로 표시되는 성령의 외적 역사와 열매로 나오는 내적 역사가 함께 중요하다는 것이다. 그는 성령의 가장 중요한 사역은 은사나 성품이 아니라 '코이노니아Koinonia'라고 주장했다. 그는 성령의 역사와 함께 코이노니아를 중시한다. '교제, 사귐, 교통'으로 번역될 수 있는 코이노니아를 통해 나와 하나님, 나와 우리와의 관계가 올바로 이뤄질 수 있다는 것이 평소의 지론이었다.

그러나 대 신부를 성령운동가로만 분류하기에는 부족하다. 어떤 측면에서 이상주의적 기독교 운동가라는 표현이 걸맞기도 하다. 그는 행동하는 목회자였다. 복음은 언제나 낮은 곳을 향해 흘러가야 한다는 지론대로 살았다. 그의 사상은 '하나님의 정의justice' 선포와 맞물려 있다. 이를 위한 방안으로 성령의 인도하심을 따르는 코이노니아와 사회정의를 실현하기 위한 토지 개념 실현을 들 수 있다.

대 신부가 늘 했던 말이 있다.

"너희는 먼저 그의 나라와 그의 정의를 구하라."

정의는 대 신부가 평생 추구했던 과제였다. 대 신부는 미가서 6장 8절 말씀을 통해 정의를 설명한다.

"사람아 주께서 선한 것이 무엇임을 네게 보이셨나니 여호와께서 네게 구하시는 것은 오직 정의를 행하며 인자를 사랑하며 겸손하게 네 하나님과 함께 행하는 것이 아니냐."

그에 따르자면 하나님께서는 인간에게 세 가지를 요구하신다. 첫째는 정의, 둘째는 자비, 셋째는 겸손히 하나님과 동행하는 것이다. 대 신부는 신학자 어거스틴으로부터 나온 교리들이 이 세 가지의 순서를 바꿔 놓고 있다며 비판해왔다. 어거스틴의 후예들은 겸손히 하나님과 동행하는 것만을 말할 뿐 자비는 행하지 않으며 정의에 대해선 결코 실행하거나 설교하지도 않는다는 것이다.

그는 '하나님의 정의'를 훼손하는 불의는 두 가지 수준으로 다뤄야 한다고 했다. 적극적인 코이노니아를 통해 지금 여기서 가난을 해결하는 것과 창조 질서 보존과 토지에 대한 하나님의 명령에 따라 사회정의를 실현하는 것이다. 그럼으로써 사람들에게 가난을 종식시키고자 하는 하나님의 궁극적인 계획에 대한 주의를 지속적으로 환기시켜야 한다는 것이다.

그는 특히 가난과 불의의 근본적인 문제는 자본주의적 토지 개념 때문에 나온다고 지적했다. 그가 보기에 성경은 철저하게 토지의 소유와 관련해 이 땅의 소외되고 가난한 사람들을 배려하고 있다. 정의를 실천하는 힘은 성령충만이다. 내적인 성령충만을 이룬 사람만이 참다운 정의를 위해 자신을 내던질 수 있다. 대 신부의 이 같은 사상은 성경의 가장 중요한 가르침인 '하나님을 사랑하라'와 '네 이웃을 내 몸과 같이 사랑하라'에 입각한 것이다.

대 신부는 복음은 항상 낮은 곳을 향해 흘러가야 한다고 믿었다. 그리

대천덕

고 신학이 강단과 연구실에서만이 아니라 실제 삶 속에서 구현돼야 한다는 지론을 갖고 있었다. 어린 시절을 중국에서 지내면서 대 신부는 크리스천으로서 당시 전 중국에 퍼져 있는 가난 등 사회문제를 외면할 수 없다는 사실을 깨달았다. 어린 나이에 그는 가난한 사람들에게 단지 몇 푼의 돈을 줌으로써 그들의 모든 문제가 해결되는 것이 아니라 보다 근본적이고 영원한 해결책을 모색해야 한다고 생각했다.

고등학교 시절 대 신부는 자연스레 사회주의에 열광했다. 대학교에 다니면서는 많은 중국 관련 서적을 읽으면서 모택동과 홍군 그리고 대장정에 대해서 깊이 연구했다. 점차 그는 사회주의보다는 공산주의가 보다 실현 가능성이 높다고 생각했다. 구체적으로 공부하기 위해 마르크스와 레닌, 스탈린의 전 서적을 섭렵했다.

대학을 졸업하고는 선원노동조합 활동을 하기도 했다. 그러면서 많은 사회운동가들이 자신의 생각과 같이 소외된 자들을 위한 영원한 해결책 마련에 몰두하고 있다는 사실을 깨달았다. 그러나 동시에 그들은 하나님을 받아들이지 않는다는 치명적인 문제점을 가지고 있다는 점도 알게 됐다. 그는 동일한 비전을 갖고 있는 그들에게 하나님을 전하려 노력했으나 허사였다. 결국 한 명도 인도하지 못했다. 신앙이야말로 대 신부를 여타의 사회주의나 공산주의에 심취한 사회운동가와 구별되게 하는 결정적 요소였다.

사회운동가들의 비신앙적인 태도에 실망한 그는 교회에서도 절망했다. 그토록 소중히 생각한 교회에서 사회정의와 경제문제에 대해 자신과 같은 관점을 지닌 사람이나 그룹을 발견하지 못했다. 그것이 언제나 그를 괴롭게 했다. 교회와 세상은 완전히 분리되어 있었다. 지독한 이분법적 사상이 둘 사이를 갈라놓았던 것이다. 그에게 성경은 모든 문제의 해답이 적힌 책이었고, 평생을 통해 그가 질문한 명제는 간단했다.

'성경적인 관점에서 모든 사회문제를 해결할 수 없는 것인가.'

그 물음은 시공간을 넘어 항상 대 신부를 따라다녔다.

어느 날 성공회 여성대회에 참석했던 현 사모에게 어떤 사람이 헨리 조지Henry George라는 사상가에 대해 소개했다. 현 사모는 남편에게 헨리 조지의 책《진보와 빈곤Progress and Poverty》을 가져다줬다. 대 신부는 그 책을 주의 깊게 읽으면서 헨리 조지의 사상이 성경과 완전히 일치하고 있다는 사실을 발견하고 무릎을 쳤다(경건한 성공회 가정에서 태어난 헨리 조지는 책에서 하나님을 '창조주'로 묘사했다).

헨리 조지의 사상을 통해 대 신부는 토지문제에 대한 생각을 확고하게 정립했다. 그가 보기에 자본주의 사회는 토지의 소유주를 중심으로 하는 사회로 소수의 지주들이 방대한 토지를 독점하고 투기를 조장해 자신의 부를 극대화하고 다른 사람들이 토지를 이용해 생산활동을 하는 것을 방해한다. 토지가 없는 자는 토지를 가진 자에게 종속될 수밖에 없고 따라서 토지문제 해결이 하나님의 정의와 공의를 이루는 기본이라는 확신을 그때 본격적으로 갖게 됐다.

실제로 토지문제에서 대신부는 급진적 이상주의자의 주장을 했다. 사실 대 신부 사상 중 가장 중요한 부분이 바로 성경적 토지 개념이다. 토지는 하나님의 창조물이지 국가나 단체, 개인의 소유가 될 수 없다는 것이다. 토지와 관련한 불의를 없애고 하나님의 정의를 실현하려면 구약

대천덕

성경의 희년법(레위기 25장 23절)을 인권의 기초, 사회정의의 기초로 삼아야 한다고 강조했다. 토지로 인한 경제적 불균형을 해소하기 위한 성경적 해결책으로 빚에 대해 이자를 부과하지 않고 돈의 가치를 유지하며 공동사회를 위하여 토지 임대료를 거두는 것이 골자다. 토지세는 올리고 노동세를 받지 말아야 정의로운 사회가 이뤄질 수 있다는 생각도 정립했다.

세월이 지나면서 그는 '조지이즘'이 현실과 동떨어진 공상적 몽상가의 소리가 아니라 실제 사회체계 속에서 이뤄지고 있는 현실적인 것임을 깨달았다. 나는 그에게 "환상적이지만 다소 현실과 거리가 있지 않느냐"고 물었다. 그는 단호히 말했다.

"전혀 현실과 유리되지 않았습니다. 대만과 싱가포르 등 실제로 지키고 있는 나라들이 꽤 있습니다. 러시아의 문호 톨스토이도 헨리 조지의 사상에 많은 영향을 받았고 장개석은 대만에서 헨리 조지의 사상을 구현한 바 있습니다. 성경이 지주들과 권력자들의 돈으로 번역됐다는 사실을 감안해야 합니다. 성경 속에는 그들의 주장이 많이 들어가 있습니다. 이제 새로운 관점으로 성경을 재해석해야 합니다."

대 신부는 대통령이 바뀔 때마다 청와대에다 편지를 썼다. 토지문제를 개혁해 부동산 투기를 막아야 한다는 내용이었다. 추방까지도 각오한 채 사역을 이어나갔다. 예수원에는 "토지는 하나님의 것이라"라는 문구가 쓰여 있는 돌비석이 있다. '토지는 하나님의 것'이라는 대 신부의 성경적 토지관은 그의 존재와 부재 상관없이 그 돌비석과 같이 이 땅에 전개되고 있다.

대 신부 부부는 평생 무소유의 삶을 살았다. 돈은 중요하지만 '돈을 사랑하면 남을 사랑할 수 없고 하나님의 뜻을 발견할 수 없다'고 믿었다. 부부는 예배 때마다 어린아이처럼 구체적으로 죄를 고백했다. 대 신부는 한국 사람들이 돈을 위해서 사는 이기적인 태도를 고쳐야 한다고 말했다.

"돈을 사랑하면서 남을 사랑하는 것은 결코 양립될 수 없습니다. 결단코 돈을 사랑하면 남을 사랑할 수 없습니다. 모든 사람들이 하나님께 '나의 마음을 고쳐주십시오'라고 기도해야 합니다. 교회의 궁극적인 목표는 인간에게는 기쁨을, 하나님께는 영광을 돌리는 것입니다. 한국 크리스천들이 종교는 천국 가기 위해 존재하는 것만으로 생각하고 사회문제에 신앙을 적용하지 않는 것은 심각한 문제입니다. 성경을 자세히 살펴보세요. 성경은 천국보다는 생활과 사회문제를 더 많이 거론하고 있다는 사실을 발견하게 될 것입니다. 십계명도 많은 부분에서 사회문제를 다뤘습니다. 신앙과 생활은 결코 나눠질 수 없습니다."

대 신부와 현 사모는 욕심과는 전혀 상관없는 인물로 여겨졌다. 예수원 내 그의 침실은 겨우 두 사람이 들어가 누우면 그만일 정도로 협소했다. 그럼에도 그들은 세상에서 부족함이 없다고 말했다. 재인 사모는 "세상에서 가장 커다란 키친룸을 소개하겠다"면서 부엌을 나에게 보여줬는데 정말 작았다. 간신히 한 사람이 돌아설 수 있을 정도였다. 그 작은 공간에서 현 사모는 수많은 손님을 치렀다. 음식을 만들어 먹었고 차를 대접했다.

그들은 예수원에 들어온 이후 한 번도 굶주리지 않았다며 하나님께서 모든 것을 준비해주신다는 '믿음 신앙' 원칙을 신뢰하고 있다고 고백했다. 그들은 매순간 하나님이 보여주시는 기적을 고스란히 '기적 일기'에 기록했다. 나는 한국교회 성도들, 특히 목회자들이 대 신부와 같이 '기적 일기'를 쓰기 바란다. 하나님이 우리를 통로로 해서 일으켜주시는 기적을 맛보는 삶보다 더 극적인 것이 어디 있을까. '기적 일기'를 쓰다보면 그저 지나가는 하루가 아니라 매일 매일을 샘솟는 기쁨, 넘치는 기적 속에서 살아갈 수 있으리라는 생각이 든다.

　　대 신부는 늘 "한국교회는 '교회敎會'를 '교회交會'로 바꿔야 산다"라고 말했다. 한국교회가 살 길은 분열과 상처를 치유하는 공동체성의 회복에 있다는 뜻이다. 요즘 한국교회 상황을 돌아볼 때 지당한 말이 아닐 수 없다. 대 신부는 목회자들을 만날 때마다 이렇게 말했다.

　　"목사님들, 기도가 차야 합니다. 눈물이 차야 합니다. 사랑이 차야 합니다. 그러면 하나님께서 이 민족에게 평화와 통일을 선물로 주실 겁니다."

　　지금 한국교회에 누가 천금의 무게를 갖고 이런 말을 해줄 수 있단 말인가?

　　대 신부는 "사람이 하나님의 뜻을 행하려하면 이 교훈이 하나님께로서 왔는지 내가 스스로 말함인지 알리라"라는 요한복음 7장 17절 말씀을 가장 좋아했다. 하나님의 뜻을 찾으려 한다면 먼저 그의 뜻을 실행하려는 강한 마음이 있어야 한다는 것이다.

더 있다　　　　　　　　　　　　　　　　　　　　　　　　　　　●

기도가 차야 합니다.
눈물이 차야 합니다.
사랑이 차야 합니다.
그러면 하나님께서 이 민족에게
평화와 통일을 선물로 주실 겁니다.

평생 하나님의 뜻을 찾으려 했던 대 신부는 외견상 가진 것이 별로 없었다. 그의 주위에 모인 예수원 사람들은 학력이 높거나 재력과 명예가 있는 소위 잘나가는 사람들이 아니었다. 스스로도 일과 말을 조절하는 절제력이 부족한 것을 비롯해 약점이 많다고 토로했다.

그럼에도 그에게는 많은 사람들이 몰렸다. 매년 1천 통 이상의 상담 편지가 그에게 도달했으며 그의 생전에 한 해에 1만 명 이상이 강원도 산골에 있는 예수원을 방문해 거친 삶의 위로를 받았다. 안식년 동안 미국에 머물 때에도 미국 전역의 한인들이 그를 찾았다. 그만큼 대 신부가 추구하고 있는 하나님의 뜻 발견에 모두가 관심이 많다는 증거였다.

나는 생전의 그에게 이런 질문을 했다.

"만약 한국교회가 신부님에게 한 가지를 해줄 수 있다면 무엇을 부탁하고 싶습니까?"

그는 짧게 답했다.

"없습니다."

묘비명으로 어떤 글을 남기고 싶냐는 질문에도 짧은 대답이었다.

"태어나고 죽은 날만 간단하게 적고 싶습니다."

내가 만난 80세의 대신부는 늙었지만 젊었다. 비록 육신은 노쇠해지고 있으나 고목나무에 찬연히 빛나는 내면이 있듯 항상 새로움을 추구하며 하나님 뜻 찾기에 진력하는 그의 정신은 어느 청년들보다도 젊고 파이팅이 넘쳐 흘렀다. 이제 그는 이 땅에 없다. 그가 없는 예수원을 지켰던 현 사모도 하늘의 부르심을 받았다.

2012년 4월 6일 성 금요일에 강원도 태백시 하사미동에 있는 영성공

더 있다

동체 예수원의 모든 사람들(정회원과 방문자들)은 예수님의 십자가상 7언을 묵상했다. 오전 9시경 예수님의 두 번째 말씀인 "네가 너와 함께 낙원에 이르리라"의 묵상을 막 끝냈을 때에 소식이 날아왔다.

"할머니가 하늘나라로 떠나셨습니다."

현재인 사모가 이 땅에서 92년 찬란한 인생을 살고 하늘의 부름을 받은 것이다. 예수원 '식구'들에게 십자가에 달린 예수 그리스도의 두 번째 말씀은 '할머니'의 영혼을 향한 하늘의 소리로 들렸다.

지난 시절, 한국교회의 오늘이 있기까지 기여한 수많은 사람들이 있었다. 그 가운데는 벽안의 외국인들도 적지 않다. 그중에서 '고마움'의 서열을 굳이 매겨야 한다면 대 신부와 현 사모는 아마도 가장 높은 위치에 있을 것이다. 오늘 우리는 그들이 평생에 걸쳐 남긴 유산을 정리하며 되새겨야 할 책임이 있다. 그 유산을 오늘에 되살리는 것이야말로 그들에게 할 수 있는 가장 큰 고마움의 표현이기 때문이다.

대 신부와 현 사모에게 예수원 공동체는 '신학의 실험실'이었다. 이 세상을 등진 자들의 은둔지가 아니라 하나님 말씀대로 사는 실험의 현장이었다. 대 신부는 언제나 '신학은 과학의 여왕'이라는 지론을 갖고 있었다. 과학이 책이 아니라 실험실에서 치열한 연구를 거쳐 열매를 얻는 것처럼 신학 역시 거친 삶의 현장 속에서 구현돼야 한다는 것이 그의 신념이었다. 불혹의 나이에 찾은 한국에서 그는 환경을 넘어 역사하는 하나님의 현존하심을 체험하며 나누려 노력했다.

예수원이란 '실험실'에서 대 신부와 현 사모는 신학을 살아냈다! 그리

대천덕

고 이들의 후예들이 지금 한국사회 곳곳에서 예수 운동을 펼치고 있다. 적극적인 팔로워뿐 아니라 예수원을 영적 고향으로 생각하는 익명의 사람들도 부지기수다. 비록 거친 세파에 휘둘리지만 그들은 모두 대 신부가 추구했던 '먼저 그의 나라와 그의 정의'를 구하려 노력하고 있다. 예수원의 영성은 지금 한국교회가 이렇게 존재하고 있는 비결 중의 하나일 것이다.

90년대에 내가 취재차 여러 차례 예수원을 들락날락하자 한번은 신문사의 선배 국장이 말했다.

"야, 이태형. 너, 은둔자들에게 너무 자주 가는 것 아니야? 복음은 산골짜기 은둔자들이 아니라 거친 사회 속에서 구현되어야 하는 것 아니야? 거기 갈 시간에 이 세상에서 말씀대로 살고 있는 사람들을 찾는 게 어때?"

그 국장은 늦게 신학을 공부해 지금 목사가 되었다. 그 분이 내게 내뱉은 말이 바로 대 신부가 이 땅 사람들에게 간절히 말하고 싶은 내용이었다.

"예수원 공동체는 산골에서만 이뤄질 수 있는 것이 아닙니다. 여러분의 치열하고 거친 삶 속에서도 예수원의 정신은 구현될 수 있습니다. 세파에 낙담될 때 강원도 산골 한 자락에서 사회의 회복과 푸른 예수의 계절을 위해 기도하는 동역자들이 있다는 사실을 기억하며 힘을 얻기 바랍니다."

다시 고 현 사모 빈소에서 만난 민경찬 형제로 돌아가본다. 예전 그가 목장에 있을 때, 사실 나는 조금은 한심하게 그를 생각하기도 했다. 솔직히 민 형제를 비롯해 예수원에 머물고 있는 사람들을 나에게 핀잔을 준 그 국장 선배와 같이 '대책 없는 은둔자'로 생각한 적도 있다. 이 세상에 해야 할 '큰일'이 너무나 많은데 젊은이(그때는 상대적으로 젊었다)들이 저렇게 세월을 보내서야 되겠는가라고 생각했다. 더구나 예수원 내에는 스펙 좋은 젊은이들도 있었다. 국가적으로 그것은 일종의 낭비라고 여겨졌다. 그러나 세월이 흐르면서 도대체 '큰일'이 무엇인가에 대해서 생각하게 되었다.

"온 세상을 내가 이렇게 다스리거늘, 네가 이제 큰일을 찾고 있느냐? 그만두어라"(새번역, 렘 45:4,5).

살다보니 우리가 할 수 있는 큰일은 없었다! 오직 주님이 하신 큰일들을 보는 것밖에는. 그분은 온 세상을 다스리신다. 그런 관점에서 생각하니 강원도 산골 예수원에서 평생을 기도와 묵상, 노동을 하며 지낸 분들이나, 치열한 삶의 현장에서 분투하며 지낸 사람들이나 별반 다를 것 없어 보인다. 빈소에서 만난 민 형제도 조금은 늙수그레하게 보였고, 나 역시 과거보다 나이 들었다. 시간이 지나니 너나없이 같은 처지다. 그렇다. 우리 모두 '하나님의 길 안'에 있다! 그 하나님의 길 안에서 우리가 할 일은 먼저 그의 나라와 그의 의를 구하는 것이리라. 대 신부와 현 사모는 그렇게 살다 떠났다.

우리는 어떻게 살다 이 땅을 떠날 것인가?

대천덕

—

구름 너머의 세계

—

2012년 8월 28일 오후 1시에 나는 인천국제공항에서 아시아나 333편을 타야 했다. 그날 오후 5시에 베이징에서 열리는 2012년 베이징국제도서전 개막식에 참석하기 위해서다. 이번 베이징국제도서전은 한국이 주빈국이어서 많은 출판 관계자들과 언론인들이 참가했다.

그러나 공교롭게도 이날 최근 10년간에 가장 강력한 태풍인 볼라벤이 한반도를 덮쳤다. 전날부터 태풍 관련 속보들이 이어졌고 국내 대부분의 학교는 휴교했다. 바람이 초속 30미터 이상이면 인천국제공항으로 가는 두 다리인 인천대교와 영종대교를 폐쇄한다는 뉴스가 나왔다. 연로하신 부모님은 연신 전화를 걸어 아예 공항에 가지 말라고 하셨다. 그러나 비행기가 결항한다는 통고가 없었기에 가야 했다. 떠날 수 있다는 생각은 하지 못했지만 일단 공항으로 향했다.

공항철도를 타고 오전 10시 30분에 공항에 도착했다. 비바람은 거세지고 있었다. 많은 비행기가 결항했지만 아시아나 333편은 예정대로 출발하기로 했다. 그러나 출발 시간을 훌쩍 넘겨야 했다. 일단 비행기 안으로 들어왔으나 관제탑의 이륙 허가를 받아야 했다. 비행기 내에서 또 한없이 기다렸다. 밖에는 여전히 바람이 거세게 불었다. 아마 태풍은 그 시간에 서해상을 따라 인천과 서울을 지나 북한 쪽으로 올라가고 있었을 것이다.

한참을 기다리니 기장이 10분 내에 이륙할 수 있다는 방송을 했다. 창을 통해 활주로를 보니 비는 멎었지만 사방은 컴컴했다. 드디어 비행기는 이륙했다. 잔뜩 흐려 있는 활주로를 타고 비행기는 창공을 향해 올라가면서 거의 45도로 이륙하는 느낌이었다. 비행기는 비바람을 뚫고 올라가면서 상당히 흔들렸다. 솔직히 불안했다. 비행기 탈 때마다 느끼는 불안이지만 거대한 태풍을 뚫고 올라가는 비행기 안에서의 불안은 더 클 수밖에 없었다.

비행기는 시커먼 구름 속으로 들어갔다. 아마 조종석의 기장에게는 시커먼 구름밖에 보이지 않았으리라. 그러나 비행기는 자동항법장치에 따라서 정해진 수순으로 하늘로 올라갔다. 시간은 그리 오래 걸리지 않았다.

그리고 갑자기 사방이 환해졌다. 순간적으로 장면이 바뀌었다. 어둡던 안개는 걷히고 밝은 빛이 들어왔다. 비행기는 구름 위를 날고 있었다. 또 다른 푸른 하늘이 보였다. 고도는 8000미터를 가리키고 있었다.

이륙한 지 몇 분이 지나지 않았지만 두 광경은 너무나 대조적이었다. 내가 비행기를 타지 않았더라면, 태풍이 강타한 땅 위에서 도저히 구름 위의 빛과 맑은 하늘을 알 수도, 상상할 수도 없었을 것이다. 그러나 내가 상상조차 하지 못할지라도 구름 위의 세계는 존재한다. 아무리 폭풍우가 치더라도 고요하고 적막한 세계가 확실히 더 있다!

공항과 기내에서 많이 기다린 탓인지 허기가 졌다. 비행기 안에서 소고기 요리가 곁들인 밥을 먹었다. 정말 맛있었다. 후식으로 블랙커피를 마셨다. 그 시간에도 거대한 태풍은 아직도 한반도 땅을 유린하고 있었을 것이다. 태풍을 뚫고 올라온 나(내가 아니라 비행기지만)는 구름 위의 정찬을 만끽했다. 확실히 이 땅에는 내가 세상에서 맛볼 수 있는 것보다 더 맛있는 것이 있다!

베이징 수도 국제공항까지 걸린 시간은 1시간 35분 정도. 현지 시간 오후 4시 15분에 우리는 베이징에 도착했다. 베이징은 섭씨 29도로 맑았다. 2시간도 채 되지 않는 비행에 나뭇가지가 꺾일 듯 비바람 휘몰아치던 서울과 전혀 다른 도시를 경험한 것이다. 내가 경험한 세계가 전부가 아니었다. 이 땅에는 확실히 내가 경험하지 못한 무언가가 더 있다!

구름 아래 폭풍우 치는 세상에도 삶은 존재한다. 그 삶을 살기 위해서 사람들은 온갖 노력을 다 한다. 그 안에서 삶을 위대하게 해석하는 시대의 천재가 나올 수 있다. 그 삶의 노력은 소중하다. 그러나 그 모든 것, 뛰어난 분석과 예지, 해석이 구름 아래에서의 삶이고 분석이요, 예지며 해석일 뿐이다.

나에게 주어진 삶은 귀한 것이다. 일상의 삶을 성실히 살아나가고, 그 안에서 분투, 노력하더라도 늘 생각해보아야 한다. 내가 경험하지 못한 또 다른 삶이 더 있지 않은지를. 그리고 어느 날, 문득 그 삶을 살았다고 주장하는 사람에 대해서도 주의를 기울여야 한다. 그들은 구름 위의 정찬을 맛보았을 수 있으니까.

여기서 제기되는 중요한 사안 가운데 하나가 분별의 문제다. 이 땅에 내가 경험하지 못한 무언가가 '더 있다'는 사실을 인식한다 하더라도 '더 있는' 그것이 과연 올바른 것인지는 쉽게 판단할 수 없다. '더 있다'고 하면서 그릇된 길로 갈 수 있는 것이다. 그럼 어떻게 분별할 것인가?

가끔 그 분별의 행위 자체가 분별하는 주체의 전통과 경험, 신학적 견해에 의해 자의적으로 행해지는 경우가 많다. 분별하는 사람들은 대부분 자신들의 견해가 맞는다는 기본 전제를 밑바닥에 깔기 때문이다. 그러나 그 역시 오만한 생각이다. 폭풍우 치는 구름 아래에서의 견해일 수 있다. 구름 저 위편을 상상조차 할 수 없는 가운데서의 견해일지도 모른다.

내가 공부한 풀러신학교의 특성 가운데 하나가 다양성을 수용하는 것이다. 다양성 가운데 통일성을 추구한다. 이혼 문제와 관련, 풀러신학교에서는 목회 상담적 관점에서 경우에 따라, 더 큰 피해를 막기 위해 이혼이 불가피하게 허용될 수 있다는 입장을 갖고 있다. 어차피 이혼자들이 급증하고 있는 현상 속에서 그들을 위한 돌봄의 사역이 필요하다는 유연한 사고를 하고 있는 것이다.

그러나 미국 캘리포니아주에 있는 한 유명 신학교에서는 이혼은 절대로 있을 수 없다는 강한 입장을 견지하고 있다. '성경대로' 믿어야 한다고 주장한다. 물론 그 '성경대로'라는 준거의 틀도 자의적일 수 있다. 아무튼 이혼과 관련해서 두 복음주의 신학교의 입장은 극명하게 차이가난다. 양립 불가능하다. 풀러신학교를 졸업한 목회자들은 '이혼은 가능할 수 있다'는 전제하에서 목회하게 되며 또 다른 신학교 졸업자들은 '이혼 절대 불가'를 고수하게 될 것이다. 운명처럼 어느 신학교에 다녔느냐에 따라 이혼과 관련해서는 정반대의 적용을 하게 되는 것이다.

결국 인간은 웬만해선 자신의 환경과 전통, 경험을 벗어나기 힘들다. 그래서 '성경대로'라는 잣대도 위험하다. 과거 촛불 시위 사태 때, 내가 알고 있던 한 청년은 '성경대로' 촛불 시위에 동참했다. 반면에 대학생 선교단체 출신의 한 청년은 '성경대로' 촛불 시위는 불가하다며 반대 시위를 했다. 모두가 '제 맛대로, 제 멋대로' 믿고, 해석하고 있는 상황에서 과연 어떻게 분별할 것인가?

분별의 확실한 준거 가운데 하나는 열매다. 사실 모든 것은 열매를 보면 알 수 있다. 콩 심은데 콩 나고, 팥 심은데 팥 난다. 올바른 것을 심는다면 선한 결과가 난다. 지금 아무리 대단해보여도 열매가 튼실하지 못하면 문제가 있다. 지난 시절, 국내외 많은 은사 사역자들의 최종적인 열매는 좋지 못했다. 지금의 소위 은사사역자들은 이 같은 사실을 기억해야 한다. 결코 자신만은 그렇지 않을 것이라는 유아독존적인 자세는 버려야 한다. 그래서 겸손한 가운데 열매 맺는 사역을 펼치기 위해 진력해야 한다.

복음주의권이라고 예외는 아니다. 지금은 교리적 이단들 뿐 아니라 행위적 이단도 너무나 많은 시대다. 나는 한국교회 내에서 복음주의라는 이름하에 자행된 해악들을 많이 목도했다. 행위적 이단자들이 자신들이 규정한 교리적 이단자들을 판가름하는 모습도 보았다. 복음주의를 견지하지만 행위적으론 이단과 다름없는 복음주의 지도자들이 얼마나 많은지 모른다. 지금도 행위적 이단자들이 복음주의 지도자로서 한국교회에서 행세하고 있다. 복음주의권도 결국은 그 열매로서 판단받을 것이다. 가라지는 사라지게 되어 있다. 역사가 그것을 증명하고 있다. 교회 역사에서 무수한 가라지들이 떴다가 사라졌다. 참으로 풀은 마르고 꽃은 시든다. 오직 여호와의 말씀만이 영원하다.

그래서 이 제한된 세계에서 사는 우리에게 존중이 중요하다. 어차피 우리가 유한한 존재라면 상대의 있는 모습 그대로를 존중하면서 서로 좋은 열매를 맺을 수 있도록 지도하며, 편달하고, 격려해야 한다. 좋은 것은 받아들이고, 반면교사로 삼을 것은 배격하면 된다. 그 모든 것 위에 사랑을 더해야 할 것이다.

지금 우리는 거짓된 것에 속고 있는지도 모른다. '아무리 좋은 교회라도 결국 쇠망한다' '은사 사역은 끝이 좋지 않다' '부흥의 시기는 결코 길지 않다' 등. 그러나 좋은 교회는 더 좋아 질 수 있고, 참되고 영원한 열매를 맺는 은사사역이 펼쳐질 수 있으며, 화려한 부흥의 시기는 오래 지속될 수 있다! 이것을 선포하고 믿어야 한다. 미리부터 믿지 않고 우리끼리 피 흘릴 이유는 없다. 우리의 교회가 단지 방어만하는 요새가 될 필요는 없다.

이 시대 한국교회에 가장 필요한 것은 희망이다. 모두가 절망과 패배주의에 사로잡혀 있다. 매력이란 단어는 한국교회에서 사라진 지 오래다. 이 절망의 시기에 우리에게는 향후 10년, 100년을 제시할 희망의 로드맵이 필요하다. 그 로드맵은 한국교회를 형성하는 다양한 주체들의 상호 협력 속에서 나올 수 있다. 지난 시절 한국교회를 유지, 발전하게 만든 동인들을 다시 한 번 현재화시켜야 한다. 아직, 끝나지 않았다! 우리에겐 분명 무언가가 더 있다. 한국교회를 덮고 있는 절망의 폭풍우를 뚫고 비상해 우리에겐 보이지 않지만 분명히 존재하는 희망의 빛을 발견해보자.

글을 마치면서 이 땅에 존중의 문화가 넘치기를 바라본다. 내가 만일 사탄이라면, 나는 믿는 사람들이 서로 존중하지 못하도록 할 것이다. 그래서 사람들이 크고 비밀한 것들을 알아채지 못한 가운데 생을 마감하도록 전략을 수립하고 실천할 것이다. 혹시 하늘의 비밀을 알아낸 사람들이 있다면 그 사람들이 극심하게 비난받게 만들 것이다. 다른 사람들이 감히 그 비밀에 접근조차 하지 못하도록 말이다. 제대로 눈이 뜨이지 않은 사람들이 어설프게 날뛰게 해서, 정말 눈이 뜨인 사람까지 무시당하게 할 것이다. 아무튼 갖은 방법을 써서 사람들이 더 깊은 세계로 들어가지 못하게 막을 것이다. 반대로 사람들이 모든 차이와 환경을 뛰어넘어 존중하며 주 예수 그리스도를 향해 함께 손잡고 나가는 모습에 절망할 것이다. 우리가 모든 이해관계와 다름을 뛰어넘어 존중하고 연합할 때, 사탄은 절망한다.

이제, 모두 함께 가자.

더 있다

초판 1쇄 발행	2012년 10월 15일
초판 12쇄 발행	2016년 1월 18일
지은이	이태형
펴낸이	여진구
책임편집	최지설
편집 1실	안수경, 이영주, 김소연, 박민희
편집 2실	김아진, 김수미, 유혜림
기획·홍보	이한민
책임디자인	이혜영, 정해림 ┃ 전보영, 마영애
해외저작권	김나은
마케팅	김상순, 강성민, 허병용, 이기쁨
마케팅지원	최태형, 최영배, 이명희
제작	조영석, 정도봉
경영지원	김혜경, 김경희
이슬비전도학교	엄취선, 전우순, 최경식
303비전성경암송학교	박정숙, 정나영, 정은혜
303비전장학회 & 303비전꿈나무장학회	여운학
펴낸곳	규장

주소 137-893 서울시 서초구 양재2동 205 규장선교센터
전화 02)578-0003   팩스 02)578-7332
이메일 kyujang0691@gmail.com   홈페이지 www.kyujang.com
트위터 twitter.com/_kyujang   페이스북 facebook.com/kyujangbook
등록일 1978.8.14. 제1-22

책값 뒤표지에 있습니다.
ISBN 978-89-6097-280-3 03230

규 ┃ 장 ┃ 수 ┃ 칙

1. 기도로 기획하고 기도로 제작한다.
2. 오직 그리스도의 성품을 사모하는 독자가 원하고 필요로 하는 책만을 출판한다.
3. 한 활자 한 문장에 온 정성을 쏟는다.
4. 성실과 정확을 생명으로 삼고 일한다.
5. 긍정적이며 적극적인 신앙과 신행일치에의 안내자의 사명을 다한다.
6. 충고와 조언을 항상 감사로 경청한다.
7. 지상목표는 문서선교에 있다.

하나님을 사랑하는 자 곧 그의 뜻대로 부르심을 입은 자들에게는 모든 것이 合力하여 善을 이루느니라(롬 8:28)

규장은 문서를 통해 복음전파와 신앙교육에 주력하는 국제적 출판사들의
협의체인 복음주의출판협회(E.C.P.A.Evangelical Christian Publishers
Association)의 출판정신에 동참하는 회원(Associate Member)입니다.